基金会救灾协调会资助项目

中国社会组织
响应自然灾害研究

以 2008 年以来
重特大地震灾害为主线

**RESEARCH ON NGOS' RESPONSES TO
NATURAL DISASTERS IN CHINA**

韩俊魁　赵小平　等 / 著

社会科学文献出版社
SOCIAL SCIENCES ACADEMIC PRESS (CHINA)

序

从 1976 年的唐山大地震，到 2008 年的汶川大地震，从东南亚海啸，到美国的卡特里娜风暴，无论是过去还是现在，不论是经济欠发达地区还是经济发达国家，大灾到来之时，都因为其不可预见性和巨大的破坏性，造成了巨大的经济社会损失。经历过灾难的人一定会对自然面前人类的脆弱和渺小有深刻的认识——也许经济社会的进步可以在一定程度上减低这种脆弱性，但是在可预见的未来，人类在巨灾面前的脆弱性难以得到根本的改变。人们尽管可以通过采取减防灾训练、备灾储备等措施应对灾害，但是我们悲伤地发现，大灾到来的时候，再多的准备也是不足的，再多的储备也是不够的：突如其来的大灾会在瞬间击溃原有社会运行体系，导致原有指挥系统和信息传递系统失灵，灾损情况、灾民需求无法及时传递给上级政府部门和救援机构，救灾资源和力量难以及时有效调配，灾害救援无法有效展开，常常会贻误救灾的最佳时机，导致灾害损失扩大。从这个角度上说，任何单一、线性的组织指挥系统都难以实现对巨灾的充分有效应对，不管是政府还是其他组织系统。

既然灾难的发生不可避免，国家只有调动、整合全社会的力量应对，才能最大限度地减少生命财产的损失。通过科学的制度机制设计和预案管理，建立起以政府行政系统为主导，以灾害救援专业社会组织和属地社区组织为补充，互为经纬的类网状指挥和信息体系，及时传递灾情和需求，有效组织和调配救援资源，将灾害的损失减到最小，这可能是现代国家在灾害治理方面最务实的理想模式，也是国家灾害管理部门和有救灾宗旨的社会组织共同追求的目标和努力方向。

作为国家灾害治理体系的有效组成部分，中国社会组织规模参与灾害救援开始于汶川大地震。如本书中提到的，一方面，在汶川地震和其后的玉树地震、芦山地震等灾害救援中，社会组织尽管受制于自身能力和外部体制机制约束，在灾害救援中的作用还远未充分发挥出来，但其表现出的

"快""深""广""专""久""活"等明显特点和优势，不仅在灾害救援各个阶段发挥了很大作用，而且让有关各方看到了社会组织在国家应急救灾方面的作用和潜力。但是另一方面，我们也很遗憾地看到，因为社会组织参与救灾一直没有正式纳入国家救灾统一规划和救灾应急体系，社会组织参与救灾尚处于自发自觉、各自为战的初级水平，不论是社会组织和社会组织之间，还是社会组织和政府相关部门之间，由于缺乏健康有效的沟通与协作机制，常常造成救灾资源的重复投入和浪费现象，甚至出现为了争抢项目资源而恶性竞争的情况，不仅有限而宝贵的救灾资源得不到有效的配置，而且扭曲了社会组织的心态和社会形象。

建立一个有效动员和整合全社会力量的灾害管理体系，救灾社会组织能发挥什么作用？现阶段我国社会组织参与救灾存在哪些限制性因素？充分发挥社会组织在救灾中的作用，政府管理部门和社会组织需要做哪些努力？

本书的研究以汶川地震以来社会组织的灾害救援实践为基础，以境内外社会组织在灾害救援中的作用和作用机制为镜鉴，以社会组织自身、社会组织—社会组织、政府—社会组织之间的关系为切入点，分析和探究我国社会组织现阶段的救灾能力与不足、发展的前景与现实的约束，并根据存在的问题提出政策建议，为建立一个可以有效动员和整合全社会力量应对灾害挑战的理想灾害治理模式提供参考，很好地回应了上述非常重要而又一直没有得到清晰梳理的问题。

"基金会救灾协调会"（China NGO Center for Disaster Risk Reduction，缩写为"CNCDRR"），是由中国扶贫基金会、中国青少年发展基金会、中国妇女发展基金会、深圳壹基金公益基金会、腾讯公益慈善基金会、南都公益基金会、爱德基金会于2013年4月共同发起的灾害应对协同平台，中国社会福利基金会于2015年11月正式加入。该平台是在反思汶川地震的经验教训基础上发起设立的社会组织救灾协调机制，旨在加强参与灾害救援的基金会之间的沟通和协调，合理配置救灾资源，提高救灾效率。并以此为基础，促进建立社会组织与政府救灾管理体系的有效衔接机制，充分发挥社会力量在救灾中的作用。该机制自2013年5月29日建立以来，已经走过了两年多的时间，随着其工作为越来越多的人所了解和认识，基金会救灾协调会也被寄予了很多期望。我们欣喜地看到，社会组织之间的协同和合作正在成为共识,并化为行动;社会组织在救灾中的努力和作用也越来越得到政府的肯定和重视。相信在不久的将来,符合中国国情、可以高效动员和整合包括社会组织在内的全社会力量的中国灾害治理体系将建立起来。能够参与这一进程并发挥一定的积极作用,无疑是各发起方、参与方的初衷和心愿。本书作为基金会救灾协调会工作的一部分,由于得到了韩俊魁副教授的鼎力支持而得以呈现。韩俊魁副教授及其团队以扎实的研究功底以及在社会组织和灾害研究领域的深厚积累,让这一项目价值倍增!

在具体分工方面,陶传进教授和韩俊魁副教授拟定了研究提纲,韩俊魁完成了导论;韩俊魁和谭晓倩撰写了第一章;赵小平博士撰写了第二章;谭晓倩和韩俊魁合作完成了第三章;赵小平、傅强、孟霖共同创作了第四章;卢玮静博士和陶传进教授负责第五章;董天美撰写了第六章;韩俊魁写了结语。各部分初稿完成后,韩俊魁负责全书的首次统稿。

为提高本书质量,2015 年 4 月 20 日,基金会救灾协调会组织了业内专家对本书进行初稿审稿。参加审稿会的有:中国扶贫基金会秘书长、基金会救灾协调会理事长刘文奎;中国妇女发展基金会副秘书长朱锡生;爱德基金会秘书长助理何文和项目一部主任谭花;深圳壹基金公益基金会防灾减灾部主任李健强;南都公益基金会项目副总监黄庆委;基金会救灾协调会特邀监事、北京师范大学社会发展与公共政策学院副院长张强;清华大学邓国胜教授、四川大学王卓教授;国家减灾委政策研究部王东明博士;乐施会中国项目总监廖洪涛;世界宣明会中国办公室总干事简祺伟;亚洲基金会高级项目官员陈柳婷;美慈中国国家主任曾磊;中国红十字基金会救灾中心主任杨苏。此外,特邀社科文献出版社刘骁军老师作为审稿嘉宾。

审稿过程中,在对书稿给予肯定的同时,每位嘉宾更是积极履行审稿责任,从书稿构架、案例搜集和分析、结论等多方面提出宝贵建议。审稿会持续了四个多小时。各位审稿专家为本书无私贡献了自己的智慧。

在此基础上,韩俊魁再次修改书稿,并提出具体修改建议。各部分负责人完成后,韩俊魁、赵小平、董天美再次统稿,征求诸多建议后完成第四稿。提交出版社后,赵小平博士负责,由董天美、韩俊魁、谭晓倩协助完成了校稿。举凡数稿,实属不易。当然,这里还包含了基金会救灾协调会总干事徐凡和公共关系官员蒲飞宇在课题设计、信息协调、行政支持方面的大量付出，以及社会科学文献出版社刘骁军老师及责任编辑付出的辛勤劳动，在此一并表示衷心感谢！

社会组织救灾，任重道远。建立一个完善的灾害治理体系，以便动员一切可以动员的力量，高效应对不可避免的灾害，是与每个人都密切相关的社会福祉，功在当代，利在千秋，值得每一个有能力的人为之努力！

基金会救灾协调会理事长、中国扶贫基金会秘书长：刘文奎

二○一五年十二月三十日

目 录
contents

导　论 ……………………………………………………………… 001

第一章　社会组织回应自然灾害的历史及相关政策演变 ………… 007
　　第一节　概述 ………………………………………………… 007
　　第二节　社会组织回应自然灾害的历史回顾 ………………… 009
　　第三节　改革开放以来社会组织回应自然灾害的政策演变 … 028

第二章　救灾三阶段需求与八类型项目 ……………………… 052
　　第一节　灾后三阶段的需求 ………………………………… 052
　　第二节　紧急救援阶段的社会组织参与 …………………… 055
　　第三节　过渡安置阶段的社会组织参与 …………………… 062
　　第四节　灾后重建阶段的社会组织参与 …………………… 066
　　第五节　"三阶段八类型"的救灾项目格局 ……………… 077

第三章　组织现状的调查分析 ………………………………… 090
　　第一节　组织基本情况 ……………………………………… 090
　　第二节　组织能力与需求 …………………………………… 099
　　第三节　组织参与赈灾情况 ………………………………… 104
　　第四节　满意度调查 ………………………………………… 113
　　第五节　被访组织对社会组织赈灾的建议 ………………… 119

第四章　社会组织的功能承担与能力成长 …………………… 123
　　第一节　社会组织在救灾中的独特优势 …………………… 123
　　第二节　社会组织的能力成长 ……………………………… 134

第三节　社会组织的体系化成长 ………………………………… 140

第五章　成长过程中救灾组织的运作机制分化 ………………… 152
　第一节　行政化运作机制 ……………………………………… 152
　第二节　市场化运作机制 ……………………………………… 161
　第三节　社会化运作机制 ……………………………………… 171
　第四节　小结 …………………………………………………… 180

第六章　自然灾害应对中的政府与社会组织关系 ……………… 182
　第一节　政府与社会组织关系的学理分析 …………………… 182
　第二节　政府与社会组织各自参与——基于灾后三阶段的
　　　　　分析 …………………………………………………… 196
　第三节　政府与社会组织之间的冲突 ………………………… 201
　第四节　真正的合作？——典型案例分析 …………………… 211
　第五节　如何达成合作 ………………………………………… 222

结　语 ……………………………………………………………… 230

参考文献 …………………………………………………………… 233

导　论

　　自然灾害①对人类社会的破坏不言而喻②。中国又是各类自然灾害频发的国家。邓拓通过对史料的统计发现，"我国历史上水、旱、蝗、雹、风、疫、地震、霜、雪等灾害，自公元前一七六六年（商汤十八年）至纪元后一九三七年止，计三七〇三年间，共达五二五八次，平均约每六个月强便有灾荒一次"③。再以地震灾害为例：翻开卷帙浩繁的《中国地震历史资料汇编》，从帝舜（约公元前 23 世纪）山西都蒲坂（今永济蒲州）地震到1978 年 12 月 26 日台湾新港地震 4000 余年间，史料中迎面扑来的是"异象、山崩、压死者、诏书、祈福、棺贵、流民、人相食、赈济、重建"等描述灾害的字眼④。从简单模糊的记述到翔实的资料陈列，从抽象的灾害现场到具体可感的扭曲的铁轨和坍塌的工厂、桥梁，从对灾害带有神异色彩的文化认识到所谓科学冰冷的数字，沧海桑田中唯一不变的是灾害所彰显出的人类的脆弱性。

　　放眼如此穿梭不息的历史长河，和家庭、邻里、宗族与宗教组织等的民间相助以及政府赈灾相比，现代意义上的社会组织⑤之参与只不过是新近涌起的一朵小小浪花。而且，在诸多类型的自然灾害回应中，中国的社

---

① 我国《国家自然灾害救助应急预案》界定的自然灾害包括：水灾、旱灾、台风、冰雹、雪、沙尘暴等气象灾害，火山、地震、山体滑坡、泥石流等地质灾害，风暴潮、海啸等海洋灾害，森林、草原火灾和重大生物灾害，等等。

② 诚如《兵库宣言》所称："灾害会在极短的时间内对发展投资的成果造成严重的破坏，因此，灾害依然是可持续发展和减贫的重大障碍。我们还确认，不能适当顾及灾害风险的发展投资可加剧脆弱性。因此，对付和减少灾害，使各国能够开展并加强可持续发展，就是国际社会面临的最关键的挑战之一。"

③ 邓云特（邓拓）：《中国救荒史》，商务印书馆，2011，第 47 页。

④ 谢毓寿、蔡美彪主编，中国地震历史资料编辑委员会总编室编《中国地震历史资料汇编》，科学出版社，第一卷（1983 年）、第二卷（1985 年）、第三卷（1987 年上下册）、第四卷（上册 1985 年、下册 1986 年）、第五卷（1983 年）。

⑤ "社会组织"，在不同国家或不同时期亦被表述为"非政府组织""非营利组织""民间组织""慈善组织""公益组织"等。本文对不同表述未做严格区分。

会组织仅仅在重特大地震灾害中崭露头角。那么，对其进行研究的意义何在呢？

首先，历史上，民间力量在回应自然灾害方面发挥了积极作用。改革开放至今，尤其是汶川地震以来，在自主性不断增强的社会中，涌动的公益力量在各种重特大自然灾害中迸发出来，继而采取声势较大的集体救灾行动。近年来，社会组织参与自然灾害救助的规模、力度和深度以前所未有的方式展现出来。而且，这股巨大的力量越来越以日益自觉的组织化形式呈现出来，并在政府失灵之处深耕："与政府这一大动脉相比，民间公益组织的作用恰似毛细血管，虽细小却必不可少。首先，由于组织规模小、决策机制灵活，能极大降低垂直治理成本，行动快捷。其次，能瞄准灾民的多元化需求提供个性化服务，甚至在政府宣布灾后重建完成后仍然能够长期致力于准公共物品的供给。再次，能够对社会资源进行再分配，形成对政府资源的有效补充。第四，公益组织试错成本低，其成功经验一旦被政府借鉴，能大大提高政府的决策效果及公信力建设。最后，通过凝聚社会资本，有助于丰富社会建设的内涵，有利于社会的有机团结……民间公益组织在汶川大地震、玉树地震、舟曲泥石流灾害等一系列自然灾害回应中也均有上佳表现，不仅筹措到动辄上亿甚至上百亿的善款，关注和介入了一些政府暂无力顾及的盲点社区，公益组织还展开了联合行动与慈善接力，对特殊人群特殊需求进行回应并实施创新项目，等等。"[1] 因此，厘定自然灾害领域社会组织的成长逻辑，总结其中好的经验、做法、模式，对于倡导其作用、推动其发展大有裨益。

其次，目前看来，自然灾害领域的社会组织虽然做出了很大的贡献，但在专业性等方面存在诸多不足。例如，重紧急救援轻灾害预防以及紧急救援阶段的抢山头、划地盘等现象较为突出；对许多轻度的、小规模自然灾害关注度很低；对缓慢形成的自然灾害，如旱灾、土地沙化等投入太少；灾后重建中持久力不够，在打造韧性社区、活力社区等方面的提升空间还很大；项目运作的瞄准性尚有待提高，活动之间的逻辑关联性较弱，精细化和专业化程度不高，可持续性较弱；等等。因此，本研究希望能直面这些挑战，并提出有启示性的建议，以利于自然灾害回应领域社会组织

---

[1] 韩俊魁：《面对灾难，政府要善用社会"毛细血管"》，《人民日报》2013 年 4 月 22 日。

的专业化成长，使之在以后的自然灾害中能服务更多的脆弱群体。

再次，在本书主题所及的范围内（未包含企业参与），目前，在自然灾害领域，政府与社会组织、社会组织之间的合作均存在一些挑战。常识告诉我们，仅凭政府力量或单个大型社会组织均很难全面回应自然灾害，因此在专业分工基础上进行有效合作变得非常重要。在这两组合作关系中，第一组关系是所有合作类型的关键。

接下来，我们透过国际大背景来审视政府与社会组织在回应灾害时合作的重要性。1984年7月，原美国科学院院长弗兰克·普雷斯博士在第八届世界地震工程会议上提出国际减灾十年的建议后，得到了联合国和国际社会的广泛关注。联合国分别通过1987年12月11日的第42届联大第169号决议、1988年12月20日的第43届联大203号决议，以及1989年经社理事会的99号决议，对开展国际减灾十年的活动做了具体安排。1989年12月，第44届联大通过了经社理事会关于国际减轻自然灾害十年的报告，决定从1990年至1999年开展"国际减轻自然灾害十年"活动，规定每年10月的第二个星期三为"国际减灾日"（International Day for Natural Disaster Reduction）①。该报告强调了科学与技术协会、人道主义团体等所起的关键作用，并提请在联合国具有咨商地位的非政府组织关注该决议。

第44届联大还通过了《国际减轻自然灾害十年国际行动纲领》。具体包括："国际减轻自然灾害十年"的目的和目标；国家一级须采取的措施；联合国系统须采取的行动；减灾十年期间的组织安排；财政计划及审查；等。该纲领为世界范围内的一致减灾活动铺平了道路。行动的目标即：透过一致的国际行动，特别是在发展中国家，减轻由地震、风灾、海啸、水灾、土崩、火山爆发、森林大火、蚱蜢和蝗虫、旱灾和沙漠化以及其他自然灾害所造成的人命财产损失和社会经济的失调。1989年4月，为了响应联合国关于开展"国际减灾十年"活动的号召，中国政府成立了中国国际减灾十年委员会。2000年，根据中国开展减灾工作的需要和联合国有关决议的精神，中国国际减灾十年委员会更名为中国国际减灾委员会。2005年，联合国在减少灾害问题世界会议的《兵库宣言》中称："我们确认减灾、可持续发展以及消除贫困等事项之间的内在关系，并确认吸收一切利

---

① 2009年，联合国大会通过决议，将每年10月13日定为国际减轻自然灾害日。

害关系方参与的重要意义，这些利害关系方有：政府、区域组织和国际组织以及金融机构、包括非政府组织和志愿人员在内的民间团体、私营部门和科学界。因此，我们对会议期间以及会议筹备过程中的各种有关活动和各方的贡献表示欢迎"。是年，经国务院批准，中国国际减灾委员会更名为国家减灾委员会。

但目前，除了中国红十字会以及科协等少数官方背景的组织外，民间公益性社会组织在减灾委中尚无一席之地。仅以近年来发生的自然灾害为例，在 2008 年的南方低温凝冻灾害以及汶川地震中，政府与社会组织并无全面合作机制。接下来，玉树地震后的基金会汇缴事件又使二者之合作备受关注，以红十字会和慈善总会两大系统来接收社会组织所募善款的做法引发争议。在甘肃近年来的地震和泥石流灾害中，以甘肃省民间组织促进会为牵头单位所形成的政府—社会组织合作有不少新意，但提炼上升为机制尚需时日。在回应雅安地震过程中形成的政府—社会组织关系是目前最成熟的合作模式，但由群团组织牵头是否可以持续？在鲁甸地震中，云南省民政厅负责社会组织登记管理的一个处级单位牵头，此中又有哪些好的经验做法可循？总之，如何在实证研究的基础上分析社会组织与政府合作成为本书的题中应有之义。

在第二组合作关系类型中，社会组织之间程度越来越高的网络化行动是近年来的新现象。随着重特大自然灾害发生时大量社会资源的涌入，众多具有或不具有救灾宗旨的社会组织目前正在不断分化和重组的过程之中。该合作类型又可以分为较大规模的基金会/官方背景的社会组织—草根公益机构、灾区外来的社会组织—灾区本地化社会组织两种亚类型。这两种亚类型之间有部分交叉内容。

在第一种亚类型中，较大规模的基金会/官方背景的社会组织已日益认识到和草根公益机构合作的重要性。2008 年汶川地震救援及灾后重建中已有尝试。这一创新之举既有可圈可点之处，也有合作过程中双方互相抱怨，甚至划小圈子的现象。在雅安地震救援和灾后重建中，这一现象更为突出。因此，需要从社会组织参与历次灾害的实践中进行总结和分析。

第二种亚类型一定程度上是第二组合作关系的变异和延伸。在地化组织的成长与发展涉及灾区重建事业的可持续发展。雅安地震后，四川省政府规划投入 1.2 亿元资金用于支持群团组织、本地化组织的发展，本地社工人才的培养以及心理治疗和康复工作，可谓开创了灾后重建政府支持社会组织之先例。但如何有效使用这笔财政资金面临诸多挑战，其效果也有待进一步观察和验证。

为了回应上述三个方面的问题，课题组采取了以下三种研究方法：（1）文献法。除了搜集相关论文、书籍、政策以及研究报告等二手资料外，课题组还利用了以前从事汶川地震、玉树地震、雅安地震以及鲁甸地震等课题研究所搜集的访谈资料以及完成的研究/评估报告。（2）实地调研。除了以前参与自然灾害研究所获得的一手材料外，课题组还于2015年1月赴甘、川、滇，对地方政府官员、有代表性的境内外社会组织负责人以及相关学者等进行了集中调研。此外，课题组还对北京等地的社会组织进行了访谈。（3）问卷调查法。从2014年12月至2015年2月5日，课题组共发放问卷557份，回收问卷128份，回收率为23%。剔除掉3份无效问卷后，有效问卷共125份。

需要交代的是，囿于时间和精力，本书主要研究对象是2008年以来参与重特大自然灾害的社会组织实践。此外，由于资料集中且便于获取，国内大型基金会的案例又占了较大篇幅。

围绕社会组织的经验、专业性的欠缺以及与政府合作三个核心问题，本书的论证结构安排如下：

第一章是对社会组织回应自然灾害实践的历史回顾。改革开放后，尤其是2008年汶川地震发生后，社会组织参与自然灾害的相关政策逐年增多。对此，我们做了较全面的梳理和分析。接下来的第二章，围绕紧急救援、过渡安置以及灾后重建三个阶段的八类项目，对社会组织回应自然灾害的理想状态及其在重特大自然灾害中的现实做法进行了比较分析。

第三章是统计调查结果的集中展示，分别从组织基本情况、组织能力与需求、组织参与赈灾状况、满意度调查以及开放式问题答案的总结五个方面进行了描述和分析。为了更准确地把握参与重特大自然灾害社会组织的变化，我们特别将课题组曾在汶川地震时开展的一项定量研究与此次调查进行了比较。

为了展示自然灾害回应领域社会组织的功能及成长历程，第四章在分析了社会组织的优势后，用大量案例论述了此类组织的能力成长和体系化成长。第五章是前一章内容的深化，即从行政化运作机制、市场化运作机制以及社会化运作机制三个方面剖析了自然灾害回应领域社会组织良性运作和专业化运作的一般逻辑。

为了解决第三个问题,第六章主要从 2008 年以来重特大灾害中社会组织与政府合作的实践出发,分析了合作中的经验以及障碍,并针对合作中出现的障碍提出了具体建议。最后一部分是结论。

| 第一章 |

社会组织回应自然灾害的历史及相关政策演变

第一节 概述

2008 年以来，随着实践的发展，越来越多的人意识到社会组织在自然灾害救助中的重要作用，研究成果亦逐渐增多。之前，社会组织参与自然灾害的文献很少见，而且非常零散。之所以如此，结社不发达、社会组织不活跃可能是重要的原因。此外，这还与中国传统社会中社会组织与国家同构、社会组织成为后者的意识形态传输工具密切相关。诚如梁其姿所言："慈善济贫组织的发展，从明末至清末，虽然有数量上的大幅度增加，及组织方面的变化，但一直没有将救济问题变为'经济问题'。慈善组织的重点仍在'行善'，即以施善人的意愿为主，受惠人的需求为次。换言之，慈善组织的功能一直停留在教化社会之上，而没有转化到经济层面"，即"目标一直停留在意识形态的灌输之上"。[①]

1949 年以后，政府开始对社会组织进行规范管理。1950 ~ 1951 年，政府先后颁布的《社会团体登记暂行办法》和《社会团体登记暂行办法实施细则》，奠定了中国社会组织管理的早期基本制度框架。随着全能主义国家的建立，自治性社会组织或被取缔，或被行政吸纳。"到 20 世纪 50 年代中后期，一个相对独立的、带有一定程度自治性的社会已不复存在"[②]。与此同时，一批人民团体相继成立。"文化大革命"期间，社会组织的发展几乎全部停滞。改革开放之后，社会组织开始恢复发展，

---

① 梁其姿：《施善与教化——明清的慈善组织》，河北教育出版社，2001，第 1 页、第 307 页。

② 孙立平、王汉生、王思斌等：《改革以来中国社会结构的变迁》，《中国社会科学》1994 年第 2 期。

至 1988 年归口民政部门管理以后，有了经济基础的直接推动力，加之 20 世纪 90 年代的两次大范围清理整顿，社会团体、基金会和民办非企业三类社会组织分化成型。可以看出，中国社会组织的分化、发展是晚近的事情。至于出现社会组织较为准确、细分的官方统计数据，则始于 21 世纪初①。而对参与重特大自然灾害的社会组织来说，各类翔实的统计数据仍付之阙如。

早期痕迹资料稀少和缺失的问题也很突出。目前来看，仅有中国红十字会的相关研究成果较为全面。作为新中国第一个在国际组织中获得合法地位的社会团体②，红十字会拥有丰富的救灾经验。其他早期参与救灾的社会组织，保存痕迹资料的意识相对较弱，可资利用的资料不多，搜集难度很大。2008 年汶川地震之后，社会组织参与自然灾害掀起了前所未有的高潮：社会力量通过各种方式行动起来，公众创纪录的天量募捐，以及大量的草根组织应运而生。但是，随着大量志愿者的流动以及一些组织的解散，搜寻其全面参与的历史难度极大。在随后青海、甘肃、四川、云南等地发生的自然灾害中，社会组织参与的相关资料开始增多，但比较分散。全方位的回顾、比较和分析仍很薄弱。

正基于此，本项研究工作才显得意义非凡。本章主要试图对社会组织参与自然灾害救助的历史进行全面回顾。要厘清社会组织参与自然灾害的实践，必须将其置于整个历史大背景中。

我们将社会组织参与自然灾害的历史实践分为四个阶段。（1）20 世纪 50 年代中后期之前。在该阶段，基本上是传统意义上而非现代意义上的社会组织，即使明清之后其数量大幅增加也是如此。包括早期中国红十字会在内的社会组织，其参与自然灾害救援的活动非常零散。（2）20 世纪 50 年代中后期至改革开放。在此阶段，真正自治意义上的社会组织消失殆尽。（3）改革开放至 2008 年。在此期间，国家治理的重心从阶级斗争转移到了经济建设。随着国家从社会领域逐步退出，加之有了一定的经济基础作保障，社会组织开始复苏、成长。经历了几次重大自然灾害以后，政府逐渐意识到社会力量的强大，提出了救灾工作社会化的

---

① 在《中国民政统计年鉴》中，社会团体、民办非企业和基金会的分类统计始于 2004 年。
② 梁勇：《我国非政府组织参与自然灾害救助研究》，山西师范大学硕士论文，2013 年 4 月，第 21 页。

思路。20 世纪 80 年代，少数境外非政府组织在华开展过救灾活动。90 年代中期后，国内社会组织的发展开始起步。在国际救灾大环境下，红十字会和慈善总会两大系统逐步在政府灾害动员和预案制度中占据一席之地。（4）2008 年至今。迈入 21 世纪以来，国内社会组织快速发展，但大规模参与自然灾害应当始于 2008 年。是年，汶川大地震突然发生，参与自然灾害开展工作的社会组织大量涌现。在此后的数次重特大自然灾害中，社会组织的活动逐渐由自在走向自觉，其行动受到公众极大的关注。在响应雅安地震中，政府和社会组织出现了崭新的但也有一定争议的合作模式。

我们将社会组织参与自然灾害的相关政策演变历程大致分为两个阶段：改革开放之前和改革开放至今。第一个阶段中，20 世纪 50 年代之前，并没有社会组织参与自然灾害的制度设计，50 年代起开始出现自治组织参与自然灾害相关政策设计的萌芽，但 50 年代中后期以后逐渐消失，"文革"期间彻底销声匿迹；第二个阶段中，在国际非政府组织发展以及灾害回应政策的大背景下，中国社会组织的发展、参与自然灾害的实践以及相关政策的演变交互影响。自然灾害领域的社会组织，经历了 20 世纪 80 年代少数境外非政府组织参与，到国内官方背景的社会组织对 1991 年及 1998 年洪灾的响应，再到社会组织整个部门正在崛起的变化轨迹。伴随着这一变化轨迹，社会组织参与自然灾害的法律法规及相关政策不断发展，尤其是 2008 年以后出台的数量日增。但总的说来，有待完善的空间非常大。在实践强有力的推动之下，相关法律政策的建设正处于一个重要的转折点上。

第二节　社会组织回应自然灾害的历史回顾

一　20 世纪 50 年代中后期之前

历史上，中国自然灾害频发。《周礼》分为天官、地官、春官、夏官、秋官、冬官六篇。根据与自然灾害救济制度相关的地官篇可以看到，西周初年即设大司徒负责荒政："以荒政十有二，聚万民。一曰散利，二曰薄征，三曰缓刑，四曰弛力，五曰舍禁，六曰去饥，七曰眚礼，八曰杀哀，九曰蕃乐，十曰多昏，十有一曰索鬼神，十有二曰除盗贼"①；"列树以表道，立鄙食以守路。国有郊牧，疆有寓望，薮有圃草，囿有林池，所以御灾也"②。此后，历朝政府通过平籴、仓廪、调粟、放贷、除害、养恤、安辑、粥局等制度回应自然灾害。宋代以降，特别是明代以来，荒政的历史记录远比过去丰富细致，其中一个重要的原因是 16 世纪晚期多地的饥荒以及 17 世纪 40 年代初大规模的自然灾害③。

个人（基层精英）以及民间互助组织的参与自古就有。自秦汉至清末，无论从政治思想史还是哲学史的角度来看，中国社会治理机制、理念基本无本质变化④。历史上，执政者始终对具有民间政治取向的结社抱以高度警惕。但在民间，各种以互助、娱乐等为目的的结社非常盛行。有学者通过对敦煌文书的研究证明了亲情社、兄弟社、渠人社、妇女社等所谓"私社"的普遍存在⑤。

然而，至明清，民间慈善组织有了质的变化。周秋光等学者认为，从明朝中叶始，民间慈善组织成为官方之外兴办慈善事业的又一支重要力量。进入清代，参与慈善活动的民间社会更加活跃，主要表现在：民间慈善组织越来越多；组织功能日益齐全；经费相对充裕；参与的社会阶层较为广泛；开展活动十分频繁⑥。梁其姿通过对历史文献研究发现，社会救济的实施主体一直是国家，这一观念在宋代表现最为彻底。有别于政府、家族救济组织以及宗教团体，16 世纪末的明代出现了慈善组织的新现象。明朝末年，慈善事业竟转变为纯粹由民间举办，各种善堂、善会出现了新的品格，从而经历了千年未有之变局⑦。这些组织并无宗教思想；发起者多为民间精英，而非政府官员；救济对象没有宗族、地域、户籍等限制。

---

① 《周礼·地官》。
② 《国语·周语》。
③ 〔法〕魏丕信（Pierre - Etienne Will）：《略论中华帝国晚期的荒政指南》，载李文海、夏明方《天有凶年：清代灾荒与中国社会》，生活·读书·新知三联书店，2007，第 100 ~ 101 页。
④ 参见萧公权《中国政治思想史》，新星出版社，2005，第 5 页；梁漱溟：《中国文化要义》，香港集成图书公司，1963，第 11 页。
⑤ 孟宪实：《敦煌民间结社研究》，北京大学出版社，2009。
⑥ 周秋光、曾桂林：《中国慈善简史》，人民出版社，2006，第 177 ~ 180 页。
⑦ 梁其姿：《清代慈善机构与官僚层的关系》，《中央研究院民族学研究所集刊》1988 年第 66 期，第 89 ~ 103 页。

慈善组织不仅在社会福利方面发挥了重要作用,还在传统教化方面有重要的社会功能①。

　　明末慈善组织兴起的原因非常复杂,和明朝财富的积累以及社会问题的增多、政府为避免贪腐不愿过多介入社会救济、明末士人喜爱结社、西方文化的刺激等均有关系。慈善组织多由士、绅、商等发起,"从商人会馆扩大为慈善组织是清朝出现的普遍现象"②。"慈善济贫组织的发展,从明末至清末,虽然有数量上的大幅度增加,及组织方面的变化,但一直没有将救济问题变为'经济问题'。慈善组织的重点仍在'行善',即以施善人的意愿为主,受惠人的需求为次。换言之,慈善组织的功能一直停留在教化社会之上,而没有转化到经济层面",即"目标一直停留在意识形态的灌输之上"③。

　　明清慈善组织多由民间士、绅、商等发起,与政府合作亦是常态。至清末,有以下几件事标志着民间力量已经壮大到相当程度。其一,为回应1876~1879年晋陕豫鲁直隶5省持续4年的旱灾(丁戊奇荒),沪上协赈公所于1877年成立。该组织突破了一般的善堂善会结构,而是把各地善堂和协赈公所联合起来,还动员了洋务企业和中国驻外使领馆,形成了一个"以上海为中心、以江浙为基础,辐射大半个中国,并向海外扩散的巨大组织网络,把近代民间义赈推进到前所未有的规模"。其中,还有约31名在华新教传教士和很多天主教传教士参加④。值得一提的是,该组织无论是在海内外资金筹集及使用上,还是在较为完备的组织结构、救灾程序及放赈标准、减防灾结合的思想、引入西方的合作机制开展灾后重建和试点上,在当时都是一项壮举,对今天社会组织参与减防灾都有重要启迪意义。该组织和政府的关系也是中国国家社会关系的典型缩影。其二,从1900年9月中旬至1901年3月,江南士绅发起了大规模、跨地区救济战

---

① 梁其姿:《施善与教化——明清的慈善组织》,河北教育出版社,2001;〔日〕夫马进:《中国善会善堂史研究》,伍跃、杨文信、张学峰译,商务印书馆,2005。

② 王日根:《清代苏北水灾民间救助机制及其效果》,载李文海、夏明方《天有凶年:清代灾荒与中国社会》,生活·读书·新知三联书店,2007,第295页。

③ 梁其姿:《施善与教化——明清的慈善组织》,河北教育出版社,2001,第1页、第307页。

④ 蔡勤禹:《民间组织与灾荒救治——民国华洋义赈会研究》,商务印书馆,2005,第58页;还可参见陈桦、刘宗志《救灾与济贫:中国封建时代的社会救助活动(1750~1911)》,中国人民大学出版社,2005,第438~444页。

乱灾民的行动。在当时朝廷外逃而完全无暇顾及的情形之下，这场完全由民间发起的源于救助江浙人士的善举，后来在很大程度上超越了狭隘的地方观念。这场大规模行动是中国红十字会在中国的早期重要实践之一，正如组织者——济急会和救济会"公开宣称自己'系仿照红十字会意办理'，而且《申报》对此两会都认为其宗旨与'泰西红十字会相同'"。其三，在义赈发展史和清朝荒政史上值得一提的是，在 1900～1901 年陕西旱灾中，户部尚书崇礼于 1900 年 11 月 5 日上奏，希望全面引入义赈力量救灾，当天即得到慈禧太后同意的上谕。清朝政府第一次向地方社会求助，而且义赈的主体来自千里之外的江南地方社会。江南不少地方士绅同时参与了两次行动，例如有道公会的发起人之一的湖州籍绅士陆树藩等①。

此外，清末民国在灾害领域表现最为突出的社会组织还有中国红十字会。除了参与战争导致的难民救助外，中国红十字会还参与了宣统二年七月的皖北旱灾、民国元年的浙江水灾、民国 4 年的衢州水灾、民国 6 年的安徽及河北水灾、民国 7 年的湖南水灾、民国 8 年的江浙皖鄂水灾、民国 9 年的豫冀鲁晋陕湘闽浙八省水灾、民国 10 年湘鄂江浙等省水灾、民国 11 年上海分水庙以及胡家木桥火灾等②。如果说中国红十字会属于人道主义机构的话，那么，华洋义赈会就是一个纯粹为了救灾而建立的组织，并在"一段时间内使救灾活动进入到民间组织主导时期"③。此外，"丁戊奇荒"发生后，不少西方在华传教士也积极参与。1878 年 1 月 26 日，由西方传教士、外交官和外商等组成的"中国赈灾基金委员会"成立，总部设在上海。这是在华外国人成立的第一个赈灾机构，发挥了较大作用④。

在中国近现代国家建构进程中，"家族"等传统社会力量日益被看成"未开化"的标志，农民也被越来越多地贴上"愚昧"的标签而成为改造

---

① 朱浒：《地方谱系向国家场域的蔓延——1900～1901 年的陕西旱灾与义赈》，载李文海、夏明方：《天有凶年：清代灾荒与中国社会》，生活·读书·新知三联书店，2007，第 390～412 页。

② 《中国红十字会征求会员大会特刊》，第 39～72 页；《中国红十字会癸丑成绩撮要》；《中国红十字会历史资料选编（1904～1949）》，第 299～300 页；转引自张建俅《中国红十字会初期发展之研究》，中华书局，2007，第 100～102 页。

③ 蔡勤禹：《民间组织与灾荒救治——民国华洋义赈会研究》，商务印书馆，2005，第 52 页。

④ 陈桦、刘宗志：《救灾与济贫：中国封建时代的社会救助活动（1750～1911）》，中国人民大学出版社，2005，第 450～452 页。

的对象。但在东部大城市，民间精英通过社会组织等方式，积极参与各类灾害救助。除了华洋义赈会和红十字会，上海救火联合会以及天津、苏州、汉口等地的民间救火会承担了城市部分的消防职能①。在北洋政府以及民国烽烟四起的战乱年代，决策者在民间力量参与自然灾害的政策设计方面开始有所考虑。例如，北洋政府交通部发布的《赈粮免收运费通电》、民国政府财政部 1929 年 3 月颁布的《赈灾物品免税章程》、1929 年 8 月内政部颁发的《发给办赈护照办法》、1933 年赈务委员会修正的《赈灾麦粉免税办法》、1933 年国民党中常会制定的《人民团体经费补助办法》等，都对赈灾团体予以多种照顾②。此外，民国时期还颁布了《管理各地方私立慈善机构规则》（内务部，1928）、《监督慈善团体法》（国民政府，1928）、《救灾准备金法》（国民政府，1930）、《社会救济法》（国民政府，1943）、《管理私立救济设施规则》（行政院，1944）、《私立救灾设施减免赋税考核办法》（行政院核准，1945）以及《各省市县社会救济事业协会组织通则》（社会部修正公布，1946）等③，对于促进和规范社会组织参与自然灾害发挥了一定作用。

　　中华人民共和国在成立之初，就遭遇了全国性的水灾。毛泽东指示 1949 年 11 月 1 日成立内务部主管水灾救济。1950 年召开的全国第一次民政会议上提出了"生产自救，节约度荒，群众互助，以工代赈，并辅以必要的救济"的工作方针。1950 年 2 月 17 日，中央救灾委员会成立，统筹全国的抗灾和救灾、赈灾工作④。1953 年 12 月 24 日，《人民日报》社论——《民政工作应积极为国家总路线服务》认为，在救灾工作上，"应教育灾民组织起来，生产自救，节约度荒，并采用互助合作的方法以解决困难"⑤。但如何开展互助合作，并没有可操作的政策设计。

---

① 参见〔日〕小滨正子《中国近代都市的"公"的领域》，载张仲礼主编《中国近代城市企业、社会、空间》，上海社会科学出版社，1998；马敏：《官商之间——社会巨变中的近代绅商》，天津人民出版社，1995。

② 蔡勤禹：《民间组织与灾荒救治——民国华洋义赈会研究》，商务印书馆，2005，第 278~279 页。

③ 蔡勤禹：《国家、社会与弱势群体——民国时期的社会救济（1927~1949）》，天津人民出版社，2003，第 252~253 页。

④ 范宝俊主编《灾害管理文库第二卷：中国自然灾害史》，当代中国出版社，1999，第 477 页。

⑤ 《民政工作应积极为国家总路线服务》，《人民日报》1953 年 12 月 24 日，第 1 版。

二 20 世纪 50 年代中后期至改革开放

前文提到，20 世纪 50 年代中后期后，以高度集中的计划经济为目标，通过农业的集体主义改造以及全面实施政社合一的人民公社制度，农民在经济上、组织上完全依附于国家；通过户籍制、城乡分立发展以及对工会、共青团、妇联等组织的行政吸纳，建构出社会高度依附国家的总体性社会。随着全能主义国家的建立，所有的社会力量均围绕政党——国家这一中心被重新组织并吸纳，社会组织参与自然灾害的踪迹难觅。在"政治挂帅""以阶级斗争为纲""消灭封建迷信"的意识形态控制之下，农村社区自组织、宗族组织等的功能全失。"文革"期间，一切皆服从于政治运动，救灾工作也不例外。例如，1976 年 8 月 28 日，《人民日报》就曾载文指出，"抗震工作千头万绪，每一个领导干部，都要自觉提起阶级斗争这个纲，以批邓为动力，搞好抗震救灾。否则，修正主义路线就会在自然灾害面前乘机而入，把人们引向资本主义邪路"①。

三 改革开放至 2008 年

（一）国内社会组织发展图景的简要勾勒

中国的现代公益是在社会基本矛盾变化、政府职能再定位、经济发展以及弱势群体问题不断出现等多重因素共同作用下的产物②。

改革开放以来的 30 余年间，中国经历了三次大的讨论。第一次是 20 世纪 70 年代末 80 年代初关于实践是检验真理的唯一标准的大讨论；第二次是 20 世纪 90 年代初关于姓资姓社的大讨论；第三次则是 21 世纪之初围绕着教育改革、医疗改革是否失败而爆发的关于公共物品供给究竟应是公益取向还是市场取向的争论。当前中国社会的基本矛盾已经发生了转变，即人民群众日益增长的物质文化需要与落后的社会生产力之间的矛盾，已经转变为人民群众日益多元化的需求与社会公共物品如何公正、透明以及高效供给之间的矛盾③。

---

① 《深入批邓是战胜震灾的强大动力》，《人民日报》1976 年 8 月 28 日，第 1 版。

② 韩俊魁：《走向公民慈善》，《北大商业评论》总第 83 期 2011。

③ 韩俊魁：《NGO 参与汶川地震紧急救援研究》，北京大学出版社，2009，第 15～20 页。

改革开放后，随着国家从社会领域的主动撤离以及经济的快速发展，社会自主性不断增强，利益诉求日益多元化。在此背景下，农村经济合作组织、行业协会、公益组织等各种组织应运而生，且数量快速增加。由于利益基础和权力来源不同，这些组织进一步呈多元化态势发展。

20 世纪 80 年代中国的社会组织主要以社团，尤其是农村经济组织的发展为主。到 90 年代，教科文卫体等领域的民办非企业单位开始兴起。根据 1991 年《中国大百科全书》"慈善事业"条目的定义中"带有浓重的宗教和迷信"，"只是对少数人的一种暂时的、消极的救济……它的社会效果存有争议"等的内容出发，有研究者得出"至少在 20 世纪 90 年代初，慈善和慈善行为还仅仅被视为个人化的怜悯和施舍，是消极的行为"① 之结论。在此之后，公益慈善方得以脱魅、正名。随着中国不断融入国际体系，中国社会组织快速发展。2004 年《基金会管理条例》颁布后，基金会越来越成为社团和民办非企业单位发展的重要资金源泉之一。

该阶段的社会组织参与自然灾害正是在此大背景下展开的。

（二）社会组织参与自然灾害的实践

20 世纪 80 年代至 90 年代末，社会组织参与中国自然灾害呈现出以下几个特点：80 年代主要以红十字会系统和境外在华非政府组织为主；90 年代，除了红十字会系统和境外民间力量之外，慈善会系统、爱德基金会以及中国扶贫基金会等组织也加入这一队伍中来。在 1998 年特大洪灾中，社会捐款首次超过政府拨款。2008 年汶川地震后，响应自然灾害逐渐成为很多社会组织的重要业务，而且，社会组织在筹款、开展项目、联合行动以及和政府合作等诸多方面均出现了大量创新做法。下面仅以大型自然灾害以及特殊类型的自然灾害为例进行说明。

1981 年 7 月 9 日至 14 日，长江上游四川盆地广大地区发生了连续 6 天的历史罕见的大面积暴雨，导致长江上游出现了百年不遇的大洪水。山洪暴发，江水泛滥，给沿岸人民的生命财产和工农业生产带来了严重的损失。受灾人口达 1500 多万人，死亡 888 人，150 万人流离失所；耕地被淹

---

① 杨团：《中国慈善事业的伟大复兴》，载杨团、葛道顺主编《中国慈善发展报告（2009）》，社会科学文献出版社，2009，第 11 页。

1300多万亩，房屋倒塌139万间。洪灾造成的直接经济损失约20亿元[1]。水灾发生后，中国红十字会发起了捐助活动。根据杨绪生的回忆，中国红十字总会收到国外捐款40.6149万元，同时，还收到国内的自发捐款19笔，共计人民币5857元，另加5359.4斤粮票、40尺布票、9张棉花票和79箱衣物。其中，来自国际联合会的捐款被同时用于救灾和重建两个阶段[2]。改革开放之初，在宽松的社会环境中，少数境外非政府组织开始进入大陆并开展灾害救援工作。例如1982年，香港世界宣明会的中国事工部就参与了青海水灾的救援工作。

1987年5月，素有"绿色宝库"的大兴安岭发生了特大火灾。据统计，过火面积101万公顷，其中有林面积70万公顷；烧毁贮木场存材85万立方米，各种设备2488台，其中汽车、拖拉机等大型设备617台；桥涵67座，总长1340米；铁路专用线9.2公里，通信线路483公里，输变电线路284公里；粮食325万公斤，房屋61.4万平方米，其中民房40万平方米；受灾群众1.08万户共5.6万人，死亡193人，受伤226人；森林资源的损失和停工停产造成的损失严重，为扑灭大火，人力、物力、财力的耗损也很大[3]。除了直接的经济损失外，大火带来的生态环境方面的损失更是难以估量。这场延续25天之久的森林大火，是新中国成立以来毁林面积最大、伤亡人员最多、损失最为惨重的森林火灾。火灾发生后，黑龙江省红十字会组织了由12支共104名队员组成的医疗队进入灾区，同时协助政府安置灾民，并发起募捐。中国红十字会共接到国内捐款401.6077万元，此外，还收到许多国家和地区红十字会的援助。灾后，中国红十字总会还派出了30名医护人员进入灾区工作2个月[4]。除了中国红十字会，爱德基金会也积极参与救灾，除了参与紧急救援外，还专门设立60万元的灾后发展基金，专门用于灾区人才培育，助力灾后持续发展。

1991年的5、6月间，中国有18个省、自治区、直辖市发生水灾，5

---

① http：//zzys. agri. gov. cn/zaihai/data/9. htm。

② 杨绪生：《从事自然灾害救助工作20年》，http：//blog. voc. com. cn/blog_ showone_ type_ blog_ id_ 119374_ p_ 1. html。

③ 民政部救灾救济司、民政部国家减灾中心：《1949～2004重大自然灾害案例》（内部刊物），2005（8），第111页。

④ 杨绪生：《从事自然灾害救助工作20年》，http：//blog. voc. com. cn/blog_ showone_ type_ blog_ id_ 119374_ p_ 1. html。

个省、自治区发生旱灾。洪涝灾害共造成农作物受灾面积 2400 万公顷，成灾面积 1400 万公顷，绝收面积 321.8 万公顷；因灾死亡 5113 人；倒塌房屋 498 万间；直接经济损失 779 亿元①。华东水灾是新中国历史上首次直接呼吁国际社会援助的自然灾害。

此次救灾中，参加救灾队伍的除了政府与大陆军民外，港澳台的同胞也展现了极大的热情。香港方面，演艺界人士拍摄电影《豪门夜宴》，并于跑马地马场举行"忘我大会演"大型音乐会，为水灾灾民筹集善款。香港特区政府拨款 5000 万港元赈助华东灾区，全港随即掀起捐赠救助华东水灾的热潮。据有关方面统计，到 7 月 23 日，短短十天时间，香港的赈灾筹款总额已达到 4.7 亿港元。与此同时，台湾对华东灾区的捐赠也超过了 300 万美元。台视、中视、华视透过各自的"爱心专户"接受邮政划拨捐款。1991 年 7 月 28 日晚间，华视与《民生报》在台北中山纪念馆举办《送爱心到大陆》赈灾晚会，共募得新台币 4000 多万元。澳门的捐赠也超过了 2000 万澳元②。

华东水灾也成了台湾慈济基金会进入大陆的契机。1991 年 7 月 16 日，证严法师在《慈济道旅》半月刊上以"一粒米中藏日月"为主题，公开呼吁全球慈济人士援助大陆。秉着救人济世的精神，慈济人用各种方式奔走募款。1991 年末，台湾大学举办了为华东水灾募捐的爱心接力的园游会，短短 6 小时的活动，共募集了 8523 万元。在两岸政治还十分敏感的背景下，慈济的积极主动，为两岸在非营利组织上的交流破冰③。此后，慈济基金会还大量参与大陆自然灾害的救援和灾后重建④。在华东水灾中，爱德基金会也从海外募集到 200 多万美元用于抗震救灾工作⑤。

1996 年 2 月 3 日，云南省丽江地区发生了里氏 7.0 级地震。地震造成

---

① 民政部救灾救济司、民政部国家减灾中心：《1949～2004 重大自然灾害案例》（内部刊物），2005，第 135 页。

② 《1991 年华东水灾》，http：//www.chnjy.com/content.aspx？cid＝568。

③ 《解密慈济如何进入大陆：1991 华东大水灾打破交流坚冰》，http：//fo.ifeng.com/news/detail_2013_11/05/30965489_0.shtml。

④ 例如 1993 年参与湖南永顺、桑植两县的水灾救援，1994 年 5 月 29～31 日在江西都昌、湖口受龙卷风和冰雹侵袭的灾区勘灾，1994 年 7 月至 12 月对粤桂等多个遭受水灾的地区赈灾，等等。更详细的记述可参见慈济基金会《大爱洒人间——证严法师的慈济世界》，2009。

⑤ 《民间救灾组织的救灾新动向》，http：//www.gongyishibao.com/newdzb/html/2014-11/04/content_10213.htm？div＝-1。

周边 51 个乡镇受灾,受灾人口达 107.5 万人,其中死亡 309 人,重伤 3925 人,直接经济损失达 40 多亿元人民币①。灾害发生后,云南全省开展了广泛的捐赠活动,政府、事业单位、企业和个人都加入其中。灾区人民也充分发挥了自救、互救的能力,"绝大部分被埋的人都是邻居挖出来的"②。中国慈善总会为灾区捐款 20 万元。中国红十字会总会也调运了价值 40 万元的药品、棉衣和炊具。云南省红十字会也向灾区拨付了 90 万元的捐款。港澳台方面,香港和台湾的红十字会、"教会行动"、香港救世军以及香港基督教协进会也都纷纷发起了捐助活动。

值得一提的是,丽江地震后,世界宣明会与政府开展灾后重建的合作方式成为一个经典模式。1996 年,永胜县主管地震救灾工作的副县长在丽江争取救援时经介绍与宣明会负责人见面,后与之签订了《国际世界宣明会救援永胜地震灾区项目捐赠意见书》,捐赠金额达 2865639 元。为确保资金有效运作,当地成立了项目办公室,由常务副县长与另一名副县长分别任办公室主任和执行主任。当抗震救灾工作取得阶段性进展后,宣明会与国家民政部、中华慈善总会签署了在中国大陆开展"儿童为本、小区扶贫"的项目协议,永胜县成为两个试点县之一。为实现长期合作,1997 年 8 月 21 日,项目办更名为"国际世界宣明会永胜项目办公室"。办公室核定事业编制 5 名。其中,一名办公室主任列入国家公务员范围,其办公费挂靠县政府办公室,经费单列。该办公室并非为临时性协调双方关系而设,而是一个独立的机构,登记为机关法人。这种合作采用社会组织提供资金和人员,政府部门提供合法性及在人力、资源方面给予一定帮助的模式,取得了良好的实施效果③。

1998 年 1 月 10 日,河北省尚义以东地区发生 6.2 级地震。张北 - 尚义地震造成 49 人死亡,11439 人受伤,其中重伤 362 人,伤亡人数占当年全国自然灾害伤亡总数的 83.9%④。震后,中华慈善总会为灾区募集共计

① 丽江地震,http://baike.baidu.com。
② 张洪由、李怀英:《1996 年 2 月 3 日云南丽江 7 级地震概况》,《国际地震动态》1996 年第 4 期,第 24 页。
③ 韩俊魁等:《境外在华 NGO:与开放的中国同行》,社会科学文献出版社,2011,第 56 ~ 58 页。
④ 尚义地震,http://baike.baidu.com。

1200 万元的款物[①]。

1998 年夏秋之季，长江、嫩江、松花江三江流域同时发生了罕见的特大洪涝灾害。据统计，全国共有 29 个省、自治区、直辖市受到不同程度的影响。受灾人口达 2.23 亿，死亡 3004 人，房屋倒塌 685 万间，直接经济损失达 1666 亿元[②]。面对严重的自然灾害，社会组织纷纷行动，展现了比以往更广泛的参与。自 1998 年 8 月 8 日起，中华慈善总会发起了"98 抗洪救灾紧急救援行动"等一系列救灾募捐活动，为灾区募集资金。据统计，在本次救灾捐赠活动中，中华慈善总会接收捐款 3.28 亿元，捐物折款 2.35 亿元，款物共计 5.63 亿元。中华慈善总会还联合全国工商联、中国企业家协会和中国个体劳动者协会募集款物 24 亿元。中国红十字会总会接收捐款 1.3 亿元，捐物折款 1.4 亿元，款物共计 2.7 亿元。爱德基金会筹款总额达 2000 万元，其中 380 万元用于紧急救援，其余全部用于灾后重建[③]。中华全国律师协会发出《关于广泛发动律师，积极参加抗洪救灾活动的通知》，号召律师利用自己的专长，在"保险索赔、失物追偿等涉及法律问题的事务中对当事人提供法律援助，同时，为当地政府恢复生产、重建家园当好参谋、顾问"[④]。

具有标志性意义的是，在这场特大洪灾中，社会捐款首次超过了政府拨款。民政部会同财政部向灾区共拨出特大自然灾害救济补助费 122820 万元，而在接受社会捐赠方面，民政部、中华慈善总会、中国红十字会总会以及各地民政部门共接收捐款 35.15 亿元[⑤]。

从 2007 年 7 月 16 日开始，重庆出现强降雨天气。截至 18 日 20 时，重庆有 31 个区县 368 个乡镇 613 万人受灾。因灾死亡 37 人，失踪 14 人，紧急转移安置 28.62 万人。灾区倒塌房屋 2.95 万间，农作物受灾面积 18.3 万公顷，直接经济损失 24 亿元。灾害发生后，中国扶贫基金会、中国红十字会总会、爱德基金会等社会组织迅速加入灾后救助工作的队伍中。中国红十字会总会向 15 个受灾严重的省份提供直接救助款物价值

---

① 孙绍骋：《中国救灾制度研究》，商务印书馆，2004，第 202 页。
② 1998 特大洪水，http：//baike.baidu.com。
③ 《爱德基金会救灾历史和特点》，http：//www.gospeltimes.cn/news/32905/。
④ 孙绍骋：《中国救灾制度研究》，商务印书馆，2004，第 199 页。
⑤ 蒋积伟：《1978 年以来中国救灾减灾工作研究》，中共中央党校博士论文，2009，第 132 页。

1000 多万元，并向湖北、四川、重庆、湖南、云南、安徽等省份派出多支救灾工作组，考察灾情，慰问灾民；爱德基金会收到救灾承诺资金 84 万元；中国扶贫基金会紧急救援后援联盟宣布向重庆灾区紧急调拨 200 万元的食品、衣物等救灾物资。"重庆水灾紧急救援行动"同时启动，中国扶贫基金会向灾区派出灾民救助小组，发放物资，了解灾后灾民的需求，发起劝募活动，动员社会各界积极参与灾民救助活动。

四 2008 年至今

2008 年是中国社会组织参与自然灾害的分水岭。是年，南方凝冻灾害拉开了社会组织活动的序幕，汶川大地震使之达到高潮。

2008 年初，中国南方发生了大范围的低温雨雪、冰冻等自然灾害。上海、浙江、江苏、安徽、江西、河南、湖北、湖南、广东、广西、重庆、四川、贵州、云南、陕西、甘肃、青海、宁夏、新疆和新疆生产建设兵团均不同程度受到低温、雨雪、冰冻灾害影响。截至 2 月 24 日，因灾死亡 129 人，失踪 4 人，紧急转移安置 166 万人；农作物受灾面积 1.78 亿亩，成灾 8764 万亩，绝收 2536 万亩；倒塌房屋 48.5 万间，损坏房屋 168.6 万间；因灾直接经济损失 1516.5 亿元人民币；森林受损面积近 2.79 亿亩；3 万只国家重点保护野生动物在雪灾中冻死或冻伤；受灾人口已超过 1 亿。其中，湖南、湖北、贵州、广西、江西、安徽、四川 7 个省份受灾最为严重[1]。灾害发生后，民政部协同中国红十字会和中华慈善总会，共同开展了募捐活动。截至 2008 年 2 月 29 日，中国红十字会总会接收救灾款物 1.171 亿元，地方红十字会募集款物 1.318 亿元，中华慈善总会接收救灾款物 6500 万元[2]。此外，中国扶贫基金会也启动了捐赠计划——"有你，这个冬天不会冷——南方雪灾灾区救援行动"。雪灾后，爱德基金会救灾项目首次得到香港特区政府赈灾基金的支持，至今一直与赈灾基金保持着稳定的合作关系[3]。此外，南方凝冻灾区的一些在地化草根组织也开展了一些公益活动，且出现了小范围的联合倡导和联合行动。但总的说来，在这次灾害回应中，社会组织的行动迟缓，且效果不甚理想。

[1] http://www.chnjy.com/content.aspx?cid=603。
[2] 李学举：《中国民政 30 年（1978~2008）》，中国社会出版社，2008。
[3] 《爱德基金会救灾历史和特点》，http://www.gospeltimes.cn/news/32905/。

真正使自然灾害领域的社会组织大规模走上历史舞台的，是 2008 年发生的汶川大地震。2008 年 5 月 12 日，四川省阿坝藏族羌族自治州汶川县发生里氏 8.0 级地震。截至 2008 年 9 月 25 日，地震共造成 69227 人死亡，374643 人受伤，17923 人失踪，是中华人民共和国成立以来破坏力最强的地震，也是继唐山大地震后伤亡最惨重的一次①。

目前，中国社会组织参与汶川地震的研究成果相对而言最多，因此这里不再一一评述。就参与此次地震紧急救援、过渡安置以及灾后重建的社会组织来说，有以下几个特点：①"5·12"地震发生后，社会组织第一时间参与到抗震救灾工作中，表现出强大的行动能力。社会组织及志愿者以一种前所未有的姿态登场，完成了"民间力量的第一次集体亮相"。据不完全统计，奔赴四川一线参与救灾的川外社会组织就达 300 家，数以万计的社会组织开展了捐款捐物、医疗救助等各种活动。②志愿精神充分展现。"据团中央抗震救灾工作联合办公室和中国青年志愿者协会的初步统计，截至 6 月 3 日 20 时，全国共有 561.2 万人通过各级共青团组织报名参加抗震救灾志愿服务，直接和间接参与了抗震救灾的志愿者各地共有 491.4 万名"②。如此大规模的集体行动，在中国社会组织参与自然灾害的历史上尚属首次。③社会组织在灾害回应中，在紧急救援、信息协调平台、联合行动、公募基金会向草根组织公益项目招投标、灾后重建等诸多方面都出现了创新。④出现大量社会资源、境内外非政府组织以及志愿者的进入，除了给灾前存在的组织带来很大影响外，灾区还涌现了许多新的富有活力的社会组织。其中，四川成为近年来社会组织最为活跃的省份之一。但此次地震中，也暴露出社会组织缺乏制度化参与、专业能力较弱、灾后重建项目分布不均等问题。而且，社会组织多随着政府"三年任务两年完成"的节拍而草草收场，这在一定程度上直接或间接反映出社会组织以及捐赠者的成熟度还不够。

不到两年，大的地震灾害再次降临。2010 年 4 月 14 日上午 7 时 49 分，青海省玉树藏族自治州玉树县发生两次地震，最高震级 7.1 级，震中位于

---

① 《2008 年以来全球发生的重大地震灾害》，新华网，http://news.xinhuanet.com/world/2010-02/27/content_13064440.htm，2010 年 2 月 27 日。

② 国家民间组织管理局编《一支不可忽视的社会力量——中国社会组织汶川赈灾行动》，中国社会出版社，2008，第 6 页。

玉树县城附近。地震波及全州 6 个县，这场地震是玉树地区有历史记录以来破坏最严重、涉及范围最广、人员伤亡最多、救灾难度最大的一次地震灾害，仅重灾区面积就达 4000 平方公里，涉及玉树州 6 个县的 19 个乡镇（不包括灾害影响区）。强震共造成 2698 人遇难，270 人失踪，246842 人受灾，直接经济损失高达 610 亿元[①]。其中，玉树县结古镇受灾最为严重。

截至 2010 年 5 月 30 日 18 时，经青海省民政厅、公安厅和玉树州政府按相关程序规定核准，玉树地震已造成 2698 人遇难，其中已确认身份 2687 人，无名尸体 11 具，失踪 270 人。已确认身份的遇难人员：男性 1290 人，女性 1397 人；青海玉树籍 2537 人，省内非玉树籍 54 人，外省籍 96 人（含香港籍 1 人）；遇难学生 199 人[②]。截至 2010 年 6 月 9 日 12 时，全国共接收青海玉树地震救灾捐赠款物 75.29 亿元（捐款 67.99 亿元，物资折款 7.3 亿元）。其中，民政部接收捐款 22.2 亿元（含地方民政部门汇缴），中国红十字会总会接收款物 15.2 亿元（含地方红十字会汇缴），中华慈善总会接收款物 16.57 亿元（含地方慈善会汇缴），青海省直接接收款物 18.97 亿元（含非灾区省区市财政援助资金 3.53 亿元），其他基金会接收款物 2.35 亿元[③]。

《玉树地震灾后恢复重建总体规划》中将灾区特点归纳如下：①自然条件严酷。灾区位于青藏高原北端三江源地区，平均海拔 4000 米以上，高寒缺氧，昼夜温差大，无霜期短，每年有效施工时间只有 5 个月，给施工带来极大困难。②生态环境脆弱。大多数区域属于极为脆弱的高寒草甸生态系统，植被生长期短，水土易流失，对外部影响的抗逆性弱，受到破坏极难恢复。③交通设施落后。灾区地域广阔，公路路网密度低、路况差、保通难度大，主要运输通道仅有国道 214 线和省道 308 线，运距长、成本高。④施工条件较差。城镇地形狭窄，施工作业面小，大规模施工组织协

---

① 上述数据来自《青海省扶贫开发局关于玉树地震抗震救灾和恢复重建工作阶段性总结报告》（2010 年 9 月 6 日）以及青海省扶贫开发局《青海玉树地震灾情和重建规划等有关情况的介绍》（2010 年 7 月 30 日）。

② 《玉树地震已造成 2698 人遇难》，人民网，http：//cpc.people.com.cn/GB/64093/64387/11746052.html，2010 年 6 月 1 日。

③ 《全国已接收青海玉树抗震救灾捐赠款物 80.74 亿元》，中华人民共和国民政部，http：//www.mca.gov.cn/article/zwgk/mzyw/201006/20100600082477.shtml，2010 年 6 月 21 日。

调难度大，后勤保障能力弱。⑤建筑资源缺乏。当地主要建筑材料基本依靠外部输入，设计、施工、管理等专业人才严重匮乏，适应高原作业的专业建设队伍短缺。⑥经济基础薄弱。灾区以草地畜牧业为主，产业结构单一，地方政府财力十分有限，农牧民收入水平低、贫困面广、自我恢复能力差。⑦少数民族聚居。灾区人口中少数民族比重达到97%以上，其中藏族比重达到93%，玉树藏族自治州区域拥有丰富的民族文化遗存，地域特色鲜明。⑧宗教影响深厚。灾区是藏传佛教众多教派的聚集地，寺院多、僧侣多、信教群众多，宗教影响大①。

据我们震后不久的调研，亲赴玉树州救灾的外地社会组织至少有20家（事实上要更多）。这些组织在西宁及玉树有一些联络点和资源共享平台，比较有序地在开展工作。由于玉树特殊的地理环境，社会组织数量偏少，而且工作周期较短，因此社会组织的联合行动开展得比四川灾后重建中的更有秩序。外地社会组织的工作集中于紧急救援和过渡安置阶段：救人，提供医疗卫生服务，救助孤儿，维持学校秩序，运送物资，分发物资，为全国各地来的救援人员提供住宿、食品等。也有组织将其服务延伸到过渡安置期的阶段，提供临时住房，提供临时居住区的生活服务以及其他服务。外来社会组织的最大特点就是它们很难在时间上延伸到稳定的灾后重建期，也很难在深度上深入到当地的农牧民的生活之中。其中最重要的原因就是语言不通、文化有差异，以及地域上相隔的距离较远、自然环境差别较大。因此，当地社会组织发挥的作用不容忽视。例如玉树藏族自治州江源发展促进会、青海省三江源生态环境保护协会、玉树州金巴慈善救助会②。

在玉树地震灾害回应的社会组织当中，中国扶贫基金会的表现最为突出。该基金会不仅在第一时间予以响应，还全程参与了紧急救援、过渡安置以及灾后重建三个阶段的工作，分别开展了"情系玉树"一万家·500元/户救灾生活补助费项目（以下简称"500万元补贴发放项目"）、爱心包裹筹集发放、救灾帐篷捐赠、蜜儿餐捐赠、药品采购、棉被采购、玉树州直属机关幼儿园板房项目、囊谦县幼儿园项目、玉树县板房医院项目、

①　《玉树地震灾后恢复重建总体规划》，http：//news.sohu.com/20100613/n272780836.shtml，2010年6月16日。

②　韩俊魁、陶传进、张浩良：《中国扶贫基金会玉树地震灾后重建基线评估报告》，2010。

过冬棉帐篷采购、玉树心理项目以及 NGO 招标项目共 12 个项目。其中，中国扶贫基金会资助的 NGO 招标项目①又包括北京地球村环境教育中心与青海省三江源生态环境保护协会的"玉树州地震灾区生活救助项目"、民和残障人士医疗康复保健中心的"玉树贫困重度残障人士调查项目"、青海格桑花教育救助会"玉树'4·14'灾后光伏电站建设合作项目"②、玉树藏族自治州江源发展促进会的"玉树高原糌粑磨坊项目"、玉树金巴慈善救助会的"玉树外来弱势群体救助项目"、玉树州牧人发展促进会的"'儿童之家'冬季取暖项目"以及绵阳扶贫开发协会的"甘孜州石渠县奔达乡太阳能光伏户用电源项目"共 7 个项目。

玉树的特殊环境给很多社会组织带来严峻挑战。以至于灾后不久，参与救灾的社会组织就大量撤出，真正扎根社区进行灾后重建的社会组织屈指可数。加之玉树本土有影响力的社会组织生存艰难，大量的社会需求很难持续得到回应。

2010 年西南地区发生的旱灾，波及云南、广西、贵州、四川、重庆五个省区市，饮水困难人数 2212 万，耕地受旱面积 1.11 亿亩，200 万人因为旱灾返贫，经济损失超过 350 亿元。2 月 24 日，云南润土互助工作组发出了"我为乡亲送瓶水"的募捐倡议，开始为灾民们募集饮用水和财物。3 月中下旬，温家宝同志来云南灾区视察指导抗旱救灾工作之后，社会组织才大规模积极行动起来。中国扶贫基金会发放善款，友成基金会建水箱，绿色和平为云南干旱灾区当地村民免费安装太阳能水泵，中国妇女基金会则援建"母亲水窖"，等等。"由于 NGO 的介入，主要是在抗旱的后期，可以说 NGO 发挥的作用远远不及政府、企业和灾民个人"③。和汶川地震中的表现相比，社会组织回应旱灾的速度、专业能力以及持久性都受到考问。

2010 年 8 月 7 日 22 时左右，甘南藏族自治州舟曲县城东北部山区突降特大暴雨，降雨量达 97 毫米，持续 40 多分钟，引发三眼峪、罗家峪等

---

① 其中，南都公益基金会资助了 201500 元，用于中标项目的执行费。
② 格桑花教育救助会开始申请并中标的是玉树囊谦灾后助学项目。光伏电站项目系随着后来灾区形势的变化所做的调整。
③ 舒文明：《对 NGO 抗旱行动的反思——以云南本土 NGO 为例》，《中国发展简报》（2010夏季刊）。

四条沟系发生特大山洪地质灾害，泥石流长约 5000 米，平均宽度 300 米，平均厚度 5 米，总体积 750 万立方米，流经区域被夷为平地。截至 2010 年 9 月 7 日，舟曲"8·7"特大泥石流灾害中遇难 1481 人，失踪 284 人，累计门诊治疗 2315 人①。社会组织在紧急救援阶段尚有可圈可点之处，但之后迅速销声匿迹。

2012 年 7 月 21～23 日，北京市暴雨。虽然有蓝天救援队的紧急救援以及壹基金等组织发放物资，但社会组织整体表现欠佳。

雅安地震时，社会组织集体行动又达到一次高峰。2013 年 4 月 20 日 8 时 02 分，四川省雅安市芦山县发生 7.0 级地震。震源深度 13 公里。震中距成都约 100 公里。成都、重庆及陕西的宝鸡、汉中、安康等地均有较强震感。据雅安市政府应急办通报，震中芦山县龙门乡 99% 以上房屋垮塌，卫生院、住院部停止工作，停水停电。截至 2013 年 4 月 24 日 10 时，共发生余震 4045 次，3 级以上余震 103 次，最大余震 5.7 级。受灾人口 152 万，受灾面积 12500 平方公里。据中国地震局网站消息，截至 24 日 14 时 30 分，地震共计造成 196 人死亡，21 人失踪，11470 人受伤②。"4·20"芦山强烈地震发生后，在四川省社会管理服务组的领导下，截至 2014 年 6 月，雅安市抗震救灾社会组织和志愿者服务中心、雅安市群团组织社会服务中心累计联系对接协同国内基金会 67 家，援建资金达 29.65 亿元，有效掌握境外非政府组织 11 家，援建资金达 1.86 亿元。项目领域涉及基础设施建设、物资、生计发展、弱势群体关顾、公共卫生服务、减防灾等。社会组织之间也形成既相对独立又相互交叉的数个信息及项目平台。

2013 年 7 月 22 日，甘肃省岷县、漳县交界地区发生 6.6 级地震以及天水陇南等地发生暴洪灾害。为引导社会组织有序、有效参与抗震救灾工作，支持其在抗震救灾中发挥积极作用，在雅安经验的基础上，7 月 23 日，甘肃省民政厅下发了《甘肃省民政厅办公室关于省属社会组织参与定西抗震救灾工作的紧急通知》，通知要求各业务主管单位倡导社会组织积极参与抗震救灾，并要求社会组织将捐赠物资的名称及数量、志愿者的服

---

① 《特别报道：舟曲特大山洪泥石流灾害已造成 1481 人遇难》，《甘肃日报》，http://gsrb. gansudaily. com. cn/system/2010/09/08/011684909. shtml，2010 年 9 月 8 日。

② 《四川芦山 7.0 级地震已致 196 人死亡 11470 人受伤》，新华网，http://news. xinhuanet. com/2013－04/24/c_ 115527132. htm，2013 年 4 月 24 日。

务内容及人数、资金的金额等上报甘肃省社会组织促进会，由后者统计后上报省民政厅救灾处及民间组织管理局，并由省民政厅统一调配①。"据不完全统计，截至 7 月 28 日 23 时，社会组织共捐助资金 1548.11 万元，为灾区运送食品 1.84 万件、药品 644 件、生活用品 2.79 万件、活动板房 684 平方米及其他价值 671.25 万元的物资，90 家省内社会组织、75 家省外社会组织及 3608 名志愿者参加抗震、抗洪救灾"②。

2014 年鲁甸地震发生后，社会组织的行动有以下几个特点。

（1）行动更为迅速有序。震后第二天，"鲁甸抗震救灾民间协作大本营"就成立。在与共青团云南省委、云南青少年发展基金会负责人商量之后，在团省委的支持下，8 月 5 日，社会组织鲁甸抗震救灾协作平台成立，这是一个虚拟网络，相当于各救灾联合体的联席会议。首次会议地点设在了大本营，邀请了包括壹基金救援联盟、扶贫人道网络、华夏救灾基金等参加。由于没有打印机，发起机构现场手写了一份联合倡议书。在这份倡议书的最后一条，明确"发起机构承诺不以本平台名义募集资源"。

（2）受到雅安经验以及甘肃经验的启发，也出现了政府与社会组织的合作平台。8 月 7 日，云南省民政厅成立"云南社会组织救援服务平台"。该平台以微信群和微信公众号的形式，收集信息，并协调帮助解决社会组织的通行证的问题。自 8 月 7 日成立该平台以来，已有中国红十字基金会、中国社会福利基金会、中华少年儿童慈善救助基金会、中华社会救助基金会、中国扶贫基金会、深圳壹基金公益基金会、爱德基金会、上海厚天减灾救援公益促进中心、都江堰市火凤凰社会工作服务中心、狮子会、云南省青少年发展基金会、云南连心社区照顾服务中心、云南大益爱心基金会等 175 家社会组织到云南社会组织救援服务平台和鲁甸救援中心进行报备。据不完全统计，到 8 月 22 日为止，社会组织救援服务平台共协调落实救灾物资 90 起，及时解决灾区发出需求信息 46 条，协助 38 家社会组织开展灾区服务，平台在紧急救援过程中为政府和社会组织协同救灾发挥了有效的

---

① 《甘肃省社会组织促进会简报》（社会组织参与定西抗震救灾专刊，第 1 期），2013 年 7 月 24 日。

② 王朝霞、朱婕：《万众一心共渡难关——省内外社会组织抗震抗洪救灾纪实》，http：// www. gansu. gov. cn/art/2013/7/31/art_ 4758_ 204027. html。

协调服务功能①。

（3）在民政部的协调下，社工服务机构高调介入。

在随后发生的景谷地震中，社会组织的回应力度并不是很大。

对以上简要回顾总结如下：

（1）改革开放以来，自然灾害领域的社会组织日益壮大，组织格局呈多元化发展态势。20 世纪 80 年代至 90 年代，该领域的社会组织还以少数境外非政府组织以及红十字会和慈善会系统为主，但 2008 年以来已大大突破，并呈进一步快速发展势头。

（2）社会组织回应灾害的速度越来越快，但在不同类型、不同规模的自然灾害回应中表现不一。除个别组织外，重大灾、轻小灾，重紧急救援、轻灾后重建，重救灾、轻防灾，重筹款、轻项目运作的情况依然普遍存在。

（3）自然灾害领域社会组织的专业分工和竞争格局初步形成。经过几次大的自然灾害的洗礼，社会组织负责人越来越清醒地反思己之所长，重新确立组织在回应灾害时的定位。此外，经历了汶川地震和雅安地震等自然灾害之后的社会组织出现了几个主要的灾后平台或联合体：①壹基金救灾工作体系。该体系共三个平台，工作分为救灾和平时，"救援联盟"成立于汶川地震一周年，目前成员队伍近 300 支，灾时 8 小时内救援队抵达灾区现场，搜救、转移伤员、排查险情、发放物资；平时普及公众安全和救生常识。"联合救灾"灾时负责灾后物资需求评估，救灾物资接收整理、调配发放；平时在 14 个灾害多发省区建立了 14 个联合救灾区域网络及备灾仓库，开展网络能力建设、备灾、减灾防灾教育等工作。"企业联合救灾"平台灾时进行社会资源募集，借助企业物流体系就近调运物资等；平时提供备灾物资仓储。②华夏救灾基金。2014 年 1 月，华夏公益应急服务中心与中华社会救助基金会共同发起华夏救灾基金，旨在为各民间救灾公益组织搭建全国性的救灾协作平台，有 300 余家民间救灾公益组织和媒体成员。③中国扶贫基金会人道救援网络。人道救援网络启动于 2014 年 4 月 7 日，中国扶贫基金会与加多宝集团、英特尔公司联合发起，国际美慈组织、蓝天救援队等国内外 29 家公益组织共同组建。成立目的在于通过网络

---

① 《地震：云南的应对》，http：//www.yn.xinhuanet.com/topic/2014 – 08/27/c_ 133589225.htm。

及时应对灾害，紧急响应、评估灾情、找准人群、实施援助，救助处于生命边缘的灾区民众，同时支持、促进社会组织灾害救援能力的提升以及减防灾工作。④中国社会福利基金会。2013 年 10 月，中国社会福利基金会成立直属的蓝豹救援队，并在西安、南昌设立蓝豹救援西北大队、蓝豹救援华东大队，同时设立了以专业技术保障为主的无线电通信保障分队和无人机搜救分队。除了上述较大规模的基金会牵头的组织平台外，还有一些其他平台。未来一些年内，这些平台之间还会在竞争中重组。

（4）社会组织和政府的合作形成了临时性的平台，长久的稳定机制尚在建构过程之中。

第三节　改革开放以来社会组织回应自然灾害的政策演变

为了更好地了解社会组织参与自然灾害相关政策的变化，我们首先需要简要介绍一下国家救灾体制的变化。

一　国家救灾体制的演变

我们将国家救灾体制的演变分为五个阶段。

第一阶段，20 世纪 80 年代初国家全面恢复救灾工作。改革开放之初，政府着手恢复被"文化大革命"打乱的救灾工作，重申"生产自救是救灾的根本方针"[①]。1981 年 1 月 19 日，国务院下发的《国务院办公厅转发民政部关于进一步加强生产救灾工作的报告的通知》中指出："要教育干部群众，克服单纯依赖国家救济的思想，认真落实经济政策，广开门路，坚持'靠山吃山，靠水吃水，因地制宜，就地取材'的原则，努力开展生产自救活动。凡是不违反国家政策，不影响国家经济调整的，不剥削人的，集体或个人都可以搞。尽量使灾区社员增加收入"[②]。

第二阶段，20 世纪 80 年代至 90 年代初调整救灾体制。该阶段，政府开始对传统的救灾体制进行调整，主要举措为：①实行救灾经费包干；②试行救灾保险；③改革救灾款的发放使用办法，建立专款专用的原则；

---

① 民政部政策研究室：《民政工作文件汇编（二）》（内部文件），1984，第 342 页。
② 民政部政策研究室：《民政工作文件汇编（二）》（内部文件），1984，第 42 页。

④救灾与扶贫相结合，建立救灾扶贫周转金制度；⑤创办农村救灾扶贫互助储金会①。

1989 年 4 月，中国国际减灾十年委员会②成立。该委员会为国家级委员会，属于部际协调机构，由国务院 32 个部、委、局和中国人民解放军总参谋部的负责人担任委员。委员会成立的目标是：贯彻以预防为主，防抗救相结合的方针，防患于未然；增加灾前的经费投入，建立并完善预警系统和抗灾设施，提高灾害预测、预报、预防和灾害评估水平；完善全国灾害信息网络及辅助决策系统，增强对自然灾害的快速反应能力及决策能力；强化各级政府的减灾功能，并设置相应的灾害分级管理系统，加强地区之间的灾害联防、联抗、联救工作，提高灾后快速恢复、重建水平；建立健全减灾法规，做到依法减灾；推动减灾科研，发展减灾技术，逐步完善救灾工业体系，建立救灾器械研制机构，发展生产企业；开展减灾科普宣传活动，提高全民族、全社会减灾意识，建立健全减灾组织；到 20 世纪末，最终达到减少自然灾害损失 30% 的目标。③

第三阶段，1993～1997 年的灾害分级。1993 年，民政部开始建立救灾工作分级、救灾款分级承担的救灾管理体制，初步确立了特大灾、大灾、中灾、小灾四个灾害等级④。此外，民政部还对捐款下发了文件："中央和地方接受的国内外救灾捐款，必须全部用于救灾。定向捐赠款要求按捐赠者的意愿使用；非定向捐赠款与救灾款性质相同，必须严格按照救灾款的使用范围使用。"⑤

第四阶段，1998～2002 年国家对救灾体制进行再次调整。1998～2002 年，分级负责的救灾工作管理体制初步确立。1999 年 2 月 23 日，民政部和财政部下发了《关于进一步加强救灾款使用管理工作的通知》（民救发〔1999〕7 号）。以此为标志，救灾体制又一次进行了调整，主要内容为：

① 蒋积伟：《1978 年以来中国救灾减灾工作研究》，中共中央党校博士论文，2009，第 46 页。
② 2000 年 10 月，中国国际减灾十年委员会更名为中国国际减灾委员会。2005 年 4 月 2 日，国务院办公厅下发了《国务院办公厅关于中国国际减灾委员会更名为国家减灾委员会及调整有关组成人员的通知》，决定将中国国际减灾委员会更名为国家减灾委员会。
③ 《中国国际减灾十年委员会简介》，《中国减灾》1991 年第 1 期，第 14～15 页。
④ 李学举：《民政 30 年（1978～2008）》，中国社会出版社，2008。
⑤ 《民政部办公厅关于对能否在救灾款和救灾捐款中按比例安排卫生扶贫基础卫生建设等经费的请示的复电》（民电〔1997〕第 24 号），1997 年 3 月 6 日。

①重新明确救灾款的使用范围；②停止救灾扶贫周转金制度；③停止救灾保险试点；④清理整顿农村救灾扶贫互助储金会；⑤建立中央级救灾物资储备制度①。

第五阶段，2003～2008年建立灾害救助应急体系。2003年"非典"之后，我国建立了灾害应急响应机制。2003年，国家减灾中心正式成立。2004年底，中国国际减灾委员会更名为国家减灾委员会，承担国家综合协调救灾减灾的职能。2005年，国务院办公厅颁布《国家自然灾害救助应急预案》，各省市县陆续制定了本级行政区域的灾害应急救助预案。

二　社会组织回应自然灾害的政策演变

上一小节从总体上描述了在改革开放的30年间，政府灾害管理体制的演变历程。本小节将从与社会组织关系更为密切的两个方面来梳理政策的变化，即20世纪80年代政府对外援态度的转变以及90年代救灾社会化思路的提出。

（一）政府对待外援态度的转变

改革开放之前，政治生活是中国的主题。由于意识形态的差异，党和政府对来自资本主义阵营的一切都极其谨慎。在此背景下，西方资本主义国家的援助被贴上了"伪慈善"的标签，被视为打着慈善的口号而企图从内部瓦解社会主义阵营的手段。所以，在1978年之前，中国政府完全拒绝资本主义国家对我国的人道主义救灾援助②。以唐山大地震为例，1976年7月28日，河北省唐山市发生7.8级地震，造成24万人死亡，财产损失达30亿元以上，地震发生在深夜，市区80%的人来不及反应，便被埋在瓦砾之下。极震区包括京山铁路南北两侧的47平方公里，区内所有的建筑物几乎荡然无存③。灾难发生后，美国、英国、日本等发达国家和国际组织纷纷向中国政府表示了援助意向，但均遭拒绝。唐山地震救援的主体是

---

① 《民政部、财政部关于建立中央级救灾物资储备制度的通知》（民电〔1998〕第167号），1998年7月31日。

② 呼唤：《新中国灾害管理思想演变研究》，中国地质大学博士论文，2013，第31页。

③ http://baike.baidu.com/link? url = oJoCuPYXOFb4t3uPO − uIWghEtwAl4WNR7KjcVQO1Mgnjm 3SZiH8QxOZJG7zE9_ 2T。

中国政府和军队。

改革开放之后，政府的态度开始发生转变。从 1980~1981 年，中国遭遇了严重的南涝北旱，多个省份受灾。1980 年 10 月 4 日，民政部、经贸部和外交部联合向国务院递交了《关于接受联合国救灾署援助的请示》。文件中指出："鉴于发展中国家遭受严重自然灾害时要求救灾署组织救济较为普遍，属于各国人民相互支援的性质，我国已开始接受联合国援助，对救灾署的援助也可适当地争取。"① 该请示得到了国务院的批准，标志着中国开始正式接受国际援助②。

1981 年四川发生水灾后，联合国救灾署、儿童基金会、红十字会协会和一些友好国家的红十字会纷纷询问中国是否愿意接受援助。基于此，外交部、民政部和经贸部联合向国务院递交了《关于处理国际上对四川水灾救济问题的请示》。请示提出：第一，灾情由新华社进行适当的报道，对联合国救灾署可以适当提供灾情资料，但不向联合国组织和国际社会发出救灾呼吁。第二，对各国政府、联合国系统各机构和其他国际组织及个人关于是否要求国际援助的一般询问，中国可以说明灾情和正努力生产自救，相信可以自力克服困难，并感谢其好意。友好国家政府如主动表示愿意提供援助，只要不提出先派视察团访问灾区等先决条件，可接受。一般民间组织，如红十字会、各国红会及其他民间组织主动提供捐赠，一般可接受，如对方提出要求向公众募捐，应劝阻。对国际友人和爱国华侨个人的捐助，一般可接受。对教会组织的救济一概婉拒。第三，接受的援助只限物资和款项，志愿人员和技术性援助一概婉拒。第四，接受其捐赠的政府和红十字会等民间组织要求个别代表去灾区慰问，可视情况予以安排，但应从严掌握其活动范围。对外提供灾情和救灾工作情况，基本以新华社公开发表的资料为准③。

1987 年大兴安岭火灾后，许多国家政府和国际组织也纷纷伸出援助之手，向中国政府提供各种援助。中国政府成立了统筹国外援助工作小组，

---

① 民政部政策研究室：《民政工作文件汇编（二）》（内部文件），1984，第 167 页。
② 蒋积伟：《1978 年以来中国救灾减灾工作研究》，中共中央党校博士论文，2009，第 49 页。
③ 蒋积伟：《1978 年以来中国救灾减灾工作研究》，中共中央党校博士论文，2009，第 50 页。

办公室设在林业部，统一领导此次救灾外援的接收工作。资料显示：国际组织和国外政府共援助大兴安岭生产工具 7995 台（件）、药品 13630 箱（盒）、食品 584544 件（箱）、生活用品 59362 箱（件）、现金 702903.79美元。截至 1987 年底，国际救灾外援物资折合现金 4134408 美元（不包括在途物资）。

基于当时的形势，1987 年 5 月 13 日，民政部、经贸部和外交部一起向国务院递交了《关于调整接受国际救灾援助方针问题的请示》，随后获得批准。文件中表示，对外国民间组织和国际友人、爱国华侨主动提供的捐赠，一般可接受。对教会组织的救济仍予以婉拒，特殊情况逐案报批。由民政部负责归口办理，提供灾情资料，组织宣传报道和资金物资的接收、分配，其中，属于来自国际和友好国家红十字会、妇联等组织援助的款物，或与红十字会、妇联有关的国外民间组织的救灾捐赠，可由红十字会、妇联分别接收和分配。

随着对待外援态度的逐渐放开，政府意识到有必要对此进行统一和规范。因此，1988 年 8 月 3 日，民政部、经贸部、外交部向国务院递交了《关于在接受国际救灾援助中分情况表明态度的请示》。依据灾情，该请示确定了接受对外援助的三种态度：①省范围内，一次性灾害倒房 5 万间以上，农作物失收面积 500 万亩以上，6 级以上地震，属其一者，及时通报灾情，有主动援助者可接受；②省范围内，一次性灾害倒房 10 万间以上，农作物失收面积 1000 万亩以上，7 级以上强烈地震，属其一者，在及时通报灾情的同时，表示准备接受外援的意愿，并列出亟须救灾物资的种类，但不提出呼吁；③省范围内，一次性灾害倒房 30 万间以上，农作物失收面积 1500 万亩以上，7.5 级以上强烈地震，属其一者，在通报灾情的同时，公开呼吁请求国际援助，如有适当时机，也可向联合国有关组织提出抗灾救灾的项目，申请专项援助①。

为了与境外非政府组织实现对接，在民政部、外交部、经贸部和国务院的支持下，中国抗灾救灾协会于 1988 年开始进入筹备阶段，并于 1992年挂牌成立。中国抗灾救灾协会是在"政府主管部门指导下，第一个联络

---

① 民政部：《中华人民共和国民政法规汇编（1949. 10 ~ 1993. 12）》，华夏出版社，1993，第554 页。

国内外民间力量，以帮助遭灾地区的群众提高自救能力为宗旨的社会团体"①。该协会实行理事制，牌子挂在民政部，具体事宜由该部救灾救济司承办，编制列为民政部的事业编制。协会成立后，负责接收红十字会和妇联渠道之外的国际非政府组织的捐赠②。

由于华东水灾灾情严重，1991 年 7 月 11 日，中国国际减灾十年委员会代表中国政府向国际社会发出紧急呼吁，要求为遭受严重洪涝灾害的江苏、安徽两省提供援助，并请求联合国协调国际社会的援助。这是中国有史以来第一次正式地、直截了当地向国际社会发出呼吁，收到了很好的效果。截至 8 月 23 日，国际社会已认捐 1000 多万美元。民政部已收到 779 万美元，折合人民币 4179 万元。收到的捐赠物资折合人民币 1.4436 亿元③。

面对大量进入国内的援助款物，1991 年 7 月 16 日，国务院下发了《国务院办公厅关于做好境外救灾援助和捐赠款物管理工作的通知》（国办发明电〔1991〕20 号）。通知要求，所有境外捐赠的款物，必须由民政部统一归口管理。随后，民政部先后下发《民政部关于做好接受境外救灾捐赠物资工作的通知》（民电〔91〕第 355 号）和《民政部关于安排使用境外捐赠资金有关事宜的通知》（民救函〔1991〕306 号），对境外捐赠物资及资金的使用进行规范。

从 1978 年唐山大地震时对外援的完全拒绝，到 1991 年对国际援助的直接呼吁，中国政府的态度有了一个质的变化，这反映出政府心态的逐渐开放。逐渐接纳外援，为许多国际非政府组织的进入创造了机会。这些国际非政府组织不仅推动了政府对民间力量的认知，在某些领域也成了国内社会组织的启蒙者。

（二）救灾工作社会化

20 世纪 90 年代后，民政部门开始提出要将救灾工作社会化。这一思路的提出并不突兀。

---

① 中国抗灾救灾协会：《中国抗灾救灾协会活动简介》,《中国减灾》1993 年第 1 期，第 10 页。

② 蒋积伟：《1978 年以来中国救灾减灾工作研究》,中共中央党校博士论文，2009，第 51 页。

③ 民政部法规办公室：《中华人民共和国民政工作文件汇编（1949～1999）》（中），中国法制出版社，2001，第 1472 页。

早在 1983 年 4 月 9 日，在全国第八次民政会议上，崔乃夫部长在报告中就指出："民政工作就是做人的工作，做群众的工作。进行这些工作不但要有国家的支持，而且要发动群众，依靠社会力量"，"民政工作具有群众性、社会性和多元性的特点"①。对民政工作性质的明确，与之后救灾减灾工作社会化的提出密不可分②。关键在于，社会力量的内涵和外延究竟是什么、如何依靠社会力量。从实践看来，民政主要通过三个渠道来实现其救灾工作的社会化：救灾扶贫互助组织、规范社会捐助以及社会组织的参与。

1. 救灾扶贫互助组织

救灾扶贫互助组织包括互助储金会和储粮会，其实质是一种民间金融组织形式，类似的组织在我国有着悠久的历史。根据《民政部办公厅关于印发全国救灾扶贫周转金和储金储粮工作会议纪要的通知》中的界定，"储金储粮会是农民群众自己集资集粮、自我管理、自我服务，不以营利为目的的互助合作社会保障组织，宗旨是救灾备荒，扶贫济困，应急解难，发展农村社会保障事业。"③

1982 年，救灾扶贫互助储金会在江西省鄱阳县率先兴起。之后，民政部部长崔乃夫和农救司司长姚进明先后于 1985 年 5 月和 1986 年 5 月对江西省的互助储金会进行了考察，并予以充分肯定。这有力地推动了互助储金会的推广和发展。据 18 个省份的统计，至 1988 年 8 月底，已建会 74000 多个，入会农户 1307 万户，集资 32200 多万元。从 1982 年到 1988 年，在短短 6 年多的时间里，储金会由小到大，从江西省发展到 20 多个省市④。

20 世纪 80 年代，储金会发展顺利，在生产互助中发挥了不小的作用。以江西省鄱阳县为例，据民政部农救司和江西省民政厅联合调查组的调查资料显示：截至 1986 年 5 月，储金会为解决灾民的需要，借出资金 83.5 万元，帮助 25610 户受灾会员解决了购买口粮的困难，帮助 3488 名会员医治了灾后

---

① 民政部政策研究室：《民政工作文件汇编（一）》（内部文件），1984，第 30 页。
② 蒋积伟：《1978 年以来中国救灾减灾工作研究》，中共中央党校博士论文，2009，第 31 页。
③ 民政部法规办公室编《民政工作文件选编（1997）》，中国社会出版社，1998，第 334 页。
④ 民政部法规办公室：《中华人民共和国民政工作文件汇编（1949～1999）》（中），中国法制出版社，2001，第 1437 页。

的疫病，帮助倒房的 1150 户会员修复了住房 4239 间；还借出 66.6 万元帮助 9032 户会员解决了恢复生产的耕牛、种子、肥料等困难①。

在迅速发展的同时，由于监督机制的缺乏和管理上的混乱，储金会的发展与民政部门的预设出现了偏离。民政部门倡导的是不以营利为目的的民间互助合作组织，所以"储金会一律不得办理或变相办理存贷款业务"②。但在实际运作中，有的储金会变相办理各类存贷款业务，致使部分组织出现了负债累累的情况。这就背离了其救灾扶贫的初衷，既损害了成员的利益，又扰乱了金融市场的稳定。再者，按照规定，储金会只能在村民委员会或村民小组范围内由村民自愿发起设立，经乡（镇）人民政府批准，由县级民政部门按民间组织法人核准并注册登记。但在后来，乡及乡以上也纷纷设立储金会。这样，"储金会无论从性质还是设立范围来看，都改变了储金会设立的初衷"③。

1997 年，亚洲爆发金融危机。为了防患于未然，国务院办公厅下发《国务院办公厅转发中国人民银行整顿乱集资乱批设金融机构和乱办理金融业务实施方案的通知》，要求各地各部门认真贯彻执行中国人民银行制订的整顿金融实施方案，采取坚决措施保持金融市场和社会稳定。随后，在 1998 年 10 月 21 日，民政部下发了《关于清理整顿"农村救灾扶贫互助储金会"的紧急通知》，要求各级政府贯彻整顿金融"三乱"的指示，加快对储金会的整顿工作。清理整顿工作主要包括：停止储金会办理或者变相办理存贷款业务；撤销乡及乡以上设立的储金会；成立相应的负责清收贷款、投资和支付存款等工作的清偿小组；清理有关储金会工作的文件、规章、制度和办法。

1998 年的清理整顿工作基本上宣告了救灾扶贫互助类组织尝试的失败。事实上，导致其失败的原因主要在于其运作中的部分非规范行为，此外，亚洲金融危机成为重要诱因。其实，就在 1997 年初，民政部门对此类组织的评价还是正面的。例如，1997 年 1 月 6 日，民政部部长多吉才让在《认真贯彻落实六中全会精神，全面推进民政工作的改革与发展》中，还

---

① 民政部政策研究室：《民政工作文件选编（1986）》，华夏出版社，1987，第 127 页。
② 民政部法规办公室：《中华人民共和国民政工作文件汇编（1949～1999）》（中），中国法制出版社，2001，第 1552 页。
③ 蒋积伟：《1978 年以来中国救灾减灾工作研究》，中共中央党校博士论文，2009，第 80 页。

提到"互助储金会、储粮会等各类互助组织在救灾工作中做出了新的贡献"[1];在《1997 年民政工作要点》中也提到要"加强基层救灾扶贫储金会、储粮会等互助组织建设,壮大群众自救互济能力"[2]。

以现在的观点来看,传统的储金会、储粮会是可以发挥其作用的,不可因噎废食。台湾的经验以及后来的小额信贷、社区发展基金都证明,传统的民间金融机构是可以合理地规避风险的。我国历史上的民间金融组织,本身就带有强烈的互助和保险的性质。

2. 对社会捐助的规范化

作为一个自然灾害多发的国家,建立常态化、经常性的社会捐助制度很有必要。1991 年江淮水灾后,《民政部国内救灾捐赠工作通知》等规定:"民政部设立国内救灾捐赠接收办公室,并委托各级民政部门代办国内救灾捐赠接收事务";"凡非定向的捐赠,均由民政部国内救灾捐赠接收办公室统一分配"。之后,募捐义演一时成风。例如,1993 年 4 月 18 日,北京人民大会堂举行了"减灾扶贫创明天"的大型义演,香港演艺界的众多明星参与其中。

1996 年之前,在应对自然灾害时,主要以集中性捐助为主。1994 年11 月 30 日,民政部出台的《社会福利性募捐义演管理暂行办法》规定:"国家专门从事社会福利性事业的机关、社会团体及其他有关组织可以单独申请举办社会福利性募捐义演。其他机关、团体、企事业单位或个人申请举办社会福利性募捐义演,必须与受捐单位联合举办。"举办募捐义演,必须经过民政部门同意。

集中性捐助往往在大型自然灾害发生后兴起,"一般有比较强的目标,主要突出一个灾难性的事件,并且时段也比较固定,只是在大的灾害发生后的一段时间内进行。这类捐助,具有相当强的社会效果,也特别容易激发全社会的爱心"[3]。应当说,集中性捐助在很大程度上反映了一个社会的自然反应,它在激活社会的能量时,不可避免地会出现"熔点"反应[4],即人们的热情会随着时间逐渐冷却。

---

[1] 民政部法规办公室编《民政工作文件选编 (1997)》,中国社会出版社,1998,第 10 页。
[2] 民政部法规办公室编《民政工作文件选编 (1997)》,中国社会出版社,1998,第 30 页。
[3] 王振耀、田小红:《中国自然灾害应急救助管理的基本体系》,《经济社会体制比较》2006年第 5 期。
[4] 陶传进等:《从政府公益到社会化公益:巨灾后看到的公民社会发育逻辑》,社会科学文献出版社,2011。

　　基于此，1996 年，民政部门开始提倡将捐助活动常态化，形成经常性的社会捐助制度。为了方便日常捐助，部分城市开始设立捐助站点。截至 2013 年底，全国共建立经常性社会捐助工作站、点和慈善超市 3.1 万个①。除民政系统之外，社会组织也是经常性捐助工作的重要参与者。如民政部副部长范宝俊于 1997 年 10 月在扶贫济困送温暖捐助活动经常化经验交流会上所说："依靠社会力量，走社会化的道路是开展经常性捐助工作的重要保证。经常性捐助工作是一项社会公益活动，需要社会力量的广泛参与，从群众的发动、志愿者的组织到捐助活动的开展，都离不开居委会、企事业单位、机关、学校、部队、社团组织等社会各方面的支持。"②

　　社会组织的重要性不仅表现在动员方面，其本身也是合法的受赠方。如 1998 年国办《关于加强救灾捐赠管理工作的通知》规定，救灾捐赠由民政部门统一组织，各系统、各部门只能在本系统、本单位内组织救灾捐赠活动；除中国红十字会（以及中华慈善总会）外，在未经民政部门同意的情况下，任何个人、单位不得在社会上开展任何形式的救灾募捐活动。

　　1999 年 9 月 1 日，《中华人民共和国公益事业捐赠法》出台。该法规定，公益性社会团体和公益性非营利的事业单位是合法的受捐方，可以依法接受捐赠。2000 年 5 月 12 日，民政部出台《救灾捐赠管理暂行办法》，其中将救灾捐赠受赠人规定为："（一）县级以上人民政府民政部门；（二）经县级以上人民政府认定具有救灾宗旨的公益性社会团体。"③ 该办法还规定，有救灾宗旨的公益性社会团体接受救灾捐赠款物的情况应当报民政部门，由民政部门负责统计汇总、制订分配方案，法律、行政法规另有规定的除外。

　　在接受捐赠方面，社会组织的生命力逐步体现。如数据所示，从 1999 年以来，社会组织的捐赠款数额呈逐年上升的趋势，而民政部门所接受的捐赠款则有明显的"大小年"现象，到 2007 年已被社会组织筹款反超（见表 1 - 1 和 1 - 2）④。

① 《2013 年社会服务发展统计公报》，http：//www. mca. gov. cn/article/zwgk/mzyw/201406/20140600654488. shtml.
② 民政部法规办公室编《民政工作文件选编（1997）》，中国社会出版社，1998，第 345 页。
③ 民政部法规办公室编《民政工作文件选编（2000）》，中国社会出版社，2001，第 288 页。
④ 民政部：《中国民政统计年鉴（2014）》，中国统计出版社，2014。

表 1 - 1   社会捐赠款历年变化 (1998 ~ 2007)

单位: 亿元

渠道 \ 年份	1998	1999	2000	2001	2002	2003	2004	2005	2006	2007
民政部门	50.2	5.0	5.4	7.6	11.1	29.2	17.1	31.3	43.0	50.9
社会组织	—	2.0	3.9	4.1	7.9	11.9	16.9	29.0	40.1	81.9

表 1 - 2   社会捐赠款历年变化 (2008 ~ 2013)

单位: 亿元

渠道 \ 年份	2008	2009	2010	2011	2012	2013
民政部门	479.3	66.5	179.8	96.6	101.7	107.6
社会组织	265.2	440.7	417.0	393.6	470.8	458.8

于是, 政府又进一步加大了规范救灾募款以及善款使用的力度。2008年4月《救灾捐赠管理办法》指出: "本办法所称救灾捐赠主体是指在县级以上人民政府民政部门登记的具有救灾宗旨的公募基金会。" 2008年5月《关于加强汶川地震抗震救灾捐赠款物管理使用的通知》指出: "各级民政部门负责以政府名义接收救灾捐赠款物, 各有关部门可接收本系统的捐赠款物。各级红十字会、慈善会等具有救灾宗旨的公募基金会可以救灾名义向社会开展募捐活动, 接收救灾捐赠。没有救灾宗旨的公募基金会可以救灾名义开展募捐活动, 应经民政部门批准, 未经批准已经开展募捐活动的公募基金会要及时移交民政部门或者红十字会、慈善会等具有救灾宗旨的公募基金会。组织开展义演、义赛、义卖等各类救灾募捐活动, 要按规定报有关部门批准, 募集的捐赠款物要及时移交民政部门或者红十字会、慈善会等有救灾宗旨的公募基金会。"

2010年《自然灾害救助条例》中规定: "县级以上地方人民政府或者人民政府的自然灾害救助应急综合协调机构, 组织、协调本行政区域的自然灾害救助工作"; "定向捐赠的款物, 应当按照捐赠人的意愿使用。政府部门接受的捐赠人无指定意向的款物, 由县级以上人民政府民政部门统筹安排用于自然灾害救助; 社会组织接受的捐赠人无指定意向的款物, 由社会组织按照有关规定用于自然灾害救助"。2012年《民政部关于完善救灾捐赠导向机制的通知》规定: "各地要支持公益慈善组织依其宗旨和业务范围，依法、依章程开展救灾募捐活动。要逐步建立本区域内依法可以进行救灾募捐的公益慈善组织名录，加强对公益慈善组织开展救灾捐赠活动的评估和救灾捐赠数据统计工作。引导公益慈善组织按照相关规定在开展募捐活动前进行备案，民政部门要将已备案的公益慈善组织在网站上公开，供捐赠者选择。"

由上可以总结出四个特点：民间自主性越来越强；募款主体资格将逐步放开，但依然摇摆不定，而且，募捐主体与接收主体严重错位；政府与社会组织的关系界定存在亲疏远近之别，政府透过官方背景社会组织筹款的倾向依然明显；正在从强调募款资格向规范善款使用转变。

3. 社会组织的参与

社会组织在 20 世纪 90 年代先后受到两次清理整顿，在响应自然灾害领域，其正式成为民政部门认可的社会力量是在 90 年代中后期。从 90 年代中期开始，民政部门即着手探索新的灾害动员机制。民政部要求，有条件的地方要探索由社会团体、民间组织承担部分救灾事务的路子，使救灾工作由政府行为、部门行为变成全社会共同的义务[1]。

1996 年 5 月 30 日，民政部发出的《关于在社会救助工作中充分发挥慈善组织作用的通知》成为一个标志性文件。通知认为："随着政府管理职能转变和社会救助工作的社会化，慈善组织在构筑社会安全网中能够起到拾遗补阙的作用"，所以"各级民政部门要主动为慈善组织的工作提供必要条件，支援它们开展各种形式的社会救助活动"[2]。要建立"党政领导、民政部门协调下的由社会团体、基层组织实施，形式多样的经常性募集活动新机制"[3]。

然而，社会组织要嵌入国家应对自然灾害的制度性大网络中，仍是一个漫长的过程。在 1997 年 12 月 18 日颁布的《中华人民共和国减灾规划 (1998～2010)》中，并未专门论及社会组织的作用，仅在减灾国际合作里提到"我国政府欢迎国际组织、各国政府、社会团体以及个人参与我国的减灾建设"[4]。1997 年 12 月 29 日，第八届全国人民代表大会常务委员会第

---

① 民政部法制办公室编《民政工作文件选编 (1996)》，中国社会出版社，1997，第 39～40 页。
② 民政部法制办公室编《民政工作文件选编 (1996)》，中国社会出版社，1997，第 326 页。
③ 民政部法制办公室编《民政工作文件选编 (1996)》，中国社会出版社，1997，第 330 页。
④ 民政部法规办公室编《民政工作文件选编 (1998)》，中国社会出版社，1999，第 282 页。

二十九次会议通过《中华人民共和国防震减灾法》。该法主体部分分别从地震监测预报、地震灾害预防、地震应急、震后救灾与重建五个部分进行了规定，仅在震后救灾与重建中提到"非地震灾区的各级地方人民政府应当根据震情和灾情，组织和动员社会力量，对地震灾区提供救助"。

21世纪初，社会组织才开始进入国家层面的预案系统。2005年颁布的《国家自然灾害救助应急预案》中，提出要"依靠群众，充分发挥基层群众自治组织和公益性社会团体的作用；培育、发展非政府组织和志愿者队伍，并充分发挥其作用"。同年通过的《国家突发公共事件总体应急预案》中，也表明要"加强以属地管理为主的应急处置队伍建设，建立联动协调制度，动员和发挥乡镇、社区、企事业单位、社会团体和志愿者队伍的作用，依靠社会力量，形成统一指挥、反应灵敏、功能齐全、协调有序、运转高效的应急管理机制"。"动员社会团体、企事业单位以及志愿者等各种社会力量参与应急救援工作"。省一级层面的应急预案与国家层面的应急预案大同小异，各省依照实际情况进行了删改。如《四川省突发公共事件总体应急预案》中，增添了"积极调动机关团体、企事业单位、公益团体和志愿者队伍等社会力量，建立各类社会化、群众性应急队伍"的表述。在当时，正如一项研究所指出：尽管国务院颁布实施了《国家突发公共事件总体应急预案》和5个自然灾害类专项预案，31个省区市、新疆生产建设兵团以及93%的地市、82%的县市都制订了灾害应急救助预案，但大部分省市的应急预案中仅提到红十字会或慈善总会，其他社会组织只字未提①。此时，官方背景的社会组织的作用虽被提及，但对其的定位依旧很不清晰。在很多预案中和规划中，其作用仅仅限于管理和发放捐赠款物或运输伤员等。

2006年10月，中共十六届六中全会通过《中共中央关于构建社会主义和谐社会若干重大问题的决定》，提出要"发展慈善事业，完善社会捐赠免税减税政策，增强全社会慈善意识"②。在此背景下，2007年，《国家综合减灾"十一五"规划》出台。该规划突破了以往对社会组织功能定位简单化的状态，明确提出要"建立完善社会动员机制，充分发挥群众团体、民间组织、基层组织和普通民众在灾害预防、紧急救援、救灾捐赠、

---

① 韩俊魁：《NGO参与汶川地震紧急救援研究》，北京大学出版社，2009，第24~25页。
② 中共中央文献研究室：《十六大以来重要文献选编》（下），中央文献出版社，2008，第660页。

医疗救助、卫生防疫、恢复重建、灾后心理干预等方面的作用"，"构建全民参与减灾的安全文化氛围，培育和发展社会公益组织和志愿者团体，积极参与减灾工作"①。

2009 年 10 月 19 日，民政部下发的《民政部关于加强救灾应急体系建设的指导意见》中提出了十三项主要任务，其中三项明确涉及社会组织。加强救灾应急队伍建设，"培育和发展救灾应急志愿者队伍，鼓励和吸纳社会工作者参与救灾应急工作，探索建立社会工作者引领志愿者开展减灾救灾服务的联动机制"；加强社区综合减灾救灾能力建设，"建立社区救灾应急志愿者队伍"；加强救灾应急社会动员能力建设，"建立健全与共青团、妇联、工会及社会组织在救灾捐赠、志愿服务、灾后重建等方面的救灾联动机制。加紧研究制定鼓励社会各界参与救灾的制度，以及财税、金融、保险等方面的政策和具体配套措施。总结推广受灾人员自救互救的经验和做法，搭建为社会组织和救灾志愿者服务的平台，规范捐赠款物的接收、管理、使用、统计和反馈"，"力争在两年内基本建立政府与人民团体、社会组织良性互动的救灾社会动员机制"②。

2010 年 6 月 30 日通过的《自然灾害救助条例》于当年 9 月 1 日开始施行。该条例第五条规定："村民委员会、居民委员会以及红十字会、慈善会和公募基金会等社会组织，依法协助人民政府开展自然灾害救助工作"。对于救灾款物的使用，有如下规定："政府部门接受的捐赠人无指定意向的款物，由县级以上人民政府民政部门统筹安排用于自然灾害救助；社会组织接受的捐赠人无指定意向的款物，由社会组织按照有关规定用于自然灾害救助"，社会组织应当主动向社会公开所接受款物的来源、数量和使用情况，并且配合监察机关和审计机关的监督监察。

2011 年 10 月 16 日，修订后的《国家自然灾害救助应急预案》出台。与 2005 年的版本相比，突出强调了："坚持政府主导、社会互助、灾民自救，充分发挥基层群众自治组织和公益性社会组织的作用"；"培育、发展和引导相关社会组织和志愿者队伍，鼓励其在救灾工作中发挥积极作用。支持和鼓励高等院校、科研院所、企事业单位和社会组织开展灾害相关领

---

① 国务院法制办公室：《中华人民共和国新法规汇编（2007）》第 9 辑，中国法制出版社，2007，第 79 页。

② 民政部救灾司，http://jzs.mca.gov.cn/article/zhjz/zcwj/201003/20100300060335.shtml。

域的科学研究和技术开发，建立合作机制，鼓励减灾救灾政策理论研究"；"组织开展地方政府分管领导、灾害管理人员和专业应急救援队伍、非政府组织和志愿者的培训"。

2011年6月6日的《国家防灾减灾人才发展中长期规划（2010～2020年）》（国减发〔2011〕2号）中提出："政府主导、社会参与"；"鼓励有条件的社会团体建立符合自身特点的应急救援队伍"；"大力推动防灾减灾社会工作人才队伍和社区志愿者队伍建设"；"发展志愿队伍。根据志愿者队伍中的人才种类齐全、热心公益、无私奉献的特性，依托城乡社区、共青团组织、红十字会等，组织志愿者开展有针对性的培训和演练活动，使志愿者了解防灾减灾的基本知识"。

2011年11月26日，《国家综合防灾减灾规划（2011～2015年）》发布。规划中将"政府主导，社会参与"确定为基本原则之一。在加强防灾减灾社会动员能力建设的部分，文件提出要"建立畅通的防灾减灾社会参与渠道，完善鼓励企事业单位、社会组织、志愿者等参与防灾减灾的政策措施"，"充分发挥公益慈善机构在防灾减灾中的作用"，"充分发挥社会组织、基层自治组织和公众在灾害防御、紧急救援、救灾捐赠、医疗救助、卫生防疫、恢复重建、灾后心理干预等方面的作用"。在加强防灾减灾人才和专业队伍建设的部分，该规划提出将防灾减灾社会工作者和志愿者队伍作为辅助力量纳入防灾减灾队伍之中，充分发挥"红十字会和社会志愿力量在救灾工作中的作用"；在加强防灾减灾文化建设的部分，规划提出要"完善政府部门、社会组织和新闻媒体等合作开展防灾减灾宣传教育的工作机制"。关于社会组织在政策文件中的表述变化见表1-3。

表1-3 社会组织在政策文件中的表述变化

文　件	相关表述	相应领域
1996 《关于在社会救助工作中充分发挥慈善组织作用的通知》	慈善组织	—
2005 《国家自然灾害救助应急预案》	公益性社会团体 非政府组织和志愿者队伍	—

续表

文　件	相关表述	相应领域
2005 《国家突发公共事件总体应急预案》	社会团体和志愿者队伍 红十字会等社会卫生力量	应急救援、捐赠 医疗卫生救助
2007 《国家综合减灾"十一五"规划》	群众团体、红十字会等民间组织 社会公益组织和志愿者团体	灾害防御、紧急救援、救灾捐赠、医疗救助、卫生防疫、恢复重建、灾后心理支持 减灾工作
2009 《民政部关于加强救灾应急体系建设的指导意见》	救灾应急志愿者队伍 社会工作者 社区救灾应急志愿者 社会组织	救灾应急 减灾救灾服务 社区综合减灾救灾 救灾捐赠、志愿服务、灾后重建
2010 《自然灾害救助条例》	红十字会、慈善会和公募基金会等社会组织	自然灾害救助
2011.10 《国家自然灾害救助应急预案》（修订版）	公益性社会组织 相关社会组织和志愿者队伍 社会组织 非政府组织和志愿者	救灾工作 科学研究和技术开发 减灾救灾政策理论研究
2011.11.26 《国家综合防灾减灾规划（2011～2015）》	社区志愿者队伍 公益慈善机构 社会组织 社会工作人才队伍 社会工作者和志愿者队伍 红十字会和社会志愿力量 社会组织 非政府组织	社会捐赠 灾害防御、紧急救援、救灾捐赠、医疗救助、卫生防疫、恢复重建、灾后心理干预 救灾抢险 防灾减灾宣传教育 国际交流与合作
2012.6.25 《国家减灾委员会关于加强自然灾害社会心理援助工作的指导意见》	群团组织 社会组织 志愿者队伍 社会工作师 心理服务志愿者 社会团体	社会心理援助
2014.4.29 《民政部救灾应急工作规程（2014）》	专业社会工作组织 慈善组织 社会工作者、志愿者 中国红十字会	应急救灾和受灾人员生活救助 心理疏导 情绪抚慰 救灾募捐、参与救灾和伤员救治

表 1-3 简要描述了近年来社会组织在相关政策文件中的表述，以及政府对其功能的期望。但在《自然灾害生活救助资金管理暂行办法》（财社〔2011〕6 号）、《国家减灾委员会关于加强城乡社区综合减灾工作的指导意见》（国减发〔2011〕3 号）、《因灾倒塌、损坏住房恢复重建补助资金管理工作规程》（民函〔2011〕221 号）、《关于加强社会工作专业人才队伍建设的意见》（中组发〔2011〕25 号）、《自然灾害情况统计制度》（民发〔2011〕168 号）、《关于加强自然灾害社会心理援助工作的指导意见》（国减发〔2012〕2 号）、《民政部、财政部关于政府购买社会工作服务的指导意见》（民发〔2012〕196 号）、《民政部关于完善救灾捐赠导向机制的通知》（民发〔2012〕208 号）、《民政部关于加快推进灾害社会工作服务的指导意见》（民发〔2013〕214 号）等政策文件中，均很少涉及社会组织。

此外，政府还针对具体大规模自然灾害下发过不少通知、办法和指导意见：①针对汶川地震下发过《国务院办公厅关于加强汶川地震抗震救灾捐赠款物管理使用的通知》（国办发〔2008〕39 号）、《汶川地震抗震救灾资金物资管理使用信息公开办法》（2008 年 6 月 1 日，民政部救灾救济司）、《国务院办公厅关于汶川地震抗震救灾捐赠资金使用指导意见》（国办发〔2008〕51 号）、《民政部、财政部、住房和城乡建设部关于进一步做好汶川地震灾区救灾款物使用管理的通知》（民发〔2008〕82 号）以及《关于汶川地震抗震救灾捐赠资金使用有关问题的意见》（民发〔2008〕150 号）等。2008 年 6 月 8 日，国务院颁布的《汶川地震灾后重建条例》提出了"自力更生、国家支持、社会帮扶"的方针和"政府主导与社会参与相结合"的原则，规定："国家鼓励公民、法人和其他组织积极参与地震灾后恢复重建工作。"②针对青海玉树地震颁发了《青海玉树地震救灾捐赠资金使用管理监督办法》（国务院抗震救灾总指挥部发明电〔2010〕2 号）、《国务院关于支持玉树地震灾后恢复重建政策措施的意见》（国发〔2010〕16 号）以及《青海玉树地震抗震救灾捐赠资金管理使用实施办法》（民发〔2010〕89 号）。③针对四川雅安芦山地震下发《民政部关于高效有序做好支援四川芦山地震灾区抗震救灾工作的通知》（民电〔2013〕46 号）、《四川省人民政府办公厅关于对"4·20"芦山 7.0 级地震灾区受灾群众过渡安置期实施生活救助有关问题的通知》（川办函

〔2013〕64号)、《民政部关于社会组织接收和使用四川芦山"4·20"强烈地震救灾捐赠款物统计情况的通报》(2013年5月17日民政部救灾救济司)、《四川省人民政府办公厅印发关于支持"4·20"芦山强烈地震灾后恢复重建人力资源社会保障政策措施的意见的通知》(川办发〔2013〕40号)、《国务院关于印发芦山地震灾后恢复重建总体规划的通知》(国发〔2014〕26号)。④针对鲁甸地震,2014年8月5日,国务院下发《关于有序做好支援云南鲁甸地震灾区抗震救灾工作的通知》,要求严格控制进入灾区的社会团体和志愿者,劝阻非紧急救援人员赶赴灾区。此外,还有《国资委关于做好云南鲁甸地震救灾工作的紧急通知》(国资综合〔2014〕781号)、《国务院办公厅关于有序做好支援云南鲁甸地震灾区抗震救灾工作的通知》(国办发明电〔2014〕14号)、《云南省民政厅社会工作处关于社会工作介入鲁甸地震灾后重建的通知》(2014年8月18日,云南民政)以及《鲁甸地震灾后恢复重建总体规划》(国发〔2014〕56号)等。

三　小结

通过以上对国家层面政策文件的梳理可以看出,2000年之后,政府对社会组织的认知逐渐加深。但不可否认的是,在整个预案及响应体系中,对社会组织的相关规定都是倡导性的。2010年之后,政策文件中又提出类似"建立平台""畅通参与渠道""完善税收制度"之类的命题,但仍然停留在呼吁的层面。从操作性较强的《民政部救灾应急工作规程》来看,2012年的版本中,提出在各级响应中要"引导专业社会工作组织和人员参与应急救灾和受灾人员生活救助工作";在2014年的版本中,表述变为"引导专业社会工作组织、慈善组织及社会工作者、志愿者等人员参与应急救灾和受灾人员生活救助、心理疏导、情绪抚慰等工作"。

在灾害响应中,肯定社会组织的力量、需要社会组织的参与是已经达成的共识,但如何参与、依照什么程序参与、在什么阶段参与、合作如何达成等操作层面的问题,依旧处在不断探索之中。在这种政策法规的背景下,社会组织对灾害的响应与参与处于一种"混沌"的状态,看似受法律法规保障,实则无制度规程可循;对于地方政府而言,作为的空间可大亦可小,而影响其发挥的还包括制度之外的其他因素,包括政府部门的设置、负责官员自身的素养以及当地社会组织的发育程度等。因此，在政策实践中，出现反复、矛盾和冲突也在意料之中。

（一）从政府的角度

以下是对 2008 年以来与几次重特大自然灾害相关的政策进行的分析。汶川地震之前，并无社会组织大规模进入灾区，因此无先例可循。政府的反应集中在生命救援中，对社会组织的进入并不设限。各个部委分别下发了加强抗震救灾工作的文件，民政部门的关注重点是救灾物资的使用和管理。国务院办公厅在 2008 年 5 月 31 日下发《国务院办公厅关于加强汶川地震抗震救灾捐赠款物管理使用的通知》（国办发〔2008〕39 号）。其中规定，社会组织接受的捐赠款物要及时移交给"民政部门或者红十字会、慈善会等具有救灾宗旨的公募基金会"、红十字会和慈善会等公募基金会要"尽可能少提取或不提取管理费用，管理费用提取使用情况要向社会公布"①。此外，关于救灾物资使用的政策文件还有《汶川地震抗震救灾资金物资管理使用信息公开办法》（民政部救灾救济司）、《国务院办公厅关于汶川地震抗震救灾捐赠资金使用指导意见》（国办发〔2008〕51 号）以及《关于汶川地震抗震救灾捐赠资金使用有关问题的意见》（民发〔2008〕150 号）等。

上述文件对于社会组织募集的资金主要提出了统一归口管理和信息公开的要求，从理论上，都符合《中华人民共和国公益事业捐赠法》的要求。

2008 年 6 月 8 日，《汶川地震灾后恢复重建条例》颁布。该条例提出了"自力更生、国家支持、社会帮扶"的方针和"政府主导与社会参与相结合"的原则，规定："国家鼓励公民、法人和其他组织积极参与地震灾后恢复重建工作。"在该条例的指导下，9 月 19 日，国务院印发《汶川地震灾后重建总体规划》。规划中提出，要"建立政府、企业、社会组织和个人共同参与、责任明确、公开透明、监督有力、多渠道投资的重建机制"，支持社会组织在"资金募集、企业重建、职业技能培训和中介服务等方面发挥重要作用"。在操作层面上，规划中提出抗震救灾一线人员按

---

① 参见韩俊魁《紧急救灾中的善款能零成本传递吗?》，《社团管理研究》2008 年第 10 期。

照规定标准取得的补贴收入，免征个人所得税。但社会组织的工作人员符不符合其标准，有没有获得免税资格，暂无相关材料。除此之外，整个规划基本没有涉及对于社会组织在具体层面上的规定。

玉树地震发生后，政府对于社会组织的进入反而缩紧。2010 年 4 月 30 日，国务院抗震救灾总指挥部颁发了《青海玉树地震救灾捐赠资金使用管理监督办法》。该办法规定，"15 家全国性社会组织和公募基金会所募资金，由民政部会同发展改革委、财政部和青海灾区恢复重建领导机构，与各捐赠接收机构协商沟通，按照灾区恢复重建规划认领重建项目，并按照严格规范的要求确定建设和资金具体拨付方式"。随后颁布的《关于支持玉树地震灾后恢复重建政策措施的意见》（国发〔2010〕16 号）以及民政部联合发改委、监察部等部门下发的《青海玉树地震抗震救灾捐赠资金管理使用实施办法》（民发〔2010〕89 号）中，将这一要求表述得更加明确：包括中国扶贫基金会在内的 13 个有募捐资质的全国性基金会，须将捐赠资金拨付给青海省民政厅、红十字会、慈善总会任一账户。而集中汇缴后的资金，将由青海省统筹安排使用；具体项目的对接落实，亦由青海省统一负责。

换言之，以前民政和基金会分别接收的捐赠模式被打乱了。将捐赠资金全部汇集到民政这条线之中，对于基金会来说，这意味着倒退。这一做法，也必然引起了公益圈内的轩然大波，中国扶贫基金会、中国青少年发展基金会等组织联合起来，向民政部表达不满和抗议。① 尽管这一政策明显违背了《公益事业捐赠法》的精神，但在行政压力下，部分基金会还是选择了上缴资金。

2010 年 6 月 9 日，国务院印发《玉树地震灾后恢复重建总体规划》。与《汶川地震灾后重建总体规划》相比，玉树的重建规划在基本原则中删去了有关社会组织的表述，在整个正文中也少有提及，只在社会福利的部分，提出要发挥"自治组织和社会组织作用，营造关心帮助孤儿、孤老、孤残的社会氛围"。

可以发现，虽然社会组织的参与从总体上说更为有序了，但无论是对

---

① 《玉树地震善款交政府统筹使用　民间慈善遭遇逆流》，http://gongyi.qq.com/a/20100809/000008.htm。

救灾物资的归口，还是对后期灾后重建的规划，政府的开放度还远远不够，更谈不上在合作层面上的探索。

2013 年，蜀地在时隔五年之后再次面临地震的考验，在雅安地震中，政府对社会力量的反应与汶川地震时相比有了质的变化。

雅安地震发生后第三天，民政部下发《民政部关于高效有序做好支援四川芦山地震灾区抗震救灾工作的通知》（民电〔2013〕46 号）。文件指出，"根据救灾工作实际情况，可公告非专业救援人员、志愿者等社会公众在现阶段不要自行前往灾区"，对于已经开展募捐活动的公益慈善组织，要做好"信息公开、资金使用、反馈和统计工作"。4 月 25 日，四川"4·20"芦山 7.0 级强烈地震抗震救灾指挥部发出通知，决定设立社会管理服务组。4 月 28 日，社会管理服务组在芦山建立了省级抗震救灾社会组织和志愿者服务中心，主要负责对参与抗震救灾的社会组织和志愿者进行登记、备案，发布灾区需求，引导、组织他们有序投入抗震救灾并提供相关服务。随着工作不断推进和深化，雅安 7 个受灾区县相继建立了县级抗震救灾社会组织和志愿者服务中心，极重受灾乡镇设立了社会组织和志愿者服务站，省、市两级抗震救灾指挥部社会管理服务组在雅安雨城区共建的社会组织和志愿者服务中心正式挂牌①。尽管"搭建平台"这一说法在政策文件中并不少见，但雅安所搭建的平台是第一次落地的尝试。

2013 年 7 月 6 日，国务院发布《芦山地震灾后恢复重建总体规划》。与汶川和玉树相比，该规划强调"壮大社区工作专业人才队伍，发挥社区在基层社会服务管理中的积极作用，引导各类社会组织加强自身建设、增强服务社会能力"。

对税收优惠的规划依旧是"对灾区个人和抗震救灾的一线人员取得的与抗震救灾有关的收入，免征个人所得税"、"鼓励社会各界支持抗震救灾和灾后恢复重建，对捐赠灾区的企业、单位和个人免征相关税费"。针对税收问题，在 2013 年 9 月 30 日发出的《关于支持芦山地震灾后恢复重建有关税收问题的通知》（财税〔2013〕58 号）中，有更详细的规定。

同年 7 月 22 日，甘肃省岷县地震爆发。震后第二天，甘肃省民政厅便下发了《甘肃省民政厅办公室关于省属社会组织参与定西抗震救灾工作的

---

① http://news.xinhuanet.com/2013-05/14/c_115751238.htm.

紧急通知》。通知要求将参与抗震救灾的社会组织的信息统一上报甘肃省社会组织促进会，由甘肃省社会组织促进会负责统计上报省厅救灾处及民间组织管理局，并由省民政厅统一调配。甘肃省社会组织促进会成立于2010年4月13日，是具有官方背景的全省性社会组织。首届会长为省人大原副主任，秘书长为省民间组织管理局局长①。在岷县地震后，甘肃省社会组织促进会开始担起信息枢纽的作用。

2014年8月5日，鲁甸地震后第二天，国务院办公厅下发《关于有序做好支援云南鲁甸地震灾区抗震救灾工作的通知》。通知要求严格控制进入灾区的工作人员，"各有关部门、各单位和社会团体，未经批准近期原则上暂不自行安排工作组和工作人员前往灾区。对于灾区确有需要的，国务院办公厅将统一作出安排"，"及时劝阻非紧急救援人员赴灾区"。对于捐赠的物资，须"由捐赠地民政部门与灾区民政部门协调后，统一安排接受并有组织地运往灾区。未经协调确认的，一律不得自行分散运送"。

在控制人员进入的同时，云南省民政厅借鉴雅安和岷县的经验，在8月7日成立了"云南省社会组织救援服务平台"，平台通过微信公众账号，希望民间力量与政府实现"信息共享"和"资源共享"。8月18日，云南省民政厅社会工作处下发《云南省民政厅社会工作处关于社会工作介入鲁甸地震灾后重建的通知》。这是政府第一次在灾后重建方案中，向灾区派遣社工队伍。

从雅安到岷县，再到鲁甸，政府似乎展现出了逐步主动的姿态，社会组织的力量也被更多地纳入灾后的政策考量之中。但同时，不能忽视的是，政府对社会组织的进入门槛在不断提升，从不加限制到呼吁非专业人员撤离再到严格控制，其对社会组织进行资格审查与专业能力评估的要求已经呼之欲出。

（二）从社会组织的角度

以上的政策实践分析主要基于政府的角度，不管是紧急救援、过渡安置还是灾后重建的阶段。从社会组织的角度来讲，情况只会更加复杂。面对政府不断提高的门槛，各类组织往往是"八仙过海各显神通"。在文件

---

① http://zgao.gansudaily.com.cn/system/2010/04/13/011517154.shtml.

文本中,社会组织的表述有很多种,但其异质性都被不同程度地忽视了。为了分析之便,我们将社会组织分为单一组织和联合体两大类别,其中单一组织又可分为四类。

第一类是体制内的社会组织,如中国红十字会和中华慈善总会。红十字会将自身定位为"从事人道主义工作的社会救助团体"①,其工作人员享受国家公务员待遇,行政经费来源于国家财政拨款②。与行政系统类似,中国红十字会拥有完备的从上至下的系统,"截至 2011 年底,中国红十字会有 31 个省(自治区、直辖市)红十字会、334 个地(市)级红十字会、2848 个县级红十字会和新疆生产建设兵团红十字会、铁路系统红十字会、香港特别行政区红十字会、澳门特别行政区红十字会;有 9.8 万个基层组织,215.6 万名志愿者,11 万个团体会员,2658 万名会员,其中 1775 万名青少年会员"③。不仅如此,中国红十字会常务副会长还是国家减灾委成员,各级红会也是各级减灾委成员单位。中华慈善总会是"全国性非营利公益社会团体",也是民政部的部署社团,拥有 361 个会员单位。其前三任会长皆担任过民政部部长或副部长。这二者的特殊地位在政策文件的表述中可见一斑,即便是在玉树地震后对其他公募基金会的"围剿"中,红十字会和慈善会依旧是与同级民政并列的接受单位。这类体制内的社会组织在回应自然灾害中,除了各自的业务外,还担任了部分物资管理和信息汇总的职能。

第二类是具有官方背景的社会组织,这类组织一般由中央机构发起成立,如中国扶贫基金会由国务院扶贫开发领导小组办公室主管、中国青少年发展基金会由共青团中央发起成立、中国妇女发展基金会由全国妇联发起成立、中国残疾人福利发展基金会由李维汉等中共领导发起成立。依托业务主管单位系统,这类组织也能在第一时间进入灾区,开展项目。例如青基会的应急板房项目,依靠团委系统,可以在灾害发生后迅速启动。

第三类是无官方背景的社会组织,也就是广义的草根组织,其中包含基金会、社工机构等类别。非官方背景的基金会如壹基金,其机构定位在聚焦灾害领域开展工作。2008 年之后,壹基金开始筹划建立壹基金联合救

---

① http://www.redcross.org.cn/hhzh/zh/hsigk/hszjs/201202/t20120206_813.html.
② 邓国胜:《响应汶川——中国救灾机制的分析》,北京大学出版社,2009,第 31 页。
③ http://www.redcross.org.cn/hhzh/zh/hsigk/hszjs/201202/t20120206_813.html.

灾网络，迄今为止，建立了三大伙伴网络，全方位参与灾害救助。在灾害救助之外，壹基金还提供一定的团队建设和技能培训支持。灾害响应时，基金会利用在地组织，可以迅速进入灾区；社工类机构，可以通过民政社工系统进入。借助政府的推动，社工类机构的身份认同得到大幅提升。

处境最艰难的，是草根社会组织。从我们已有的调查资料来看，这些组织在响应自然灾害中有四种策略：①加入大型基金会组成的联盟。当下，各类社会组织联盟已蔚然成风。这些联盟有地区性的、片区性的和全国性的，有多领域的和单一领域的。例如甘肃省公益联盟，作为一个地区性联盟，在响应本地突发事件时，具有天然的优势。2014 年 4 月 10 日，兰州市自来水检测出苯含量超标，甘肃省公益联盟紧急响应。次日召开会议，共 36 家公益机构和 8 个大学生志愿者团队负责人参与讨论。共动员 350 名志愿者，15000 人受益。②提高专业性。例如专注处理灾害信息、协助灾害资源对接的卓明灾害信息服务中心，专注社区减防灾的平安星减防灾中心，它们通过提升组织的专业性，形成机构的核心竞争力。③依靠机构负责人的私人关系。很多机构负责人在从事公益行业之前，已经积攒了丰富的人脉关系。④向平台类机构求助。例如，在云南省民政厅搭建的社会组织救援服务平台就曾为两支善医行医疗队协调解决了通行证的问题。

第四类是国际非政府组织。较之前三类，境外在华非政府组织则更为特殊。目前，我国对境外非政府组织的管理可依据的法规主要有两项：一是 1989 年 6 月颁布的《外国商会管理暂行规定》；二是 2004 年 3 月颁布的《基金会管理条例》，其中有对涉外基金会进行管理的相关条款。对绝大多数境外非政府组织而言，在《中华人民共和国境外非政府组织管理法》正式通过之前，其在华活动的系统管理尚无法可依。于是，国际非政府组织采取的方法主要包括同政府部门签订合作框架协议，或与官方背景的组织合作。但由于法律地位不明，此类组织参与救灾受到很大限制，作用无法充分发挥出来。

| 第二章 |

救灾三阶段需求与八类型项目

本章首先要呈现的是，灾难发生之后，重特大地震灾区的需求格局。了解了需求格局之后，才能够确认不同类型社会组织在满足这些社会需求中所可以发挥的独特作用。

事实上，要理清灾区需求格局及社会组织参与的理想模式，首先需要确认参与的阶段性，其次再确认每个阶段特有的项目类型。对此，我们结合社会组织参与救灾的宝贵经验进行了实证分析。

最终，我们得出了"三阶段、八类型"的灾区需求格局，这也是社会组织响应灾害的八种项目类型。当然，这一结论是开放性的，它可以在后面的研究中继续发展。

第一节　灾后三阶段的需求

首先从灾区需求的三个阶段开始，即紧急救援阶段、过渡安置阶段和灾后重建阶段。其大致延续时间分别是灾害发生后的 0～10 天、10 天至 3 个月、3 个月至 3 年或 5 年甚至更长的时间。

一　紧急救援阶段

救灾三阶段中最容易被确定的是紧急救援阶段。它始于地震发生，在这一刻，房屋被夷为平地，许多人被压在下面。一些人死去，一些人等待生命救援，还有一些伤残者急需被送往医院进行救治。此外，还有更多的灾民等待着食品、医药以及帐篷、板房等临时性住所来度过这段艰难时光。

在该阶段，灾民对救援力量的需求十分紧迫。政府、社会组织乃至企业、个人等都积极投身其中，以使因地震受灾的人们获得救援与安慰。救死扶伤、基本的生存需求满足是这一阶段的主要特征。紧急救援的人力物力、药品、食品、纯净水乃至一般性的精神安慰工作等，都显得异常紧迫。

公益行动最容易以这一刻作为起点。再沉睡的人，其善心也会在这一刻被激发起来。整个社会的善良激情又会相互感染而燃烧起来，希望通过自己的力量来为苦难的减轻做一份贡献。人们捐款捐物以及志愿行动等在相当程度上都源于这样的动机。

二　灾后重建阶段

地震发生之后，灾民更大、更根本性的需求会在数月之后，乃至数年之后暴露出来。

首先是建筑房屋、重建家园的需求。为满足这一需求，灾民迫切需要一大笔资金。通过国家的资金拨付或社会公众的捐款，此类需求可以在一定程度上得到解决。在发达国家，这并不是难以解决的问题。

但专注于建房也有问题。近年来，不管是在工程移民还是因为发生地震而进行灾后重建的地区，都会出现这样一种现象，即人们把大量的家庭积蓄拿出来用于建造房屋，在此之后没有能力进行后续的生计发展，以致住着漂亮的房屋而过着破落的生活。甚至还会出现一种对比更加鲜明的局面：不但房屋漂亮而且还有漂亮的小区，前后左右几条漂亮的街道以及整个漂亮的小镇，但整个经济缺乏生机，人的生活缺乏生气。在实践中，很多地震灾区都呈现这样一种经济和人气萧条的局面。

其根本原因就在于我们秉承传统的思维，把更多的钱用于房屋的建筑上，但是在现代市场体系下人们的发展缺乏后劲，尤其是遭受地震破坏之后这种情况更加典型和明显。因而灾区生计的发展其实就成了灾民们潜藏着的一个真实而根本性的需求。如何满足人们的这一需求，才是我们现在要解决的一个根本问题，它出现在房屋和小区等硬件设施建筑的时间段里，但向后延伸至更远。

在大致相同的时间段里，人们对社会服务的需求开始显现出来，其中一些灾民因灾致残，在此前的阶段里，他们在紧急的抗震救灾中还充满着一种生命的斗志或进入一种快速的失望状态，而之后，整个人可能会降到非常低沉郁闷的状态；另外一些灾民失去了孩子或伴侣，将长期处于精神的抑郁低沉状态；更多的人因为曾经历过地震的梦魇，心理上会长期处于难以恢复的状态。这都需要我们通过提供社会服务来加以解决。

所以，房屋的建构、生计的恢复与发展以及其他社会服务，一同构成了灾害发生之后一个特定阶段里的社会需求，这一阶段即灾后重建阶段。因为它发生于地震之后数月、一年至数年甚至十数年的时间里，与紧急救援阶段的急迫性相比，灾后重建阶段的社会需求更具有根本性。灾民真正的发展或生活福利的实现需要借助于这个阶段提供的社会服务来完成。

整个社会公众为灾区捐赠的资金和物品很难在第一阶段中使用完毕。实际上，第一阶段更多地需要紧急救援、社会关怀以及救死扶伤的人力投入，大量的捐赠资金并没有得到实质性的使用，因而它们自然就被向后推延到灾后重建阶段，这与灾区的需求吻合。于是，公众的捐款会通过一种合理的方式自然地被安排在不同的时间段里加以使用。但问题是，作为捐款者的普通社会公众，其捐赠动机是在感受到灾区的灾难后被激发的，他们并未意识到资金会放到一年甚至三年后才使用。于是往往会引起社会公众的误解，而这也是我们要把救灾的三个阶段划分出来的主要理由。

一旦经历救灾阶段并被卷入其中之后，只要能够有合理的参与深度，很快就会对救灾工作达成共识。一些社会组织认为，只有将自己募捐来的钱用到更合理的时期、更合理的方面才更加有效，例如雅安市慈善会。另外一些组织动员捐赠人参与，让其深入一线了解灾区的真实情况和真实需求，了解他们资金的最佳用途，于是他们开始由一代捐赠人转化为二代甚至三代捐赠人。

三　过渡安置阶段

在确定出灾后重建阶段之后，在紧急救援和灾后重建阶段之间就产生了过渡安置阶段。在该阶段，救死扶伤的任务已基本完成，而发展生产、恢复家园的工作还未开始。这一阶段并非空白期，相反，在这段时间里，如何解决灾民居住问题需要慎重考虑，比如，是不是要建板房，是不是要住更长时间的帐篷，等等。除此之外，这段时间里灾民的工作、学习、生活如何解决，如何趋于合理，如何不至于陷入艰难的状态，也是我们所要考虑的问题。此外，在该阶段，幸存者虽然保住了生命，但心理问题开始凸显，因此，利用这一段过渡期来开展心理抚慰，并消除负面的阴影，是另一项非常重要的任务。

这样，灾害发生后，我们就勾勒出了一个三阶段的格局，即紧急救援、灾后重建以及过渡安置阶段。

第二节　紧急救援阶段的社会组织参与

一　社会组织的参与

在紧急救援阶段，政府承担了主导者和执行者的角色，而社会组织主要是志愿者与社会资源的整合者和递送者，主要体现在资源配送与生活保障、利用专业特长参与救死扶伤、组织群众紧急自救、有效且有序地管理志愿者、社会资源动员与集结等几个方面。

（一）生存生活资源配送与保障

紧急救援阶段，灾区急需基本生活物资。当政府的力量还未到达时，社会组织可以发挥积极的作用，通过临时救济来争取获得后续大规模救援的时机。

台湾"9·21"地震发生3分钟后，慈济功德会的义工已赶到灾区，最先送到救灾物资[①]。在此后的10天里，慈济功德会以30个救灾服务中心为集结全台湾物资的据点，在最短的时间内将帐篷、睡袋、毛毯、水、干粮、奶粉、照明设备等打包了5万份送入重灾区，定点或逐户发放物资。为此，慈济功德会总计出动车次逾1200趟，在交通受阻地区则与德安航空合作，分10次航运物资至广爱乡与信义乡救急，此项服务至少惠及26万灾民。截至1999年9月27日，慈济功德会共设置30处临时厨房，向灾民及服灾人员提供热食[②]，服务逾130万人次。此外，为能解决灾民因仓皇逃离而对现金的迫切需要，在立即发送原则下，慈济功德会调度1.6亿元经费，

---

① 赵灵敏：《如不"解严"，恐是另一番景象——专访台湾"全国民间灾后重建联盟"执行长瞿海源》，《南风窗》2006年第14期。
② 陈先才、王文谦：《两岸非政府组织参与公共危机管理的比较研究——以汶川地震和台湾"9·21"地震为例》，《福建行政学院学报》2013年第1期。

于 1999 年 9 月 21～30 日动员志愿者 2 万人次进行对全台受灾区的居家慰访，了解灾民个别状况，亲手发送应急金（去世者每人 2 万元，受伤者每人 5000 元），以解决受灾民众突如其来的困境，提供安身、安心的照抚。

在日本阪神大地震（Hanshin - Awaji - daishinsai）中，许多非营利组织也参与了紧急救援阶段的资源配送工作。日本和平国际志愿者（SVA）组织在地震后 24 小时内便做出开展紧急救援的决定，并于次日向灾区派出了调查团，向相关大学发出呼吁并通过媒体招募志愿者，1995 年 1 月 26 日，SVA 在灾区设立了紧急救助本部并派出了第一批志愿者，开展如下工作：一是紧急供应食物配餐，先后提供配餐 31 万人次；二是分配救援物资；三是向临时避难所派遣志愿者；四是通过保温蓄水车向灾民提供热水；五是使用移动淋浴车向灾民提供淋浴服务[1][2]。

在美国卡特里娜飓风（Hurricane Katrina）袭击中，美国救世军（The Salvation Army）、红十字会等非营利组织也迅速行动。在飓风来临前期，救世军做了以下准备：一是准备了 72 个每天能提供 5000 份食物的流动食堂和 2 个每天能提供 2 万份食物的流动厨房，计划分配到美国联邦应急管理局认为受灾最严重的地方以及其他需要的地方；二是动员 200 名干事、工作人员和志愿者来运作这些流动厨房；三是准备提供便携式的淋浴设施，由卡车改装的一站式服务站成为应急指挥中心[3]。

飓风过后，救世军数小时内就在新奥尔良、比洛克西、格尔夫波特、莫比尔港市和其他受灾地区提供了大量的食物供给，总计调动了 178 个流动食堂和 11 个流动厨房，为受灾民众提供了超过 500 万份盒饭和 700 万份三明治、小吃。虽然提供住宿不是救世军的主要活动领域，但在高峰时期，救世军提供了 225 个住宿点，容纳了超过 31000 人[4]。

除此之外，在东南亚的一些灾难中，非营利组织在物质供给上也发挥了重要的作用。比如，印尼海啸后，澳大利亚明爱协会和联合国粮食计划署合作，向印尼亚奇省 60000 灾民发放 922 吨食品；中国扶贫基金会也向

---

① 朱凤岚：《日本的地震危机管理及灾后重建》，《求是》2008 年第 15 期。
② 皇甫平丽、曹卫国、钱铮：《灾后重建的他山之石》，《瞭望》2008 年第 21 期。
③ 陈浩：《美国的救灾应对程序与 NGO 的力量》，《中国减灾》2008 年第 8 期。
④ 张强、陆奇斌、张欢：《巨灾与 NGO：全球视野下的挑战与应对》，北京大学出版社，2009。

印尼灾区捐赠了 530 万美元的药品①。

（二）以专业特长参与一线救死扶伤

救死扶伤是紧急救援阶段最为核心的工作。一些具有专业特长的非营利组织通过与政府和军队合作，在搜寻生命、抢治伤员方面发挥了十分重要的作用。

美国卡特里娜飓风来临时，由于地面大面积被淹，部分通信设备被毁，所以当人们利用仅存的电话线路向外求救时，海岸巡逻队很难判断出灾民的具体位置。此时，地理信息系统联盟（GIS 联盟）、地理空间信息技术协会（GITA）等组织利用专业技术和设备，迅速组织力量先后绘制出 3000 份灾后地图并将上百个重要的基础设施和详细地址都标注上去。这些地图一方面为政府的应急指挥部门提供了翔实准确的受灾全景，另一方面可以帮助海岸巡逻队精确定位灾民位置、提供转送和抢救援助。除此之外，GIS 联盟的志愿者还开发了一个失踪人口报告点和数据库，将数以千计的失踪人口整理编档。人们可以利用这些失踪人员最后报告的位置来采取相应的应急搜寻工作。

除了地理信息的专业技术外，一些医学背景的非营利组织也能在救死扶伤中发挥积极的作用。台湾"9·21"地震以后，台湾慈济在台北、桃园、新竹、苗栗、台中、南投、彰化、云林、嘉义、台南等地协助政府进行挖掘、运送伤员、搬运遗体等。慈济人医会及慈济医院共同组成医疗队伍，当天即进驻重灾区，在台中、南投及彰化三县灾区共计成立 19 处义诊医疗站，提供外科、妇产科、眼科、家医科、内科、身心医学科、中医科、牙科等医疗救助。此外，日本阪神大地震中亚洲医生联络协议会（AMDA）（从事国际医疗救助的日本医生网络）的作用，美国卡特里娜飓风袭击中美国红十字会、国际医疗团队（IMC）的作用，都令整个社会感到欣慰。

在国内，一些社会组织在救死扶伤中也发挥了重要作用。"母亲健康快车"项目原本是中国妇女发展基金会与全国妇联系统合作，在全国各省尤其是中西部地区开展的常规项目，主要内容是为贫困妇女提供紧急转运的公益交通工具。地震发生后，在灾区交通不便的情况下，各区县"母亲

---

① 徐莹：《国际非政府组织参与人道主义救援的基本路径》,《今日中国论坛》2007 年第 7 期。

健康快车"由灾区妇联集中管理、统一调配使用，承担紧急运送伤员、孕产妇和紧急物资的任务，在震后 72 小时的"黄金救援时间"内，在救治和紧急转运伤病员中发挥了重要作用。如青海玉树地震期间，全省 65 辆"母亲健康快车"由省妇联统一指挥调配，连续在救灾一线奋战 13 天，紧急转运危重伤员和孕产妇 716 人，配合政府发放价值 1476580 元的紧急救灾物资，得到了灾区群众和社会各界的一致好评。

（三）组织受灾群众紧急自救

在一些社区非营利组织发育较为成熟的国家或地区，当突如其来的灾害发生时，非营利组织还有组织灾民紧急自救的功能。虽然灾害的破坏性巨大，但是第一时间的自救与互救行动不仅能够激发起人们抗灾的勇气、尽量减少损失，而且还能够为外界救援力量的到达争取更多的时间、创造更有利的条件。

危机管控是日本自然学校（Whole Earth）的核心业务之一，它们积极地在全国各地开展灾害教育、参与救灾活动。2007 年，自然学校在日本已达到 3000 家，它们相互间形成了网络，成为日本救灾活动的骨干力量。其实，在阪神地震以前，自然学校就致力于帮助 20 世纪六七十年代参加过灾害救援的人们推广其积累的救灾经验。阪神地震发生后，受过相关教育的社区成员不约而同地纷纷开展自救和救他，有效地减少了伤亡。除了自然学校之外，还有其他机构也发挥了类似的作用。因此才有这样的评价：阪神大地震的应急救援阶段，救助生命方面起了最大作用的是市民。灾区有 24 万栋房屋遭到不同程度的破坏，数万人被埋在下面需要救助。其中，自卫队解救了 176 人，消防员（神户市消防局）救出了 733 人，消防团（神户市消防团）救出 819 人，警察等专业救援人员救出 5000 人，其余的绝大部分人是由市民自己解救。在消防灭火方面，西宫市因地震引发的火灾 41 起，有 29 起（约占 70%）是火灾初期被市民自行扑灭的。在地震以后，更详尽的统计表明，震后需要救助的人数大约在 35000 人，其中 27000 人是市民自救或者邻里互助完成的，而不是警察或消防人员救助。阪神大地震的经验让人们更深刻地意识到"区域自律联合"的重要性①。

---

① 徐富海：《国外巨灾应急管理案例分析》，《中国减灾》2008 年第 10 期。

（四）紧急心理抚慰

突如其来的灾害，让人们失去亲人、财产和家园，给人们带来了巨大的心灵伤害。对此，台湾慈济功德会在"9·21"地震中采取了积极的措施予以应对。1999年9月21～30日，该组织共动员志愿者1500人次，在灾区、殡仪馆、医院等地关怀陪伴，抚慰家属。

在参与美国卡特里娜飓风灾害救援时，美国难民委员会、美国基督教组织、美国关怀协会等组织都在灾民的心理安抚方面做出了积极的贡献。

需要注意的是，心理安抚既是一项极具专业性的工作，也是一项必须合理安排、有序开展的工作。如果缺乏专业知识，志愿者不仅不能帮助灾民，反倒可能造成二次伤害；而如果缺乏合理的安排，灾民可能会多次"被心理咨询"，进而造成多次伤害。这种情形在汶川地震救援中屡次出现，于是才有了"防火防盗防心理医生"的口头禅。对此，台湾社工机构的做法值得参考。

"9·21"地震后，台湾的社会工作机构也迅速行动起来，参与到紧急救援阶段的心理安抚工作中。首先，它们将受灾的信息进行汇总，然后发布到各个社工机构，每个社工机构按照自己负责的片区开展工作，而每位专业社工也按照自己对应的个案进行辅导，这样较好地避免了心理干预专业性不足以及重复辅导的问题。在震后紧急心理抚慰工作中，台湾慈济的义工和社工表现突出。

（五）有效且有序地管理志愿者

大型自然灾害发生后，往往有大量志愿者涌入灾区。如果管理缺失或者管理不当，便可能造成救灾的混乱。由于缺乏专业救灾的技能或者有效的供需对接，进入灾区的志愿者可能"无所事事"，却要消耗宝贵的救灾资源，于是沦为了所谓的"第二类灾民"；另外，大量志愿者及其车辆的涌入，极可能造成交通拥堵，对专业救援力量及时到达现场展开营救造成致命的阻碍。如何才能做到既能照顾志愿者救灾的热情，发挥切实的救灾作用，又不至于产生混乱呢？日本社会组织的经验值得借鉴。

日本阪神大地震后，自然学校的负责人广濑敏通带领救援队进入灾区，发现现场一片混乱。一方面是行政部门几近瘫痪，另一方面是志愿者群龙无首。见此情形，他们立即在当地学校成立临时指挥中心，从灾民避难、食物供给等方面入手，将灾区的人力物力资源进行最大程度的匹配。后来，随着灾区志愿者越来越多，许多组织都开始谢绝志愿者参与，但是自然学校依然广泛吸纳志愿者。一般是早上给志愿者分配工作，所以另一些志愿者到来时可能已经没有工作可以承担，此时自然学校依然让他们留下——虽然他们不能参加一线救援，但是可以参加全体会议，了解现场情况，将更多的信息带回去给更多的人知道。"他们有的是从公司请假来的，有的还带着同事们的捐款。如果你拒绝他们，那以后他们就可能再也不想参加志愿服务了"。广濑敏通这样说道，并且他还强调了现场教育的重要性——亲身体会灾区的氛围，对培养救灾能力是至关重要的，因此他尽可能地让更多的人参与进来[①]。

虽然在管理的成熟度上与国际社会还有差距，但是中国的非营利组织在汶川地震中也发挥了动员志愿者的作用。根据北京师范大学社会公益研究中心 2008 年对部分抗震救灾非营利组织（263 家）的调查结果，近一半（49.8%）的非营利组织在做着为灾区输送志愿者的工作，还有近 1/3 的非营利组织结合自己的专长以及志愿者工作方面的经验，迅速在各地开展了相关的志愿者协调、管理和培训的服务。

在被调查的 NGO 中，也有一些做着灾区需求调查（33.3%）以及社会中介和资源联络的工作（27.3%），这对抗震救灾中的战略部署以及物资、人员的调配来说起到至关重要的信息传递和组织协调的桥梁作用。

（六）社会资源动员与集结

事实上，对于大多数非营利组织而言，紧急救援阶段的工作并不是冲锋在救灾的一线，而是在后方进行社会资源的动员与集结，一方面支持一线救助力量（政府、军队）的工作，另一方面筹集社会资源、集结专业队伍（如专业社工、心理康复师、儿童或妇女救助专家、志愿者），准备奔赴灾区投入临时安置的工作当中。

在资源动员方面，非营利组织的力量不容小觑。日本阪神大地震后，

---

① 张强、陆奇斌、张欢：《巨灾与 NGO：全球视野下的挑战与应对》，北京大学出版社，2009。

通过民间力量获得的社会捐赠达到 1800 亿日元；在卡特里娜飓风袭击中，美国红十字会、救世军、天主教慈善会、联合会等非营利组织共向私人募集了 42 亿美元，其中仅美国红十字会一家就募集了 21 亿美元。在中国台湾，非营利组织在动员政府之外社会资源的能量也很惊人①。在 "9·21" 地震发生后的一年时间里，台湾民间团体募款金额就超过 112 亿新台币②。在汶川地震的紧急救援阶段，中国社会组织在资源动员方面也发挥了积极的作用。根据北京师范大学社会公益研究中心的调查结果显示，在 263 家接受访谈的组织中，有 60% 参与了捐物动员，57.8% 的组织参与了捐款动员（见图 2-1）。

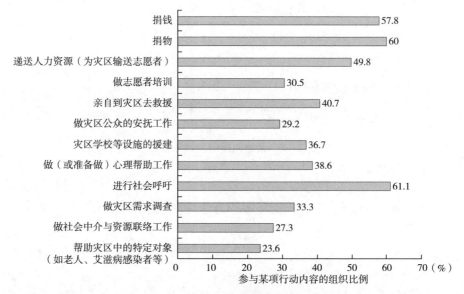

图 2-1 社会组织的行动内容

在专业队伍集结方面，非营利组织同样表现出色。在卡特里娜飓风袭击中，美国红十字会、天主教慈善会等组织迅速联络、动员和集结全国各地的灾害社工、灾害心理咨询师，为临时安置和灾后重建的专业服务进行积极的准备。

---

① 赵灵敏：《如不 "解严"，恐是另一番景象——专访台湾 "全国民间灾后重建联盟" 执行长瞿海源》，《南风窗》2006 年第 14 期。

② 陈先才、王文谦：《两岸非政府组织参与公共危机管理的比较研究——以汶川地震和台湾 "9·21" 地震为例》，《福建行政学院学报》2013 年第 1 期。

二 社会组织的典型项目类型

从上文可见，社会组织在紧急救援阶段中既参与硬件建设，也参与软件建设，其项目类型也对应着硬件和软件两个方面。

具体而言，硬件项目主要是指生命救援与伤员救治项目、生存生活资源配送与保证项目、社会资源动员项目；软件项目主要包括组织群众自救、紧急心理抚慰、志愿者管理以及救灾信息的传递四个方面（见图 2-2）。

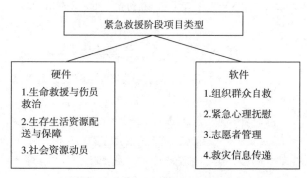

图 2-2　紧急救援阶段项目类型

第三节　过渡安置阶段的社会组织参与

一 社会组织的参与

随着救灾过程的进行，在过渡安置阶段，政府和社会组织的角色都开始发生改变。政府由之前的"主导者、实施者"变为了"主导者、资源提供者"，社会组织则由之前的"支援者、资源调查整合者"变为了"协调者、参与者"。社会组织在救灾中的参与进一步加深，这种深度不仅体现在可参与的项目增多，而且在于服务的质量和深度进一步提升。

（一）参与临时安置点的建设

在过渡安置阶段，临时住所的建设是一个首要问题。在台湾"9·21"地震中，慈济功德会为了让无家可归的灾民不致在寒冬将至之际仅仅以帐篷起身，于9月23日便开始采购板房建材，9月28日动工，至同年12月28日悉数完成。慈济大爱屋出于人性化考虑，兼顾环保理念，并用建构自己的家的心情来为灾民建造；每户 12 坪（约 39.6 平方米），配备厨房用具，另外还提供收音机、紧急照明灯、棉被、毛毯、矿泉水、泡面、毛巾、米粮等，让灾民一搬进慈济大爱屋就有一种归属感。大爱屋援建的种类包括住家、简易派出所、消防队、消防队临时办公室、简易图书馆、简易守望相助亭等。整个大爱屋涉及台中、南投、云林等 31 处，动员人力超过 5 万人次，完成 1776 户 21705 坪（约 71627 平方米）。除了中国台湾之外，日本和平国际志愿者组织、美国红十字会等非营利组织也分别在各国的灾难中为灾民提供临时安居的场所。

当然，与政府和军队相比，非营利组织在临时安居场所建设方面的力量相对弱小。但是，它们更加人性化的服务理念值得学习。它们在临时安居场所配备的物资和设备可以作为今后临时安置点建设标准化的参考。

（二）资源递送与生活保障

在过渡安置阶段，非营利组织继续从事资源递送和生活保障的服务。正如前文所言，无论是在日本阪神大地震、中国台湾"9·21"地震还是在美国卡特里娜飓风中，都可以看到非营利组织为灾区群众提供食物、衣物、热水、临时住所、紧急救助金的身影。

（三）心理抚慰

劫后余生的灾民，直面失去亲人、财产、家庭的伤痛，极可能产生创伤后压力心理障碍症（PTSD），于是受灾群众的灾后心理康复就成了一个十分重要的课题。和紧急救援阶段的紧急安抚不同，过渡安置和灾后重建阶段的心理援助更加注重长效性，因为有研究表明，灾民的心理创伤真正开始表达出来的时候是在过渡安置或灾后重建时期。对此，台湾慈济在"9·21"地震中提出了安心计划，由浅入深地陪伴、辅导灾民及校园师生进行心灵重建。

（四）特殊群体照护

特殊群体照护是非营利组织在灾害救援中的特色之一。因为非营利组织通常是以儿童、妇女、老人、残疾人、少数族裔等弱势群体作为自己的服务对象，所以它们对特殊弱势群体更加关注，同时在如何进行照护方面也更具专业性。比如，在卡特里娜飓风救援中，美国儿童救助联盟的第一个目标就是帮助学校重新运作起来。在路易斯安那、阿拉斯加、密西西比，它们帮助修理并开放学校、学前儿童学习中心、避难所和安全游戏区域；提供教科书、学校用品，让老师们可以复课；为那些父母还在漫长地等待获得住处的孩子们提供教育和娱乐活动；此外，儿童救助联盟还专门为那些低于 5 岁的儿童开展教育项目，并为他们在避难所创造安全的娱乐和学习的空间。

在日本阪神大地震中，和平国际志愿者组织也着重对位于神户的一处廉租房开展了入户调查。这是一个在日的韩国人、朝鲜族人聚居且文盲较多的社区。和平国际向居民们提供各种信息，通过组织午餐会、茶话会等活动，积极推动当地居民的相互交流，并在此基础上成功孵化了一个名为"向日葵"的本地社区非营利组织，开办识字教室等文化教育活动①。

近年来，中国的社会组织也越来越关注特殊群体的需求，这使其更加专业化。比如，云南鲁甸地震发生后，中国妇女发展基金会在重灾区集中安置点搭建了 5 所以妇女儿童为服务重点的"守护童年·儿童安全驿站"，降低震后凌乱期及废墟对孩子的潜在安全风险，给特殊时期的妇女儿童以持续陪伴，帮助孩子及妇女群众疏导心理问题，鼓励妇女群众安心地积极投入到灾后重建中。

（五）救灾信息搜集、汇总与发布

在过渡安置阶段，虽然生死救援的时期已经过去，但是由于日常的行政、市场和社会服务都遭到较大破坏，而灾民又被集中安置在一个特殊的环境中，于是诸多事关生活、安全等方面的问题都会浮现出来。此时，及时而准确的信息搜集、汇总与发布是相当重要的。在此方面，一些非营利组织利用自身的优势，做出了令人印象深刻的贡献。

在日本阪神大地震中，社会福利法人大阪志愿者协会组织了灾区机动性最强的摩托队，每天穿梭在大街小巷，搜集各种信息，然后集中汇集到

---

① 胡媛媛、李旭、符抒：《日本灾后心理援助的经验与启示》，《电子科技大学学报》（社科版）2012 年第 5 期。

联合会总部，彻夜进行整理。第二天一早，各地的需求信息（如什么地方需要什么样的志愿者）便会贴满墙壁。赶来的志愿者只要把自己的名字和参加类似活动的次数写在便条上，并贴到看中的单子上即可。单子上要求的人数满员后，联合会工作人员就召集报了名的志愿者开一个简单的会议。参加活动次数多的志愿者做骨干，被派往现场。除了摩托车队，联合会还组织了"步行队"，专门去边捡垃圾边与受灾居民交谈，并帮助老年人等需要帮助的人做所有需要做的杂务。

和平之船志愿组织也在阪神大地震救援中发挥了很大的作用。它们除了运输大量救灾物资以外，还准备了简易印刷机和发电机，每天向受灾地区派发报纸，传递救援信息，同时让派发员在卡片上记录下灾民的需求并汇集到编辑部，然后转交给由诸多非营利组织组成的联席会议。非营利组织联席会议根据灾民的需求安排第二天的工作重点，而无法承担的工作则转交给当地的政府部门。

（六）有效且有序地管理志愿者

在自然灾害尤其是大型自然灾害发生时，志愿者/志愿者组织会大量涌入，给管理协调带来很大压力。一项关于日本阪神地震的研究将志愿者分为直接活动型、团体所属型、行政登记型以及协调型四类，并根据实践将志愿者/志愿者组织的运作分为行政登记志愿者中心型、行政登记志愿者与团体志愿者并存型以及团体志愿者中心型三类。研究表明，第一种类型最简单也不会出现混乱。但是，当志愿者不充足时，就需要借助大型志愿者团体的动员，就会形成第二种类型。但这样一来，合作和协调就变得非常困难①。总之，三种系统都能在很大程度上将不依赖任何组织而进入灾区的志愿者进行有效吸纳和组合，从而保证志愿服务的有序进行。

在日本，自然学校的经验是值得参考的。即便是在志愿者供远大于求的情况下，它们也从不拒绝志愿者的热情。它们不仅尊重、照顾了志愿者们参与救灾的愿望，而且将其在灾区的经历——哪怕只是参加会议——转化为灾害教育的最佳机会。在美国，许多非营利组织在卡特里娜飓风救援

---

① 北京日本学研究中心、神户大学编《日本阪神大地震研究》，宋金文、邵建国监译，北京大学出版社，2009，第60～65页。

中建立了志愿者营地，"希望营"就是其中之一。2006年1月，一家非营利组织将路易斯安那州的一所小学改造成类似青年旅社的简易住所，向来自全美各地乃至全世界的救灾志愿者开放。不过"希望营"并不是免费的，志愿者不仅需要自带卧具，还要缴纳每天25美元的住宿费。除此以外，志愿者还需要参加至少一周的营地维护工作。而在"希望营"预定之前，志愿者需要向非营利组织登记注册。

二　社会组织的典型项目类型

围绕灾区在过渡安置阶段的需求，救灾工作进一步推进。此时，政府依然是统筹者和主导者，但非营利组织参与的深度与广度，与紧急救援阶段相比均有提高。

在硬件建设方面，非营利组织可以吸收社会上的相关定向捐赠，组织小部分的基础设施建设，作为政府力量的有效补充。在物资调配方面，非营利组织可以利用其广泛的社会影响和多元的吸纳渠道等天然优势，从全国各地接收各种捐赠物资。与政府大规模的统一采购和调配相比，非营利组织虽然在效率方面有所不足，却拥有政府所欠缺的灵活性与针对性。

在软件建设方面，非营利组织的优势也更加凸显出来，其项目类型开始于心理辅导、特殊群体照护、救灾信息（尤其涉及容易被忽视的特定地域和群体）的搜集、汇总和发布以及有序管理志愿者等方面（见图2-3）。

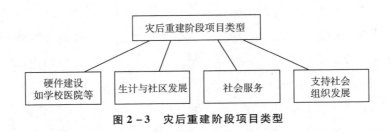

图2-3　灾后重建阶段项目类型

第四节　灾后重建阶段的社会组织参与

随着受灾地区的基本生活秩序逐渐恢复，救灾工作进入了灾后重建期。这个阶段，许多社会问题都凸显了出来：灾区群众的永久性住房问题、生计发展问题、社区建设问题、受伤者和死难者家属的心理恢复问题、残疾人的康复治疗问题、老年人的护理问题以及赈灾善款使用的公信力问题等。虽然社会组织也参与一些硬件设施（如学校、医院）的修建，但其真正能够发挥特长的地方还在于软件项目或者"软硬结合"项目的开展。比如，台湾"9·21"地震后由新故乡文教基金会帮扶的"桃米社区"的重建就是其中的典范。

此外，由于此类项目对系统性、可持续性等方面的考虑，大型自然灾害的重建周期通常会超过五年，有的甚至长达十多年。比如，日本阪神地震和台湾"9·21"地震的重建时间都约为 10 年。

一　社会组织的参与

（一）捐建学校、医院或其他硬件设施

虽然硬件建设多属政府的责任，但是基于资助方的要求或其他特殊的原因（比如政府无力承担），社会组织也参与部分硬件设施的捐助，比如学校、医院、福利院等。

在台湾"9·21"地震中，慈济功德会就参与了许多学校的硬件重建，修建了大爱教室、办公室、餐厅、宿舍等。在整个重建中，慈济功德会一共援建了 51 所学校，其中，40 所由慈济功德会自己捐建，11 所由"教育部"委托兴建，总计惠及 1577 个班、50621 名学生。各校景观工程也是由慈济功德会带队动员社区志愿者共同打造。1999 年 10 月至 2000 年 2 月，慈济功德会还补助受灾地区校园学童营养午餐经费，总计补助 24 所中、小学，2267 名学生。除了学校硬件的投入，慈济功德会在医疗卫生的硬件捐赠上也做出了许多贡献。

（二）监督善款流向和使用

救灾善款的流向和使用是全社会都很关注的话题。为了保证资金（尤其是社会捐赠资金）使用的公开、透明和效率，在台湾"9·21"地震后，在冯燕（台大社工系主任）等人的呼吁下，台湾"全国民间灾后重建监督协调联盟"（简称"全盟"）应运而生，台湾"中央研究院"院长李远哲为召集人。"全盟"两大部门之一负责捐款监督。他们一方面提醒捐助人不要把钱留下就走，一定要索取收据；另一方面要求接受捐款的单位公开

账目，如果受款者没有网站，可以在"全盟"的网站上张贴。"全盟"也会派人定期访视，监督受款者查账。一些会计师志愿者也会帮助查账。一旦发现问题，就送交主管部门处理。"全盟"出版了《"9·21"赈灾捐款报告书》，详细分析了约375亿元社会捐款的流向。

在阪神大地震中也有类似的情形发生。地震以后，日本非营利组织联合成立了名为日本平台（Japan Platform，JPF）的组织联合体，它的使命除了社会资源的动员、促进非营利组织与政府以及非营利组织之间的合作以外，就是监督善款的使用情况。

（三）生计与社区发展

无论是日本阪神地震还是台湾"9·21"地震，震后的社区重建都应用了"社区营造"的概念和做法，取得了积极的成效，成为这两个地区将灾害应对与社区发展相结合的宝贵经验。当然，在此过程中，非营利组织发挥了重要的作用。

社区营造是指在社区范围内，以社区成员为主体的，自律、持续地改善人居环境的运动，通常是以改善当地居民的安全安心、福利健康、景观魅力为目标。阪神地震以后，日本发现从前行政主导的城市发展存在很大的问题，应当进入小规模、分散型、自律型、多层次互动的成熟期，于是社区营造便成了重要的街区发展思路。针对传统的模式，人们发现存在三大问题，而社区营造刚好可以对此做出回应：①庞然大物很脆弱。高架快速道路、城市供电、天然气、供水网络，都是在居民不了解的情形下进行设计的城市运营系统。这些大型设施及其对应的官僚机构，一部分受到重创后，便可能引起整个城市的瘫痪。因此，大规模集中式的城市社会应当向小规模、分散型、互联网式的方向发展。②没有准备就无法战胜。平时缺乏训练，在非常时期就容易陷入失灵。而社区营造运动的开展，刚好可以提升居民应对紧急事件的能力，因此它的重要性也就体现了出来。③自己能做的事情自己做。自救是灾后复兴的原点，社区营造有利于人们自救与救他，因为社区营造尤其强调"自律"与"联合"。①

---

① 邓奕：《灾后区域复兴的一种途径："社区营造"——访规划师小林郁雄》，《国际城市规划》2008年第4期。

在台湾"9·21"地震的灾后重建中，台湾延续了日本社区营造所取得的经验。邵珮君以台湾南投鱼池乡涩水社区、埔里镇桃米社区、中寮乡龙安社区的灾后重建为案例进行分析，发现社区营造的理念和技术可以在社区灾后重建中发挥重要的作用，且非营利组织的参与是必不可少的。在灾后重建的初期，小区资源整合能力有限，需要政府和外来专业团体（包括成熟的非营利组织）进行支持；而在灾后重建中期，必须跳出政府资源必然持续投入的观念，让以居民为主导的社区非营利组织承接重建工作，并重新认识当地的资源及特色；在专业团队的辅助下，以学习型组织为模式，居民参与式学习，求取视野的拓展和技能的开创①。

国际美慈是一家国际救援和发展组织，从事了大量自然灾害的救援和重建工作。它认为，"市场驱动"与现行的市场经济规律结合在一起，对于灾后重建项目绩效的提升会起到非常重要的作用。比如，在台风纳吉斯（Nargis）以后，缅甸村民赖以耕种的水牛和农具大都被风暴冲走，牲畜和犁具的缺乏成为制约社区恢复的一个重要因素。在社区重建的过程中，国际美慈并没有简单地将资金用于分发水牛和犁具，而是致力于构建和恢复当地的牲畜和劳动工具交易的市场。国际美慈认为，这样的干预才是持续和高效的，而结果表明的确如此：当地的水牛和犁具数量迅速恢复，畜力和工具不足的困境也较快地得到了缓解②。

这样的模式在其他国家和地区也取得了成功。在危地马拉和印度，国际美慈与主要的茶叶企业合作，帮助农户进行多样化生产，并刺激有机作物生产。在科索沃和塞尔维亚，国际美慈与私立部门的伙伴合作创造了60000多个工作机会，并给低收入家庭增加了1680万美元的收入，最终投入回报率高达200%，国际美慈目前正在吉尔吉斯斯坦复制该模式③。除此之外，国际美慈还在蒙古国、阿塞拜疆、阿富汗等国家推广这种项目模式，并取得了显著的成效④。

除了国际机构，中国社会组织在汶川地震中也开展了少量但很珍贵的

---

① 邵珮君：《台湾集集地震灾后农村小区重建之比较研究——涩水、桃米及龙安小区》，《国际城市规划》2008年第4期。

② 邓国胜等：《中国民间组织国际化的战略与路径》，社会科学文献出版社，2013。

③ 美慈中国官方网站，http://meici.org.cn/modules/article/view.article.php/76。

④ 同上一注释。

生计发展项目。根据民政部的统计，从 2008 年 5 月 14 日至 11 月底，全国抗震救灾捐赠款物共计 751.97 亿元。在灾后重建中，这些资金多数用于硬件建设、物资购买和现金救助等方面，涉及软件建设、社区发展的项目比重并不高。尽管如此，我们仍然看到了一些带有前瞻性的创新做法，其中最为典型的当属中国红十字基金会（以下称中国红基会）、南都公益基金会分别实施的专门针对救灾社会组织的项目。中国红基会拿出了 2000 万元资金，通过招投标的方式，资助社会组织在灾区开展公益项目，其中多数属于生计与社区发展、社会服务的范畴；南都公益基金会则拿出 1000 万元，专门用于救灾社会组织的行政开支或项目经费。此外，一些来自港澳台或国外的非营利组织（如台湾慈济、香港乐施会、世界宣明会等）也扎根社区，开展长期的社会服务和社区发展项目。这些项目的开展，不仅取得了可喜的成果（也有少数项目未能完成），也为中国非营利组织如何参与灾后重建积累了宝贵的经验，同时还锻炼了一批救灾组织，继而成为后来灾害救援的主力。

（四）社区参与和能力建设

社区参与是提升社区成员自治意识和管理能力的重要方式，也是诸多非营利组织开展社区灾后重建项目的核心理念和手法。该理念背后关注的是社区成员参与、知情和决策的权利。通过提升社区成员这些能力，进而能够促进他们参与推动公共事务的透明度和公平性。一般来讲，社区参与和能力建设类项目并非单独立项，而是贯穿在其他社区项目当中，比如基建、生计发展等。那么什么样的社区项目带有社区参与和能力提升的目的呢？一般可以考察项目管理的制度是否具备以下几个方面的机制：

- 民主立项：项目的内容是通过社区参与项目评估和项目设计来确定的，社区居民可以通过社区小组会议、社区代表会议、社区居民大会的投票排序确定项目内容、投工投劳和配套资金充分参与讨论，发表意见；
- 自我管理：项目社区需要成立项目管理小组，由社区成员选出来的居民代表组成。小基建项目要有 4~5 个居民小组来管理，包括施工、物资采购、物资保管、监督和资金管理；
- 自主实施：社区成员参与投工投劳，或者配套资金，公平分工，以公示方法报告进度。

将社区参与和能力建设的理念植入社区项目中，十分有利于动员社区成员的主动性、积极性，培养他们的责任心和管理能力，也更加有利于项目实施的效率和可持续性，其效果可以具体概括为以下几个方面：

● 增强了社区成员对项目的拥有感，调动了他们贡献相关知识和想法的积极性和主动性；

● 促进了社区中户与户之间的交流与合作，增强了社区居民对公共事务的理解，从以前被动、领导说了算转变为主动积极地参与社区公共事务，提高了社区的凝聚力；

● 在建立社区成员充分参与、自行管理和执行重建项目的工作机制基础上，提升了他们管理项目的能力，培养了一批实施基层社区项目的管理人员（项目管理小组人员），为未来开展政府或者其他渠道的资金项目奠定了制度基础和人力基础；

● 社区居民的投工和监督保证了工程的质量，更有效地防止了材料的损失，也间接地节省了项目成本，提升了项目的可持续发展。

案例：香港乐施会汶川地震灾后援建项目：全乡质量最好的路！

白朝乡马家村地处广元市利州区西部，紧靠地震极重灾区青川县，"5·12"汶川特大地震给该村造成的损失巨大，尤其是地震损毁了村公路2公里、组公路4公里、入户路3公里，使全村450余人行路难。

根据香港乐施会小基建项目建设要求，村民采取参与式的方法，自主决策采取包工不包料形式建设通组硬化路的项目。村民还通过民主选举选出采购人员，并一致决定由采购小组负责全部材料的购买。路基平整、护坡、挡土墙等由村民投工投劳建设，路面硬化工程和边沟、路肩工程承包给正规施工队伍建设。

在实施过程中，物资采购组严格按照时间和进度采购水泥、沙、石等建筑材料，保证供应，实实在在地购买预算中的标号水泥（标号 C20 - C25），也是最好的水泥。监督小组严格执行把关，一方面确保建材质量、价格、数量，资金的有效使用，另一方面还确保外聘的压路机将水泥路基压实，保证质量。村民投工投劳也不含糊，投工根据人头多少，或人均投工数量投工；如果无人参与，每工每天出钱80元。最终，这个项目平均4口之家共投工30~32个。在道路建成后，村委会建立了维护机制，政府每两年的补助资金用于路面维护和饮水设施等公共设施的改善。

由于村民充分参与了讨论，这条路在三个月内建成。由于村民参与管理，打路的质量很好，这条路成为目前全乡质量最好的一条路。由于村民受益，也参与了后续的管理和养护，这条路还如刚建成时一样。

（五）动员本土志愿者、开展灾害应对工作

随着时间的流逝，灾后如潮水般的志愿力量也逐渐退去，许多志愿团体也纷纷离开灾区，回到自己的本部。此时，如何动员和管理灾区本土的志愿者参与重建便成为诸多留守灾区的社会组织工作的一个重点。此外，由于地质结构、地理区位、气候环境以及政治、社会和经济条件等方面的特殊性，灾害的发生往往也具有一定的必然性。因此，有针对性地开展灾害预防以减轻或避免灾区在新的灾害中受损，也是灾后重建阶段的一个重点。在日本阪神地震的灾后重建中，许多非营利组织都通过让本地居民以志愿者的身份参与重建，一方面培养锻炼其公民素质、领导力，另一方面也提升其应对灾害的意识和能力。比如，日本自然学校在灾后的多个社区动员和吸纳志愿者，开展减灾防灾技能的宣传，在提升居民自救与救他能力上发挥了积极的作用。台湾"9·21"地震以后，许多非营利组织深入基层，开展社区营造活动，本土志愿者是这些项目顺利开展不可或缺的力量。而借助于灾后重建中志愿者的动员和管理，一大批扎根社区、具有公益热情又不缺专业技能的志愿者被培养了起来，于是又催生了一大批能力较强的社区非营利组织。

（六）心理辅导项目开展

灾后心理康复是一个长期的过程，许多研究表明，灾民心灵创伤的明显显现往往发生在灾后重建的初期。面对这样的问题，台湾慈济功德会在"9·21"地震以后采取了一系列的举措来帮助灾民渡过难关。比如，慈济功德会在14个灾区举办了14场"用爱心重建家园"的祈福晚会，会上由同为受灾户的慈济人现身说法，鼓励灾民勇敢地重建家园；地震后第一个年关，慈济在七处慈济大爱村举办岁末祝福，安定、安抚灾民的心；地震三周年，慈济于南投县草屯旭光高中举办祈福晚会，追思过去、展望未来，进行持续陪伴与祝福。除了晚会等集体活动之外，慈济功德会的志愿

者还深入到丧亲或受伤的家庭中进行陪伴和疏导。灾后重建中，近 10 万名
志愿者参加了心理辅导的工作。在日本阪神地震的灾后重建中，许多非营
利组织连同心理社工等专业人士，也在灾民的精神辅导和心理重建中发挥
了积极的作用①。

（七）灾后重建政策倡导

灾后重建需要一系列的政策方针作为指导，社会组织的参与对政策制
定的科学性、系统性和可行性保证起到建设性的作用。在 "9·21" 地震
以后，台湾数十家非营利组织，连同专业会计、律师、学者等人士共同组
建了台湾 "全盟"。全盟参与了《"9·21" 灾后重建暂行条例》的拟定工
作，其中最显著的成就之一就是将 "生活重建" 的观念植入重建条例，使
灾民的整体生活照顾，得以受到全面的制度性的支持，而非仅有心理扶助
部分，或者一个住所。

除了全盟，台湾的其他组织在灾后重建的政策倡导方面也发挥了积极
的作用。比如，社工赈灾行动联盟的社工在灾后家庭访视期间，发现由震
灾导致的失依儿童少年，除了存在辅导跟安置问题外，还存在包括抚恤
金、补助费，甚至由父母生前债务或遗产所引发的问题。为了确保他们的
权益，社工除了开公听会提出呼吁，促成重建条例对孤儿财产进行处置，
采取强制信托的规定外，并促使行政单位向财团法人 "9·21" 赈灾重建
基金会争取补助失依儿童并设立财产信托配合款，每一个案由该会补助新
台币五十万元并入信托基金以资鼓励②。

（八）非营利组织的网络化建设

通过有序的网络化建设，非营利组织可以在资源整合、政策倡导、与
政府合作等方面发挥更大的作用。面对灾后重建这个系统且持续的浩大工
程，非营利组织通常都会结成联合体。

第一，建立救灾联盟以协调整体行动。例如，1970 年 7 月 15 日成立

---

① 胡媛媛、李旭、符抒：《日本灾后心理援助的经验与启示》，《电子科技大学学报》（社科
版）2012 年第 5 期。

② 冯燕：《台湾 921 灾后重建中的社会工作》，http://www.douban.com/group/topic/
3192116/。

了全美志愿组织灾难行动联盟（National Voluntary Organizations Active in Disaster，简称 NVOAD）。出于当时诸多非营利组织缺乏整体协调的现状，影响较大的美国红十字会、救世军等七大非营利组织发起成立了该联盟，其使命为 4C，即合作（cooperation）、交流（communication）、协调（coordination）与协作（collaboration）①。此外，美国还有全国紧急回应小组（National Emergency Response Team）、全国紧急管理协会（National Emergency Management Association）等联合性组织，分别有着不同的功能与角色定位②。也有研究者从日本的案例出发，认为如果非营利组织之间没有事先确立协调机制，其作用就很难发挥③。比如，阪神地震以后，非营利组织联合平台发挥着长期的作用。随着灾后重建的进行，在灾区开展各类公益活动的非营利组织和志愿团体开始出现资金不足、人力不足的情形。日本和平国际志愿者发动在棚户区开展救助的 30 多家非营利组织组成了阪神地震棚户区志愿联络会，通过互相帮助的方式开展了多项针对棚户区儿童支援的合作项目。

第二，监督善款。例如，台湾"9·21"地震后，成立了台湾"全盟"，其职能之一就是负责捐款监督。它们一方面提醒捐助人不要把钱留下就走，一定要索取收据；另一方面要求接受捐款的单位公开账目，如果受款者没有网站，可以在联盟网站上张贴。同时，它们也会派人定期访视，监督受款者查账，一旦发现问题，就送交"内政部"处理。该联盟最终出版了《"9·21"赈灾捐款报告书》，详细分析了约 375 亿元社会捐款的流向。

第三，联合倡导。例如，台湾"全盟"参与了《"9·21"灾后重建暂行条例》的拟定；阪神地震后非营利组织对日本非营利组织立法的推动；等等。

（九）推动灾区与全国的联系

随着灾害发生时间点的逝去，社会——尤其是媒体，对灾区重建的关注程度也逐渐降低，而事实上，由于重建的系统性和长期性，灾区需要来自社会的持续关注和资源支持。对此，日本的一些非营利组织做出了一些

---

① 刘选国：《从美国经验看救灾》，《公益时报》2013 年 10 月 29 日。
② 详细介绍可参见丘昌泰《灾难管理学：地震篇》，元照出版公司，2000，第 101～107 页。
③ Federica Ranghieri and Mikio Ishiwatari ed.，*Learning from Megadisasters：Lessons from the Great East Japan Earthquake*，The World Bank，2014，第 14 章。

有益的尝试。阪神地震以后，日本和平国际志愿者利用其遍及日本全国的网络，建立起了灾区内外信息沟通、情报互动、资源共享的新的网络平台，通过这个平台向全国各地发布灾区重建的信息，提出和探索各种可能的合作形式，并成功地缔结了不少合作项目。

（十）减灾防灾及其经验的总结与传播

经历了灾难，人们不仅需要在废墟中重建，也需要建立减防灾工作机制，开展减防灾的经常性演练，只有将经验教训传播给更多的人，才能够切实提升人们减灾防灾的能力。联合国国际减灾战略署曾在《2012 年亚洲灾害数据》中指出，1 美元的灾害预防投资，至少能在今后节省 4 美元的救灾和恢复重建费用。因此，更好的灾害风险管理，例如增加早期预警系统的投入、加强防灾和社会保险措施，有利于减少生命损失。减防灾同样是救灾工作中很重要的组成部分。阪神地震以后，日本非营利组织十分重视救灾经验的总结与传播。比如，日本自然学校投入大量的精力在众多社区中开展减防灾知识和技能的训练。此外，为了最大限度地将地震应对经验应用于今后的灾难中，日本亚洲医师联络协会不仅联络国内非营利组织和地方政府，总结推广救灾的经验和教训，而且还积极地参加国际交流，帮助国外培养灾害援助人才，同时派遣具有专业技能的讲师[1]。台湾的情况也是如此。在菲律宾，伊曼纽尔·M.卢娜则对菲律宾非营利组织实施灾难救助的方法进行了介绍，其方法主要包括基础设施环节策略，以社区为基础的灾害管理、能力建设、倡导以及影响灾害预防与减灾法[2]。此外，还有研究者对非营利组织在紧急救援时期的倡导[3]以及各种主张的制定、影响进行分析[4]。也有人集中讨论了非营利组织参与灾害紧急救援的不足。

---

[1] 叶琳：《全国日本经济学会 2011 年年会暨灾后重建与经济社会发展研讨会综述》，《日本学刊》2011 年第 03 期。

[2] Emmanuel M. Luna，"Disaster Mitigation and Preparedness：The Case of NGOs in the Philippines，" *Disasters*，2001，25（3），pp. 220 - 223.

[3] Sarah Lister，"'Scaling - up' in Emergencies：British NGOs after Hurricane Mitch，" *Disasters*，2001，25（1），pp. 36 - 47.

[4] Alan Whaites，"NGOs，Disasters，and Advocary：Caught between the Prophet and the Shepherd Boy，" *Development in Practice*，Vol. 10，No. 3/4，10th Anniversary Issue.（Aug.，2000），pp. 506 - 516.

例如，John Twigg 和 Diane Stenner 就指出，非营利组织在灾害救援中存在语言方面的局限性、组织结构不尽合理以及在紧急情况下组织高层下达命令时并没有充分了解情况等[1][2]。除了境外减防灾的案例外，几次大型灾害后，中国社会组织也逐渐重视常态化的减防灾工作，尤其是在自然灾害频发的地区。比如，深圳壹基金在雅安地震后实施了"抗震减灾示范学校援建项目"，除了建设高质量的硬件设施外，还将灾害应急机制和日常演练纳入学校的管理当中。在深圳壹基金的项目中，学校不再是一个一遇到灾害就化为废墟的地方，而是人们首选的避难场所。

二 社会组织的典型项目类型

在灾后重建阶段，灾区需求的特征从急迫性逐渐转向根本性，因为灾后重建的系统性、前瞻性、专业性将对灾区人民生计发展、社区重建等产生重要而深远的影响。因此，该阶段的项目更具综合性，要求硬件和软件建设同时进行且高度契合。对于社会组织而言，它们也参与一些硬件建设，比如学校、医院等基础设施的捐建，但更重要的是生计与社区发展、社会服务等工作。

根据上文所述，综合国际救灾的经验，社会组织在灾后重建中，除了硬件建设之外，更为核心的业务包括以下三个方面：（1）生计与社区发展，这是灾后重建中的重中之重；（2）社会服务，比如灾后心理辅导、社会工作服务等等；（3）社会组织的发展，包括社会组织在项目运作中的进步、社会组织之间的联合、志愿者管理以及外界（如政府）对社会组织发展的支持等等（见图 2-4）。

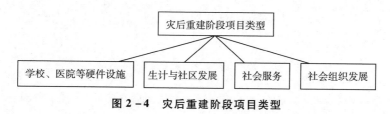

图 2-4 灾后重建阶段项目类型

---

① John Twigg & Diane Stenner, "Mainstreaming Disaster Mitigation: Challenges to Organizational Learning in NGOs", *Development in Practice*, Vol. 12, No. 3/4（Aug., 2002）, pp. 473 - 479.
② 北京大学教育财科所：《台湾"9·21"灾后重建经验分享研讨会在京举行》，《北京大学教育评论》2008 年第 3 期。

第五节　"三阶段八类型"的救灾项目格局

本节中，我们首先根据救灾三阶段的社会需求，将社会组织的救灾项目总结成八种类型。然后，再根据中国在雅安地震救援中的经验予以实证支撑。

一　救灾三阶段的八类型项目

在救灾的不同阶段中，由于受灾地区需求有差异，所以社会组织的响应方式便有所不同，它们的项目类型亦随着救灾进程的发展而不断更新。

根据上文的分析可知，从紧急救援阶段、过渡安置阶段到灾后重建阶段，硬件救助项目的重要程度在逐渐减弱，而软件项目的分量却逐渐增加，在灾后重建阶段更是体现得淋漓尽致。在传统的救灾模式中，硬件建设（如房屋、道路等）完成也就预示着灾后重建的结束，很少有人去关注社区重建与生计发展，也鲜有针对性的社会服务的出现。但是，根据国际经验以及我国最近几年的救灾实践，如果没有社区重建与生计发展项目，受灾地区容易陷入表面光鲜、背后冷清与萧条的状况，而无法实现可持续发展。因此，从灾后三阶段的需求特征出发，我们可以将救灾项目划分为图 2-5 所示的八种类型。

图 2-5　救灾三阶段八类型项目的分布格局

不过，值得注意的是，这"三阶段八类型"灾区需求与救灾项目类型，并不是按照灾害类型进行的划分，而是根据受灾的程度。即便同样的灾害类型（如地震或海啸），如果影响的程度不大，那么可能只需要经历紧急救援和过渡安置阶段，并且项目类型也不必如大型自然灾害那么丰富。

二 雅安地震时的情形

雅安地震与汶川地震时隔五年，中间还有一些其他灾害事件，如舟曲泥石流、玉树地震等。经过几年时间的积累和历练，中国救灾领域的社会组织无论从能力、数量还是资源来讲，都有了一定的发展，其中最显著的变化就是社会组织的作用力在增长、社会组织的资源分配和项目类型开始由汶川地震中集中在硬件建设向软硬结合转变。

（一）汶川地震期间成立的组织在这里开始发挥作用

如前文所述，汶川地震激发了人们救灾的热情，也催生了一批社会组织。在外界的帮助下，它们当中的一些通过扎实的救灾实践逐渐成熟，并成为具有一定专业能力的机构。比如，蓝天救援队、成都心家园社会工作服务中心、绵阳"中国心"等。

蓝天救援队案例

蓝天救援队是由一批热心于社会公益事业的户外运动爱好者志愿发起，从事户外遇险救援的社会组织，原名绿野救援队。2008 年，汶川地震后，救援队与北京红十字会合作，共同发起成立了中国第一支由民间专业人士组成的紧急救援类社会组织——"北京蓝天志愿救援队"。

2008 年汶川抗震救援中，蓝天救援队的志愿者出色地发挥了组织和协调能力，协助灾区转运 5000 多万元的救灾物资、解决了 30 多万人的临时住宿问题、搜救孤村 10 余个、开辟空中紧急救援通道；协助政府在震后为灾民打开农产品"汶川樱桃"的销售渠道；在过冬前为灾区组织捐赠 11600 条棉被。

2010 年贵州抗旱救援中，蓝天救援队先后出动 4 批次专业探洞队员，历时半个多月，深入贵州省 4 个州 9 个县的旱区，勘察了 45 处洞穴，探明洞况 26 处，找到可饮用水源 11 处，为当地援建应急供水站 3 处，解决了 50000 人的饮水问题。

2010 年玉树地震中，蓝天救援队是第一支到达灾区的民间救援队伍，以其出色的专业搜救、医疗、机动、通信保障能力，为挽救生命搭建通道，成功搜救生还者 12 人、救治受灾群众 1165 人、转运骨折等伤员 25 人；配合国家救援队巡诊 9 天 90 车次；转运救灾物资 5000 万元，协助政府发放药品、搭建救灾帐篷；为灾区架设了第一个通信中继站，为救灾做好通信保障工作；为灾区学校募集物资等。

2013 年雅安地震时，蓝天救援队已经初具规模，在全国多个省市建立了地方蓝天救援队。地震之后，救援队一共派出了来自北京、福建、陕西、湖南、四川、黑龙江、辽宁、山东等 10 多支队伍奔赴灾区开展救援活动。各队在灾区救援队大本营的统一指挥下开展工作，分工细致周到，救援技术专业。

成都心家园社会工作服务中心的案例

成都心家园社会工作服务中心（以下简称"心家园"）成立于 2008 年 9 月，由四川灾区志愿者但小莉、张小红等组建。在此之前，他们参加复旦大学申荷永教授、四川大学尹立博士组建的"心灵花园"团队，在彭州小鱼洞镇九年制学校、绵阳北川中学、德阳东汽安置区等地开展心理援助工作。地震应急期过后，志愿者们感到单一的心理援助工作是远远不够的，应该从学校进入家庭、走入社区，开展更加全面的、更加丰富的社工服务。于是志愿者们组建了成都"心家园社工"，在彭州小鱼洞板房区、绵竹市汉旺板房区、德阳东汽板房区，开展广泛的社工服务、心理援助、培训教育、助学帮困等慈善工作，帮助灾区人民重建美好"心家园"。

雅安地震后，心家园立即行动起来，与腾讯公益基金会合作，在雅安大同村设立服务站并开展了一系列活动。经过前期近 6 个月的调研，心家园工作站通过连接外界资源、整合社区内部资源，在婴幼儿的启蒙教育、青少年成长、课业辅导、兴趣小组，以及特殊群体的精神支持、生活救助等方面开展了丰富多彩的活动，并与当地老年协会携手，联合开展助老关爱、物资发放等活动。同时，心家园还面向全体社区成员开展看电影、跳广场舞、防冻知识讲座以及发放物资等便民活动。

这些活动的开展，不仅让因地震致伤的人们得到了支持与鼓励，丰富了村民的文化生活，更让孩子们有了一个安全、温馨的活动和学习环境，让老年人得到了更多的社会关爱，同时也有效地推动了农村社区社会组织本土化、专业化和长期性的发展①。

---

① 中国慈善新闻网：《成都心家园携手雅安大同村共建新家园》，http：//ccn. people. com. cn/n/2013/1126/c366510 - 23656455. html。

（二）社会组织的资源在三个阶段分配的合理性逐渐增加

从已有的统计数据来看，在雅安地震救援中，社会组织的资源合理地分布于救灾三个阶段中，这是最大的特色。而从灾后重建的项目类型来看，虽然硬件建设仍然是占了绝大部分的比例，但是带有软件的项目也很显然开始得到重视，主要包括生计与社区发展项目和社会服务项目。由于社会服务项目也多是扎根在社区进行，因而我们完全可以得出这样的结论：从非纯硬件建设的项目来看，灾后重建就是社区发展。

1. 三阶段的资金分布

根据北京师范大学社会公益研究中心课题组的统计，截至 2013 年 12 月 31 日，受调查社会组织共计使用款物总额 6.59 亿元，其中，紧急救援阶段共计投入 10388 万元，约占全部已使用款物的 15.76%；过渡安置阶段使用款物 17670 万元，约占全部已使用款物的 26.87%；灾后重建阶段共计投入 37862 万元，约占全部已使用款物的 57.44%。在地震救灾三个阶段，救灾款物的使用大致呈 1∶2∶4 比例（见图 2-6、图 2-7）。

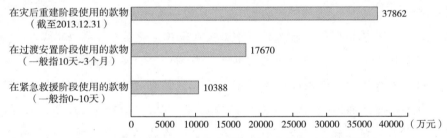

图 2-6　社会组织已使用款物在三阶段的分布数额①

2. 三阶段的项目分布

根据社会组织提供的项目情况（包括已经计划但尚未拨款的项目，例如硬件建设），我们对其资金具体的使用用途进行归类，从表 2-1 可以看出，大部分的资金流入到灾后重建的硬件建设部分，调查的社会组织一共认领了 213 个硬件重建项目。这部分的资金额度为 12 亿元，占已使用和计划资金的 66.54%。

---

① 对于少量（少于 3%）跨多阶段的以及上报材料信息不明的项目，我们将其资金量平均归入三个阶段。

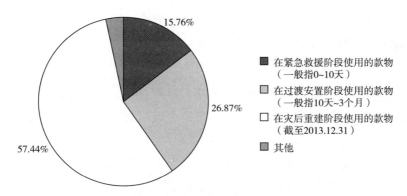

图 2 - 7 社会组织已使用款物在三阶段的分布比例

表 2 - 1 项目资金分布情况①

		项目数 （个）	数量比例 （%）	资金总额 （万元）	资金比例 （%）
紧急救援	硬件（生命救援、物资递送）	20	6.15	13254.22	7.32
	软件	5	1.54	468.09	0.26
过渡安置	硬件（临时安置、物资递送）	23	7.08	7988.34	4.41
	软件	13	4.00	4256.74	2.35
灾后重建	硬件设施建设	213	65.54	120521.40	66.54
	生计与社区发展	8	2.46	5837.51	3.22
	社会服务	30	9.23	28163.63	15.55
	支持社会组织	13	4.00	639.07	0.35
三个阶段合计		325	100.00	181129.00	100.00

注：该部分数据由各基金会上报的项目列表（含已计划但尚未开展的项目）统计而得，有些项目信息缺失，如紧急救援阶段项目。其中紧急救援和过渡安置中的硬件主要指款物递送、生命救援，软件主要指心理抚慰、儿童临时照料等社会服务类项目。

除了灾后重建时期的硬件设施建设之外，可以看出，在紧急救援和过渡安置时期的生命救援、物资递送等硬件援助也是资金的主要流入口。这两个阶段的硬件援助一共有 43 个项目，资金规模达 2.1 亿元。

灾后重建中的社会服务需求也逐渐被社会组织所认识到，一共有 30 个

① 存在极少数缺失值，主要根据社会组织提交的项目资金判断。

项目 2.82 亿元的资金进入到灾后重建社会服务之中。项目涉及儿童、老人、减灾防灾服务等多个方面。其中规模最大的项目是深圳壹基金投入的龙门山地震带灾害管理中心建设、防灾产品研发、减灾示范社区、减灾示范校园、灾后儿童服务等项目，属于社会服务类项目中最主要资金流入领域。除了深圳壹基金的投入之外，其余社会组织投入到社会服务类项目的金额在 0.72 亿元左右，投入量实际上并不大。

与灾后重建的社会服务类项目相比，生计和社区发展类项目在数量和资金规模上都小很多。这与这些社会组织本身的资金量以及专业特长有很大关系。评估中，该部分最大的项目是中国光彩事业基金会（以下称"光彩基金会"）的芦山县思延乡红心猕猴桃产业发展项目，投入规模达 4549 万元。光彩基金会全部捐赠资金都用于生计和社区发展，并调动四川省光彩事业促进会（以下简称"四川光彩会"）、当地政府、相关企业和当地农户的配套投入支持，从而将灾后重建与自身专业特长和资源优势相结合，设计出一套促进当地经济和社会发展的项目模式。除了光彩基金会之外，中国扶贫基金会也将较大额度的资金投入到生计和社区发展之中，与该组织自身的项目特长进行了结合。

同时在本次救灾中，生命救援类的资金较少，这与本次地震伤亡较少的现状相关。紧急救援和过渡安置时期的心理干预类项目也较少。与国际较为成熟的救灾体系相比，国内这部分的需求还处于尚未挖掘的阶段。同时，社会组织提供这部分服务的能力也有限。

三个阶段都有涉及信息平台、社会网络以及支持社会组织的内容，虽然这三部分的内容不多，但已经出现了专门支持这类组织的机构，如南都公益基金会。深圳壹基金、中国扶贫基金会等机构也支持将当地社会组织纳入到自身的核心救灾项目体系之中。

图 2-8 中的数据是三个阶段的具体项目数分布。从中可以看出，灾后重建占据了绝对的主体位置。

在实施这些项目中，更多的社会组织有了自己的灾后重建体系，以下几个方面就是最典型的呈现。

（三）生计发展得到重视

在雅安地震的灾后重建中，生计发展项目也得到重视。相比于汶川地

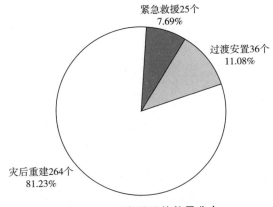

图 2 - 8　三类项目的数量分布

震，社会组织在此方面的投入大大增加，也取得了一些令人瞩目的成效，光彩基金会就是其中的代表。

　　光彩基金会是挂靠在统战部下面的公募基金会。芦山震后，光彩基金会立刻行动起来，委托四川光彩会第一时间在灾区进行实地考察，寻找灾区迫切需求和合适的重建项目。光彩基金会在震后共接收社会捐赠 4500 余万元，四川光彩会接收社会捐赠 5700 余万元，共计 1 亿 200 余万元。利用这笔资金，光彩基金会围绕自身扶贫济困的使命宗旨和日常运营项目的经验所长，在开展了缜密的实地调研和市场论证之后，结合创新灾后重建模式、关注全产业链发展的新视角，规划并实施了芦山县思延乡红心猕猴桃产业基地项目。

　　红心猕猴桃是芦山县的特产，营养价值高，市场潜力巨大。但由于没有集约化种植和管理，红心猕猴桃品种、质量不一，很难产生规模效益。光彩基金会得知政府在地震之前就曾经有过在当地建设"产业园"的规划，因没有完成招商引资而暂时搁置。经沟通，光彩基金会与当地政府达成意向，依托原来"产业园"的有关规划和配套政策，在芦山县思延乡进行产业基地建设。

　　该产业基地首先是一个生计发展项目。它最直接的目的是挖掘当地红心猕猴桃的市场潜力，推动农业产业发展，为当地灾民提供稳定的工作机会和经济来源。同时，为实现可持续发展和更广泛的社会效益，光彩基金会在项目设计中还搭载了生产模式探索、环保低碳建设、社区公益服务等一系列内容。围绕这些项目目标，光彩基金会进行了以下四个配套体系的规划。

（1）技术发展体系。引入先进的种植技术，建立技术研究和推广机制，从选种、育苗、防病虫害等多个方面进行全过程的技术控制，确保质量和产量。

（2）农业生产体系。关注并探索当地猕猴桃的农业生产模式，理顺农户、企业、政府和社会组织的合作关系，探索更高效的生产机制。

（3）低碳生态体系。在规划项目建设时，秉持低碳生态理念，进行相关设施建设，在提高产品质量的同时，保护当地环境不被破坏性开发。

（4）社区保健体系。针对当地大量的留守老人、妇女和儿童，进行社区发展和社区保健建设，解决他们所面对的身心健康问题。

为确保上述项目目标的实现，光彩基金会调动了多个不同主体参与其中，整合利用了各自的专业特长和资源优势，建立了顺畅的合作机制，形成了协作共赢的局面。

当地政府提供政策支持和产业园基础设施，并负责理顺土地关系，夯实基础；基金会和政府联合当地一家农产品生产的龙头企业，三方合资投入 2.3 亿元进行基地建设，既分担了风险、减轻了负担，又调动了三方参与的积极性；四川猕猴桃研究所派专人进驻基地，提供专业的技术支持；中国社会经济系统发展研究会环保低碳专家团队从环保和低碳角度出发，对厂房建设布局、废水循环利用等方面提出了规划建议，对在猕猴桃种植园内开展家禽养殖的综合化农业模式提出了构想，把生态保护、综合开发和质量控制统一起来；此外，该基金会还引入一家专业的社工组织，利用产业基地每年 20% 的利润分配在当地进行社区发展项目建设，提供各类社区服务，实现和谐发展。

在这套运作机制当中，六个参与主体不仅没有产生利益冲突，反而各司其职、缺一不可，共同为整个项目提供支持。也正是这样一套融合了多个部门特色和优势的巧妙机制，使得整个项目能够顺畅地运作起来，同时获得经济、社会、环境和文化多方面的可观收益。

（四）社会服务的支持体系产生出来

在灾害响应过程中，社会组织可以在社会服务的持续供给方面发挥积极的作用，但前提是社会组织能够得到充足而持续的支持，比如项目经费。在雅安地震的灾后救援中，社会服务的支持体系产生了。一些大型基金会开始支持一线社会组织开展各种类型的社会服务，对参与灾害救援的中国社会组织完整生态链的形成而言，这是十分重要的进步。

北京师范大学社会公益研究中心课题组调查了社会组织资助其他社会组织开展项目的情况。在受调查的社会组织中，有9家机构有资助其他组织开展活动的行为。这9家机构共拿出了2945万元用于社会组织开展活动，约占目前已使用捐赠款物总额的4.47%（见图2-9）。

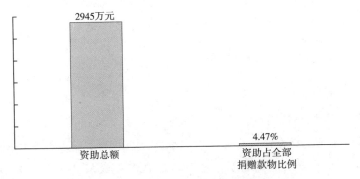

图2-9　社会组织资助其他社会组织情况

其中深圳壹基金公益基金会支持社会组织的数额最大，共计742万元，之后依次是中国残疾人福利基金会（资助652万元）与中国扶贫基金会（资助486万元）。值得注意的是，南都公益基金会资助300万元用于支持非营利组织，其中接受的74万元外部捐赠款物也全部用于资助其他非营利组织开展活动，这比汶川地震时有了很大进步。

中国扶贫基金会的社会组织支持项目的案例

在芦山救灾中，基于过去5年的经验探索，中国扶贫基金会的资助模式进一步发展成熟，形成"美丽乡村、公益同行——NGO合作社区发展计划"项目，计划在三年之内共投入2000万元，通过NGO合作的方式，从社区项目支持、社区能力陪伴、社区人才培养三个层面系统性地介入和推动社区发展，推动社区产生积极的、可持续的改变。2013年，中国扶贫基金会共投入448万元扶持NGO在灾区提供各类社会服务，包括秦巴乡村发展研究中心〔芳草计划（一）——仁义乡溪口村草食家畜养殖生计支持项目〕、天津市鹤童老人护理职业培训学校（社区初级养老护理员免费培训班）等一批国内在生计发展和社区服务领域有着较高专业性的NGO获得了支持。

　　基金会将自身的战略转型、支持社会组织发育和灾后重建有机地结合到一块，使得基金会成为一个资源和需求的对接平台，当这一模式逐渐成熟之后，不仅仅培育了一线的NGO，还使得社会资金能够更好地被吸纳和使用，最终，能够实现有效地将社会资金引入灾后重建之中，发挥关键性作用，促进灾区的生计恢复和社区发展。

　　这些举措使得基金会将救灾与基金会自身提供生计发展和资助NGO提供社会服务的本身战略有效地结合起来，不会存在救助资金的"堰塞湖"难题，而是将救灾有效地融入基金会的战略发展和使命之中。

深圳壹基金的灾后社会服务体系的案例

　　壹基金在芦山地震中接受了大量的公众小额捐赠，捐赠人次达到600万，金额一共为384515019.69元。在紧急救援阶段，壹基金组织和协调其救援联盟队伍的28支救援队并联合救灾平台的57家社会组织共同开展工作。在过渡安置阶段，壹基金一方面通过自身一线项目团队开展项目，另一方面还资助45家社会组织共同合作开展壹乐园项目。在灾后重建阶段，壹基金的主要项目是由一线专业团队开展，同时也有部分资助其他社会组织开展项目的情况。

　　在过渡安置和灾后重建阶段，壹基金开始建构以儿童为中心的灾区社会服务体系。在过渡安置期间，壹基金携手公益伙伴，在23个乡镇建立了50个壹乐园儿童服务站，为5548名儿童开展了累计1027次以安全、减灾教育以及儿童保护为主题的活动，718次极具特色的儿童活动；为雅安市6县2区61所学校安装70台净水设备，让24803名孩子喝上了干净的水，同时开展水与卫生健康宣传教育活动，使学生掌握饮水安全知识，培养卫生健康习惯；为96所寄宿学校配置了459台洗衣机和配备洗涤用品，使12204个孩子穿上了干净的衣服；在18所寄宿学校、5所医院、3个集中安置点和33所乡镇卫生院修建太阳能公共浴室，每天可提供热水150立方米，供6000人洗澡；在雅安灾区发放温暖包18557个，这些温暖包被送到了96所学校的6~14周岁儿童手中，以保障灾区儿童在灾后的第一个冬天温暖过冬。

　　在灾后重建阶段，壹基金结合自身的战略定位和专业特长，将防灾减灾作为灾后重建的中心，力图通过实施以防灾减灾为中心的灾后重建项目，增强学校和社区的抗震减灾能力，帮助灾区居民建设安全、舒适、经济的抗震农房，帮助当地社区和学校提高应对未来灾害的能力，使受灾的人成为未来的自救者和助人者（见图2-10）。

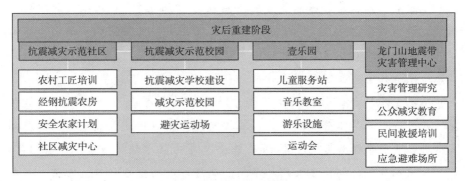

图 2-10 壹基金灾后重建项目体系

（五）开始产生对传统救灾方式的反思

传统的救灾方式有其优点，比如动员力度大、范围广、资源丰富、效率较高，但是也存在不足，比如重物轻人、注重短期而忽视长远、注重效率而忽视质量、社会需求导向程度不够、社会需求分类不够精细、响应不够灵活等等。对此，一些参与雅安地震救灾的社会组织（甚至是半官方组织）也开始了深度的反思，针对救灾现场的具体需求和问题改进响应策略，以下是几个典型的案例。

四川雅安慈善会的案例

雅安地震后，位于灾区第一线的雅安慈善会，在第一时间开始接受社会捐赠，承担了极其艰苦的工作。在灾区一线，面临诸多现实的问题，慈善会真正开始用心思考，比如，在灾区需求方面，慈善会开始反思以前仅仅是硬件或者资金援建的模式之弊端，并进一步思考社区中许多软性的需求如何满足、生计如何发展、居民未来生活如何改善等等方面。然而，遗憾的是，由于其捐款多为总规范体系内的基础硬件建设或者对口资金①支持，慈善会没有充足的空间和能力来运作，其根据灾区实际需求自主设计并执行项目的想法只能束之高阁。

① 对口资金包括两类：限定性资金由捐赠人指定，非限定性资金由政府统一规划。

中华少年儿童慈善救助基金会的案例

中华少年儿童慈善救助基金会（后简称"儿慈会"）比较特殊的地方在于，其项目执行人员进入灾区之后，发现其实大量救灾物资缺乏一个有效的调配和发放。于是，其开始了末梢环节的发放支持，用他们的话说是灾区有很多物资需要"捡起来分配下去"，而不是堆积在那。

所以，儿慈会在一线接收了大量其他机构和个人运往灾区的救援物资，并支持当地草根公益组织直接发放灾民。这些物资数量较大，但是并没有进入儿慈会账目核算。根据儿慈会人员的简单统计包括：大米1403袋，被子120袋，奶粉3大箱，苹果289箱，运动鞋600双，衣服、彩条布、多功能刀具等。这些物资主要来源有两个，一个是顺丰快递接收的全国各地人民寄往灾区的爱心捐赠，另一个是一个佛教组织筹集的救灾物资。儿慈会通过自己在灾区的大本营接收了很多当地各个渠道遗漏和无法发放的物资，然后配备到需要的灾区民众手中，这种方式促进了灾区的供需匹配。

上海市慈善基金会的案例

上海市慈善基金会的做法和一般的慈善会体系不同。同样是做重建项目，一些地方的慈善会为了运作简单、方便监管，经常会将资金直接拨付给当地政府来建设，并且倾向于认领资金规模较大、具有典型公共福利性质的机构，例如造价过亿元的精神病院、福利院等。而上海市慈善基金会则是经过多方的论证和考察才确定下6个项目，并且全部由自己参与执行，建立起一套包括捐款人、银行、执行方在内的多方监管体系，保证项目能够按照预期顺利地运作，保障资金使用安全高效。

基金会的基础设施援建项目是基金会自主寻找施工代建管理方（上海绿地集团）来运作完成，这和一般借助于当地政府体系来实施的援建项目不同。基金会希望深度参与其中，了解项目的具体进程和实施效果，而不是仅仅将建设资金通过民政或者相关路径输送出去。

上海市慈善基金会关于捐款人参与的做法十分典型。上海市慈善基金会成立了自己的捐款人委员会，选派出包括律师、企业员工、大学师生等捐款人代表来共同决定其救灾善款的使用。最终，9名捐款人、1名媒体代表和当地 1 名政府代表共同组成监督小组，由监督小组来参与项目的选择和资金的监管。

在监管小组参与项目的同时，基金会也和上海银行合作，为援建项目设立一个专门的账户，进行封闭式管理，施工代建单位按照项目设计方案，提出用款计划，分批次使用资金。上海银行承担额外的资金监管任务，对于不合理的资金使用，有权制止代建单位用款。

同时，基金会促使捐款人深度参与使得项目更符合灾区实际需求，开发出硬件之外的软件项目（培训、社区服务等）。在项目的选择过程中，基金会一方面与灾区民政系统和灾民们实地接触，另一方面组织捐款人（捐款人自费）到灾区现场考察实际的需求情况，最终确定相关的公益项目，在整个项目的执行过程之中，也是捐款人全程参与和决策。

| 第三章 |

组织现状的调查分析

上一章对救灾三阶段和八类型项目需求进行了实证分析，佐之以大量案例。为了对社会组织参与自然灾害的现状有一个整体上的了解和把握，定量研究不可或缺。因此，课题组于 2014 年 12 月开展了社会组织参与自然灾害的问卷调查。

问卷设计共分为五个部分，分别是组织的基本信息、组织的能力、参与自然灾害的情况、满意度调查以及建议。问卷发放途径主要有邮件、短信和微信邀请，样本选择主要通过各救灾联盟以及基金会提供的合作过的组织名单①。这些组织基本上是有救灾业务或者是参与过救灾活动的社会组织。截至 2015 年 1 月 5 日，共发放问卷 557 份，回收问卷 128 份，回收率为 23%。剔除掉 3 份无效问卷后，有效问卷共125 份。为了看到 2008～2013 年参与重特大地震灾害的社会组织的变化，特将上述问卷统计结果中的一些数据和我们在 2008 年汶川地震时的统计调查进行了比较。

第一节　组织基本情况

从组织的省份分布来看，排在前十位的省份依次为四川、甘肃、陕西、贵州、广西、云南、重庆、北京、安徽和青海（见图 3－1）。

可以发现，样本数据来源省份的前三位都地处自然灾害频发的西部地区。从地区②分布上可以看得更明显：除了 1 家网络组织无法归类外，西部地区的社会组织数量为 87 家，占到总体样本的 70%；东部地区的社会

---

①　包括壹基金联合救灾网络、中国扶贫基金会人道主义救援网络等。
②　按照《中国经济统计年鉴》对东、中、西部地区的划分标准。

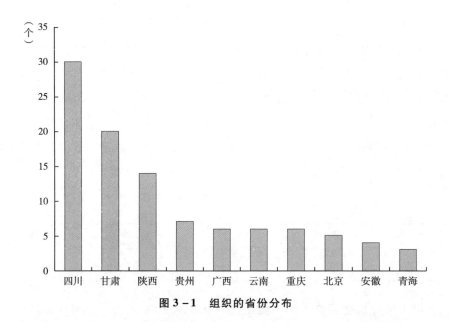

图 3 - 1　组织的省份分布

组织数量为 26 家，占到总体样本的 21%；中部地区最少，仅有 11 家，占样本总量的 9%（见表 3 - 1 和图 3 - 2）。

表 3 - 1　组织的地区分布

单位：个

地　　区	组织数量
西　　部	87
中　　部	11
东　　部	26

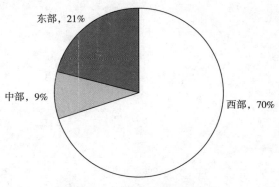

图 3 - 2　不同地区的组织比重

从组织的性质来看，在125家组织中，社工机构有17家，专业救援队有9家。从这两类组织的地区分布来看，社工机构基本上分布于西部地区，而专业救援队主要分布于东部地区（见表3-2）。我国的自然灾害多发于西部地区，需要不少的在地化服务机构，而社会工作机构的登记注册较为便捷；救援队的成立离不开大量资金与专业装备支持，因此主要集中于经济发达的东部沿海地区。这在一定程度上反映出灾害救助需求与资源供给的地区间社会组织的大致分工。

表3-2 两类组织与地区之关系

单位：个

组 织	总 体	西 部	中 部	东 部
社 工 机 构	17	16	0	1
专 业 救 援 队	9	2	2	5

以上部分描述了样本的大致情况。从地区分布来说，它与社会组织的总体分布是大致吻合的，这也从一定程度上保证了样本的代表性。接下来将对数据进行分类描述，对于小部分个案的缺失数据采取跳过的方式。

从组织的成立时间（非登记注册时间）来看，在1992~2007年呈缓慢上升的趋势，并伴随有几个小波动。到2008年，受到汶川地震的影响，大批组织成立，达到峰值。2008年之后，增长迅速下降，至2010年成为谷底。2010年，玉树地震、西南旱灾和舟曲泥石流先后暴发，但对组织的增长并未起到促进作用，这与第一章谈到的2010年政府政策收缩可能存在关系。2010年后开始出现回升，在2012年形成一个小峰值，但也未超过2008年（见图3-3）。

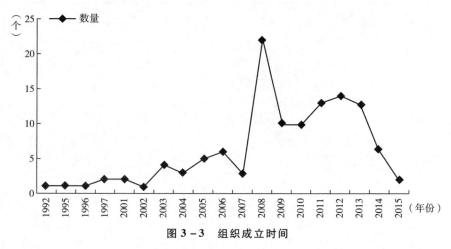

图3-3 组织成立时间

在 125 家组织中，已登记的组织数量为 102 家，占到总体的 82%，其中包括工商部门登记的 6 家；未注册的组织为 14 家，占总体的 11%（见表 3 – 3 和图 3 – 4）。

表 3 – 3　组织的登记注册情况

单位：个

民政部门	96
工商部门	6
未 注 册	14
其 他	9

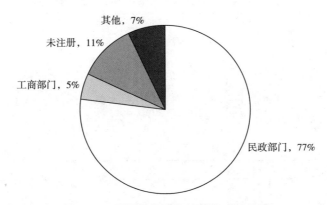

图 3 – 4　不同组织登记注册方式的比重

在民政部门登记注册的 96 家组织中，组织登记级别的分布如表 3 – 4 所示。除国家级的社会组织空缺之外，省、市和区县这三级的组织数量相差不大。

表 3 – 4　民政部门登记注册的组织层级

单位：个

国家级	0
省　级	33
市　级	37
区县级	26

从组织成立的起源来看，主要以救灾志愿者和一般志愿者发起为主，其次是工作人员兼职发起成立。在"其他"选项中，主要包括离退休人员发起成立和医疗类专业人员发起成立。而离退休人员发起成立的社会组织，基本以基金会为主。由政府发起的社会组织比例最少，仅有 3 家（见图 3 – 5）。

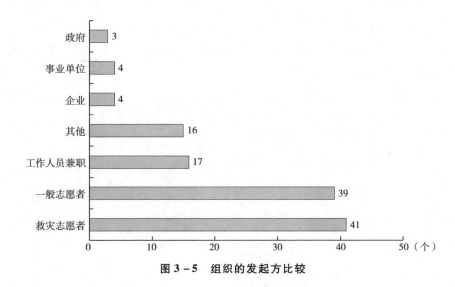

图 3 - 5　组织的发起方比较

　　从组织关系来看，有大约 1/3 的社会组织是其他组织或联盟的成员（见表 3 - 5）。这一比例并不算低，且其中的大部分同时隶属于两个或者两个以上的联盟。

表 3 - 5　组织间关系

是否其他组织或联盟的成员	数量（个）	比例（%）
是	42	33.6
否	83	66.4

　　这些联盟可以大致分为两类。一类是救灾联盟，如壹基金联合救灾网络、中国扶贫基金会人道主义救援网络、蓝天救援队、甘肃公益救灾联盟、陕西民间救灾行动联盟、贵州联合救援等；另一类是行业性的系统组织，如红十字会、中华环保联合会、陕西省环保志愿者联合会、中国社会工作教育协会、中国零废弃联盟等。

　　在人力资源方面，在日常运作中，接受调查的社会组织的平均职工数量为 39 人，远远超过了全国社会组织职工数量的平均水平。其中，专职员工的平均数量为 8 人，兼职员工为 8.4 人，志愿者的平均数量较大，为 1591 人。但在响应自然灾害的情况下，社会组织能够动员的人数，专职员工与日常情况下的水平一致，而志愿者和兼职员工的平均值则降为 267.8 人（见表 3 - 6）。这种变化的原因可能在于，一方面，志愿者的流动性较强；另一方面，不同组织和机构在统计和管理志愿者时，标准也相差较大。

表3－6 日常情况与赈灾时组织的人力资源变化

单位：人

	日常情况	赈　灾
工作人员	39	
专职员工	8	8.8
兼职员工	8.4	267.8
志　愿　者	1591	

从志愿者的构成上看，学生仍旧是救灾志愿队伍中的主力军。在125家组织中，有76家组织将学生列为最主要的志愿者来源，其次分别是企业在职人员和事业单位在职人员（见图3－6）。

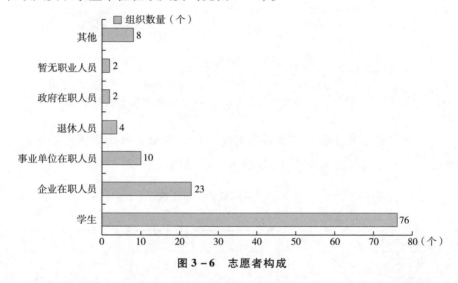

图3－6 志愿者构成

我们对被调查社会组织的2014年度收入进行了统计。125家社会组织的平均收入为139.7万元，其中救灾项目比重的均值为42.24%。将社工机构、救援队和基金会这三类组织纳入对比可以发现，基金会在年度收入上具有明显的优势，平均达到了508万元。与之相反，救援队在年度收入上仅有24.95万元。有意思的是，在救灾项目比重上，救援队是三类最高，为51.14%，基金会则为15%（见表3－7）。

表3－7 2014年度收入和救灾项目比重之比较

	社会组织	社工机构	救援队	基金会
总收入（万元）	139.7	106	24.95	508
救灾项目比重（%）	42.24	42.53	51.14	15

同样，将地区因素纳入对比，结果如图3-7所示。东部地区的社会组织平均收入最高，达到198.27万元，这与其经济发展水平是相协调的。反之，西部地区的社会组织平均收入远高于中部地区，这与其自然灾害多发、外地资金大量进入密切相关。

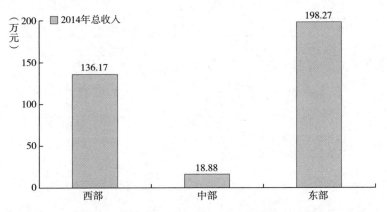

图3-7 不同地区社会组织2014年度收入比较

资金的来源渠道也是很重要的指标。我们测量了社会组织收入中最主要的三个来源，其分布如表3-8所示。

表3-8 组织资金来源比较

单位：个

资金来源渠道	第一位	第二位	第三位
政府拨款	21	22	11
企业赞助	24	19	21
营利性收入	3	4	5
公众筹款	14	24	14
会员会费	9	7	4
基金会资助	47	28	21
其他	4	5	26

将"第一位""第二位""第三位"分别赋值为"3""2""1"，可以得出各选项对应的一个简单分数，如图3-8所示。

可以看出，基金会资助是最主要的资金来源；其次是企业赞助、政府拨款和公众筹款；得分最低项为营利性收入。

与资金收入相对应的必然是资金的用途。同样地，我们以社会组织最近

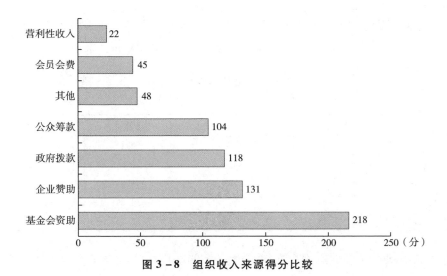

图 3 - 8　组织收入来源得分比较

一次回应自然灾害为例，对其资金用途的分布进行了测量，结果如图 3 - 9 所示：总体上看，物资在五项支出中占比最高，平均占比为 37.35%；其次是服务和人力行政成本，占比均值分别为 28.3% 和 21.54%。

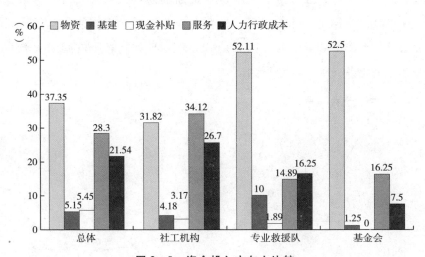

图 3 - 9　资金投入方向之比较

将社工机构、专业救援队和基金会三类组织进行比较，可以发现明显的变化。首先，在物资的投入中，社工机构明显低于专业救援队和基金会，同时也低于总体平均水平；其次，三类组织对于现金补贴上的投入皆低于平均水平，分别为 3.17%、1.89% 和 0%；最后，基金会在人力行政成本上的投入比例远低于其他两类，为 7.5% ，而社工机构、专业救援队以及总体均值都超过了 16%（见表 3-9）。基金会对行政成本管理的规定是重要的原因之一。

表 3-9 资金投入百分比均值

单位:%

	总　体	社工机构	专业救援队	基金会
物资	37.35	31.82	52.11	52.5
基建	5.15	4.18	10	1.25
现金补贴	5.45	3.17	1.89	0
服务	28.3	34.12	14.89	16.25
人力行政成本	21.54	26.70	16.25	7.5

在组织活动领域方面，在对自然灾害的响应中，社会组织参与的领域逐渐多元。我们分响应自然灾害和日常运作两种情况对社会组织的活动领域进行统计。从图 3-10 中可以看出，赈灾活动中占比最高的依旧是物资发放，其数据远高于日常运作的情况下，同样情况的还有救死扶伤和心理援助与康复；相反，在日常运作中占比最高的为社区生计发展，其数据高于赈灾之时，同样情况的领域还有校舍重建与助学、组织能力建设以及残障人士康复与救助和环境与动物保护。此外，日常状态下的减防灾教育宣传也被越来越多的组织所意识到。

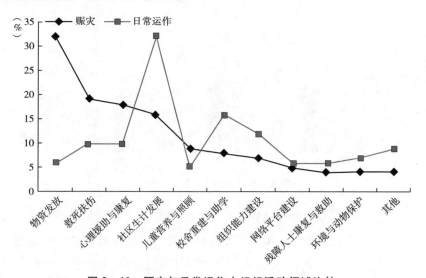

图 3-10 赈灾与日常运作中组织活动领域比较

注："其他"选项包括信息支持、减防灾教育宣传、生态农业和儿童关怀、搭建临时住房。

第二节　组织能力与需求

我们从组织人员培训、评估以及项目规范指引等几个维度考察自然灾害领域社会组织的能力。

对项目人员和志愿者开展正规急救培训，是参与自然灾害的社会组织能力提升的重要途径。从总体上说，项目人员和志愿者接受培训的百分比均值为41%。从地区上看，东部的平均百分比为48.7%，西部为38.5%，两者相差了约10个百分点。从机构性质上看，社工机构和专业救援队的差别明显。社工机构的培训比例较低，为24%；专业救援队的培训比例最高，达到了86%，远远超过整体平均水平（见表3－10）。

表3－10　组织人员培训情况

单位：%

项　　　目	培训比例均值
总　　体	41
社 工 机 构	24
专 业 救 援 队	86
基 金 会	40.6

评估是社会组织在开展项目时不可或缺的环节。对于响应自然灾害而言，行动前的评估尤为重要。从表3－11可以看出，应急需求评估、安全评估和弱势群体如何保护之评估是开展范围最广泛的三项评估内容；对于想开展又缺乏能力的评估内容，30%的组织选择了经济影响评估，为该类最高，其次是残疾人员评估和性别问题评估。有意思的是，对于不适用，没必要做的评估内容，性别问题评估和残疾人员评估为该类最高，分别是20.80%和17.60%。

表3－11　组织是否开展项目前评估

单位：%

项　　　目	想开展，但没能力做	开展了专业评估	开展了，但很简单	不适用，没必要做
应急需求评估	12	38	42.40	3.20
安全评估	10	28	51.20	4.00

续表

项　　目	想开展，但没能力做	开展了专业评估	开展了，但很简单	不适用，没必要做
弱势群体如何保护之评估	15	25	52.00	2.40
环境影响评估	22	15	51.20	3.20
性别问题评估	25	14	34.40	20.80
残疾人员评估	26	14	33.60	17.60
经济影响评估	30	15	33.60	14.40
减少灾害风险评估	21	24	40.80	8.00
援助中的冲突评估	18	23	44.80	8.80

　　《人道主义宪章与赈灾救助最低标准》是国际社会所遵循的赈灾标准，将其作为救灾行动指南的组织占到总体的43%。其余的组织中，有超过一半的组织听说过但未遵守和执行过该标准。此外，6%的社会组织觉得该准则没什么作用（见表3-12和图3-11）。

表3-12　组织是否遵循《人道主义宪章与赈灾救助最低标准》

单位：个

很熟悉，是我们组织参与救灾的行动指南	53
听说过，但从未遵守和执行过	38
听说过，但感觉没什么作用	7
没听说过	26

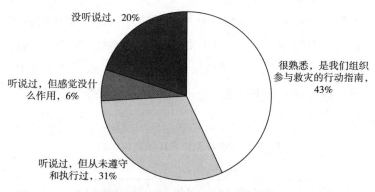

图3-11　组织遵循《人道主义宪章与赈灾救助最低标准》的比例

　　对于《国际红十字会、红新月会及非政府组织赈灾救助行动准则》，已签署该协议的仅有7家组织，占到总数的6%。62%的组织并未签署该协议，但基本认同。此外，31%的组织并未听说过该准则。较之《人道主义宪章与赈灾救助最低标准》，该准则的认知度更低（见表3-13和图3-12）。

表3-13 组织对《国际红十字会、红新月会及非政府组织赈灾救助行动准则》的认知

已签署，并努力确保所有工作人员都熟悉和使用	2
已签署，但不是组织中的每个人都熟悉	5
没有签署，但基本同意该准则	77
没听说过该准则	39
不同意该准则之规定	1

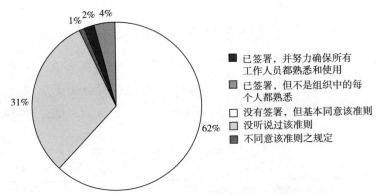

图3-12 组织对《国际红十字会、红新月会及非政府组织赈灾救助行动准则》的认知比例

以上两者为国际通行的非营利组织行动标准，而组织自身的项目操作手册（或指引规范）的普及程度，也是非营利组织项目规范性的重要标志。如表3-14和图3-13所示，有手册并定期更新的组织仅占35%，27%的社会组织没有项目操作手册。可见，无论是国际通行的标准还是组织自身的操作规范，在普及性和认识程度上，被调查组织都还处于一个较低的水平。

表3-14 组织是否有项目操作手册

单位：个

有手册并定期更新，广泛提供给工作人员	43
有手册但没更新，组织内部也没有广泛传阅	16
有手册，只提供给管理层和财务人员	27
没有	34
不清楚	4

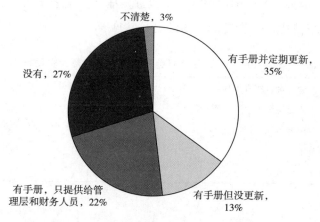

图 3 – 13 组织是否有项目操作手册的比例

在受益人在项目设计、实施、监测和评估中的参与方面，让受益人参与所有步骤的组织占总体的 28%，52% 的组织有时会让受益人参与。此外，16% 的组织原则上同意，但从未实施过（见表 3 – 15 和图 3 – 14）。

表 3 – 15 受益人参与组织项目的程度

单位：个

所有步骤都会让受益人参与	35
有时会参与	64
原则上同意，但未实施过	20
从不做这项工作	5

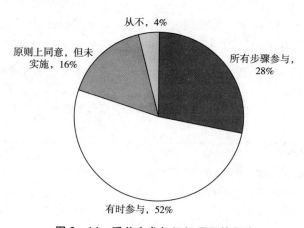

图 3 – 14 受益人参与组织项目的程度

社会组织活动领域的多元化也伴随着需求的多样化。我们统计了在赈灾过程中，社会组织最缺乏的两项内容，其频次分布如表 3 - 16 所示。

表 3 - 16　组织感觉自身缺乏内容的调查

单位：个

	最缺乏	次缺乏
资金	75	11
信息	15	18
项目管理知识与技术	14	18
人力资源	9	20
政府支持	5	15
合作伙伴	4	3
物资	2	29
其他	0	0

同样地，我们将"最缺乏"和"次缺乏"分别赋值为"2"和"1"，得出分数如图 3 - 15 所示：资金被认为是最为缺乏的东西，程度远远超过其他选项；排在第二位至第五位的分别是信息、项目管理知识与技术、人力资源和物资；被需要程度较轻的为合作伙伴和政府支持。

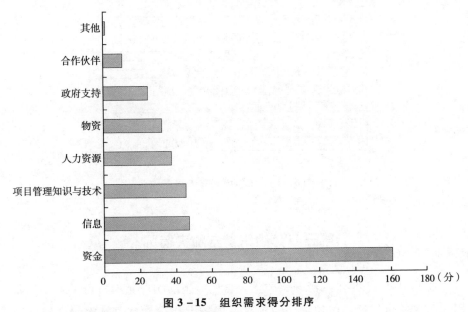

图 3 - 15　组织需求得分排序

注："其他"选项中包括复杂救援设备。

关于培训需求的分类则更加细致。我们对社会组织对 20 项培训内容的需求程度做了统计。将"很需要""比较需要""需要较少""不需要"分别赋值为"3""2""1""0",所得结果如图 3 - 16 所示。数据显示,社会组织对募款培训的需求程度最高,而在赈灾活动中,社会组织将资金列为最缺乏的内容,这二者是吻合的;反之,需求程度最低的为性别项目培训,而在评估内容上,残疾人项目和性别项目在"不需要,没必要做"统计类别中,所占比例最高,这二者亦是呼应的。

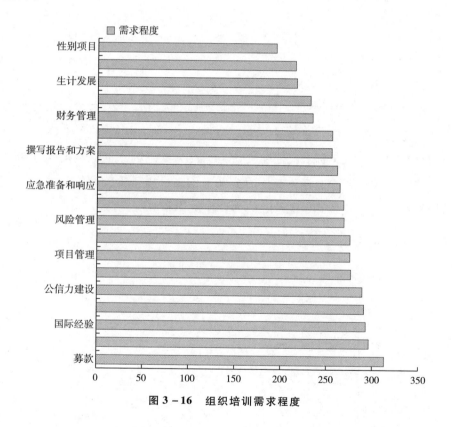

图 3 - 16　组织培训需求程度

第三节　组织参与赈灾情况

我们对从 1998 年洪涝开始的重大自然灾害的响应频次进行了统计。如图 3 - 17 所示,社会组织响应的频次呈现较大差异,其中两次的峰值分别为汶川地震和雅安地震。雅安地震的回应频次之所以高于汶川地震的回应频次，是因为一些组织是在汶川地震后才成立。汶川地震后，社会组织的响应频次下降，至西南旱灾为谷底。此外，地震类自然灾害的响应频次总体上高于旱灾、泥石流、低温凝冻和洪灾。

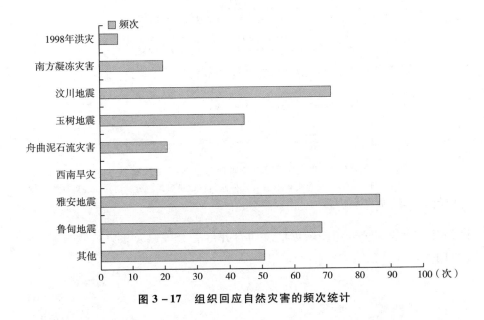

图 3 - 17　组织回应自然灾害的频次统计

除去选项中所列出的破坏性较强、影响较大的 8 次自然灾害以外，在"其他"选项中，提及频率较高的还有甘肃岷县地震、云南盈江地震等。少部分社会组织也对当地的、省内的小型自然灾害进行回应，如 2009 年贵州泥石流、2014 年汉中水灾、延安水灾、陕西洪涝、威马逊台风等。

具体来看，社会组织在响应自然灾害时，采取的行动频次分布如图 3 - 18 所示。在响应灾害的行动中，74% 的组织会召开紧急会议部署救灾，66% 的组织会派出先遣小分队考察灾情以及联系政府有关部门。从与资金相关的两项行动来看，所占比例不高，分别为设计募款方案（38%）和动用紧急储备资金（33%）。与前文数据一致，这也反映出了社会组织在募款能力上的欠缺。

在我们于 2008 年汶川地震后做的一项问卷调查中发现，四川当地社会组织采取的行动以召开部署会议、与政府部门联系为主，而其他非灾区地

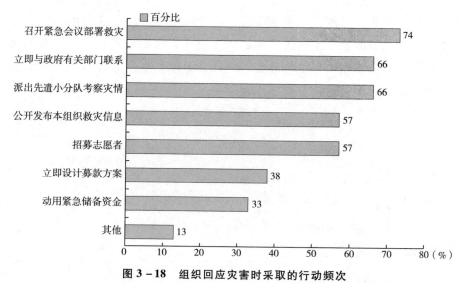

图 3 - 18　组织回应灾害时采取的行动频次

注："其他"项包括收集相关灾情信息、与公益同行取得联系、分享信息、开展研判并发布报告及与其他合作伙伴联系。

区的社会组织以公开组织救灾信息和召开部署会议以及设计募款方案为主（见图 3 - 19）①。

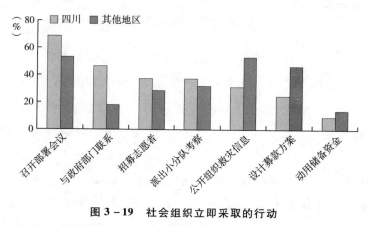

图 3 - 19　社会组织立即采取的行动

因此，我们还测量了灾害发生后，社会组织在募款对象上的反应。其结果如表 3 - 17 所示。

---

① 韩俊魁、纪颖：《汶川地震中公益行动的实证分析——以 NGO 为主线》，《中国非营利评论》2008 年第 2 期。

表 3 – 17 组织灾后的募款对象

募款对象	第一位	第二位
公众	37	26
企业	13	30
基金会	51	21
本组织储备金	18	14
政府	5	12
其他	0	3

同样，将"第一位""第二位"分别赋值为"2""1"之后，可以得出相应的分数。从图 3 – 20 中可以看出，社会组织在灾害发生后第一时间想到的筹款对象依次为：基金会—公众筹款—企业—本组织储备金—政府。而在去年的收入数据中，社会组织收入来源依次为：基金会—企业—政府—公众筹款。可以发现，除了公众筹款之外，顺序基本是相同的。公众筹款在社会组织收入来源的排名中靠后，在灾害发生后的筹款对象选择中则靠前，仅次于基金会，这与公众捐赠的特点相关。到目前为止，公众捐赠依旧以集中性捐赠为主，在大型自然灾害发生后表现得尤为明显。经常性的捐赠机制还未形成，在无特殊事件发生的时候，公众的捐赠意愿较低。

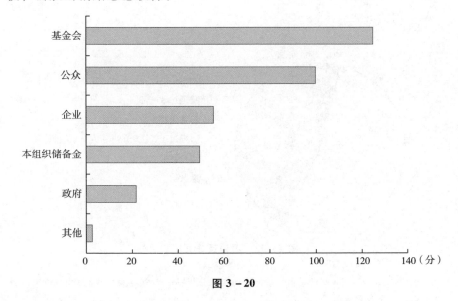

图 3 – 20

　　而在我们 2008 年的统计调查中，60 家组织在赈灾中的资金筹集对象依次是个人捐款（44.2%）、企业（22.3%）、其他 NGO（21%）以及内部捐款（12.59%）（见图 3 - 21）①。对比可见，经过几年发展后，基金会已经成为支持灾害领域社会组织的重要引擎。

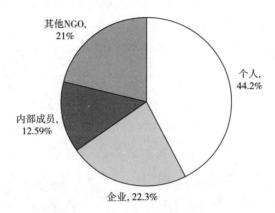

图 3 - 21　NGO 抗震救灾资金来源

　　在项目运作方面，对于筹集到的善款和物资，非营利组织有多种运作方式。从图 3 - 22 可以看出，53% 的社会组织选择自己独立运作，27% 的组织选择通过正式注册的非官方背景组织运作。通过政府部门和官方背景组织运作款物的比例较小，分别为 2% 和 14%。此外，与当地组织合作也是一种常用的形式。

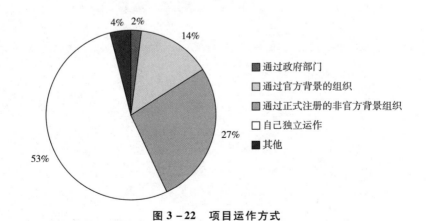

图 3 - 22　项目运作方式

①　韩俊魁、纪颖：《汶川地震中公益行动的实证分析——以 NGO 为主线》，《中国非营利评论》2008 年第 2 期。

和2008年的统计调查相比（见表3－18），目前自然灾害领域社会组织选择通过政府运作项目的比例大大下降。

表3－18 社会组织资金运作主体比较

运作主体	四川 NGO	其他 NGO	α^2 值	p 值
自己独立运作	47.8	50.0	0.02	0.88
通过政府	43.5	12.5	5.6	0.018
通过官方背景的公益慈善组织	34.8	33.3	0.01	0.917
通过正式注册的非官方背景的公益慈善组织	8.7	33.3	4.26	0.039

赈灾行动中，社会组织在运作募集到的资金时，行政经费的比例问题一直是公众关心的重点。如图3－23所示，行政经费比例在5%～9.9%的组织最多，而比例为10%及以上的组织也有23家，占总体的18%。前文中，在社会组织最近一次回应自然灾害的资金分布中，行政经费比例的均值更是达到了21.54%。

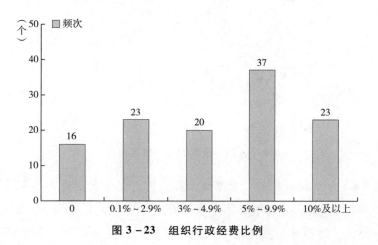

图3－23 组织行政经费比例

和我们2008年的统计数据相比（见表3－19），社会组织行政经费比例大幅增加。从一定程度上来看，做公益是有成本的这一观点已被广泛接受。

表3－19 社会组织行政办公费用收取情况

单位:%

行政办公费用比例	四川 NGO	其他 NGO	合 计
0	94.4	76.2	84.6
0.1%～2.9%	5.6	4.8	5.1

续表

行政办公费用比例	四川 NGO	其他 NGO	合　计
3% ~ 4.9%	—	4.8	2.6
5% ~ 9.9%	—	9.5	5.1
10% 及以上	—	4.8	2.6

对于增加善款使用的透明度，社会组织采取的披露方式分布如图 3 - 24 所示。所有组织都采取了一定的披露方式，选择比例最高的两项分别为网络等媒体定期公开和组织内部评估与督导，其次是审计事务所审计和政府审计部门审计。在"其他"选项中，主要包括接受资助方的审计。可以发现，对于社会组织而言，对内部的、主动的披露方式的接受程度大于外部的审计。

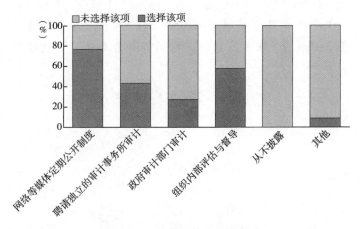

图 3 - 24　善款的信息披露方式

据 2008 年的统计调查，社会组织以内部评估与督导作为主要的审计方式（33.3%），其次为网络媒体定期公开（26.7%）（见图 3 - 25）。和这次调查相比，这两种信息披露方式仍占比很高。之所以审计事务所审计和政府审计部门审计所占比例仍很低，是因为在接受调查的社会组织中，组织规模都很小，官方背景的社会组织数量也少。

较之应急响应，灾后重建是更考验社会组织"功底"的阶段。社会组织在灾区坚守的时间长度是重要的衡量指标。我们对社会组织在灾区活动的最长纪录做了统计。如图 3 - 26 中所示，社会组织的最长工作时间呈两极分化，比例较高的分别为 8 ~ 30 天和 1 ~ 3 年。在灾区工作 3 年及以上的 18 家组织中，社工机构有 5 家，约占到其 1/3。

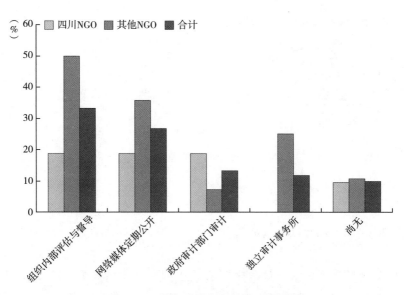

图 3 – 25　社会组织信息披露方式比较

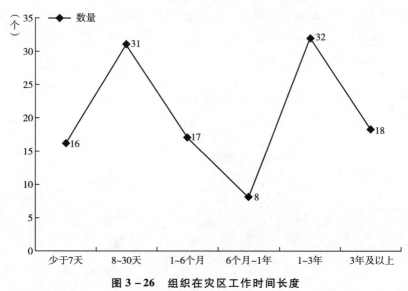

图 3 – 26　组织在灾区工作时间长度

　　在与其他社会组织的合作方面，80% 的社会组织表示一直有合作，18% 的组织表示偶尔会进行（见图 3 – 27）。

　　在与政府就赈灾开展合作方面，一直进行合作的组织占总体的 51%，有时进行合作的组织比例为 40%。较之社会组织间的合作频率，与政府之间的合作程度较低，6% 的社会组织从未与政府开展过除信息交流之外的合作（见图 3 – 28）。

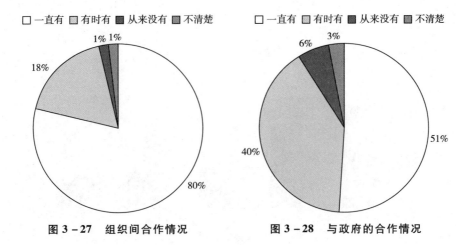

图 3 – 27　组织间合作情况　　　　图 3 – 28　与政府的合作情况

在响应自然灾害时，社会组织对员工的支持十分重要。在这部分，我们从以下三个方面进行测量。

首先，社会组织是否为员工提供减压或心理创伤支持。37%的组织表示一直在提供，53%的组织很少提供减压或心理支持，10%的组织表示从来没有提供过（见图 3 – 29）。

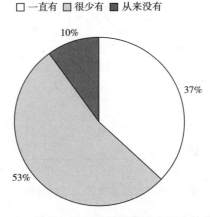

图 3 – 29　组织为员工提供减压或心理支持的情况

其次，社会组织是否对派驻灾区执行项目的员工进行安全保护指导。如图 3 – 30 所示，63%的组织一直为员工提供安全保护指导。这一数据高于减压或心理支持，可以推测，社会组织对于员工人身安全的重视程度高于心理健康。

□ 一直有　　很少有　　从来没有　　不清楚

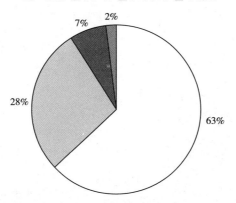

图 3 - 30　组织为员工提供安全保护指导情况

最后，社会组织是否为一线员工提供意外保险。77% 的组织一直有为一线员工提供意外保险（见图 3 - 31）。这一比例在三项支持中最高。值得注意的是，8% 的组织表示，从未给一线员工提供过意外保险。

□ 一直有　　偶尔有　　从来没有　　不清楚

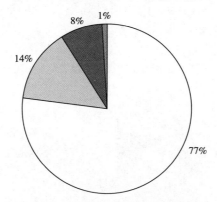

图 3 - 31　组织为员工买意外保险的情况

第四节　满意度调查

满意度调查包括对组织自身赈灾能力的满意度、对政府等利益相关者的满意度、对志愿者的满意度以及对政府服务平台和基金会网络平台的满意度四个方面。

对于组织自身近年来的赈灾能力变化，27%的组织认为有大幅度提升，55%的组织认为有一定的提升，15%的组织认为赈灾能力的提升很慢（见图3－32）。

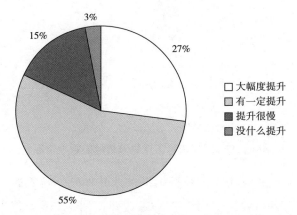

图3－32　对组织自身赈灾能力的变化认知

具体到灾区的项目效果，40%的组织认为项目效果很大，47%的组织认为有一些效果，12%的组织认为项目效果很小（见图3－33）。相对而言，社会组织对救灾项目的自信略高于对组织本身。

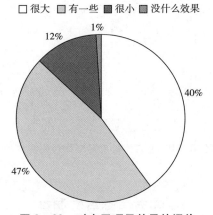

图3－33　对灾区项目效果的评价

对于组织在赈灾方面面临的挑战，按照其重要程度，分布如表3－20所示。

表 3 - 20　对组织赈灾面临的挑战认知

单位：个

内　　容	第一位	第二位	第三位
自身能力欠缺	62	14	20
政府不支持	12	10	4
政府支持，但力度远远不够	36	48	7
公众捐赠太少	3	33	29
灾区民众难以组织	6	8	17

　　将"第一位""第二位""第三位"分别赋值为"3""2""1"，得出相应分数。从图 3 - 34 可以看出，社会组织认为在应对自然灾害中，最严峻的两项挑战为自身能力的欠缺和政府支持力度的不足。

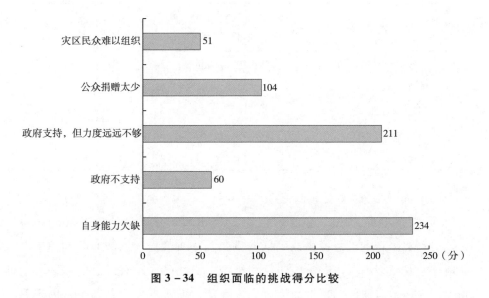

图 3 - 34　组织面临的挑战得分比较

　　关于政府部门对社会组织参与赈灾的态度，47% 的组织认为有些积极，但变化不大，41% 的组织认为政府态度越来越积极（见图 3 - 35）。
　　就满意度而言，对非灾区非营利组织、本地非营利组织、国际非营利组织、中央政府和灾区当地政府在赈灾中表现的评价分布如表 3 - 21 所示。

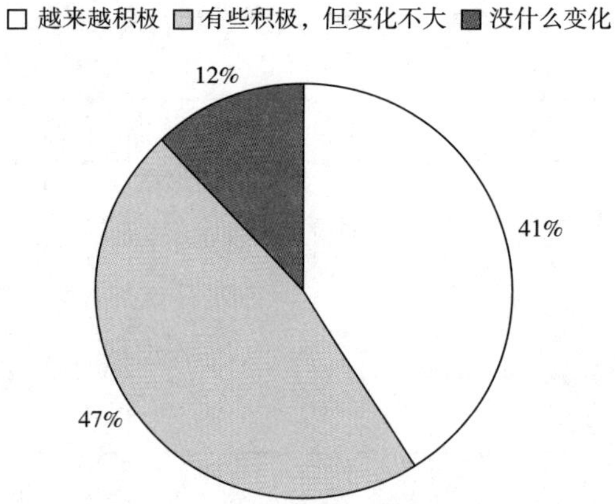

□ 越来越积极 □ 有些积极，但变化不大 ■ 没什么变化

图 3 - 35   社会组织对政府态度变化的认知

表 3 - 21   对其他利益相关者的评价

单位：个

内　　容	非常满意	比较满意	一般	不太满意	很不满意	不清楚
国内非灾区非营利组织	14	48	43	12	2	5
本地非营利组织	12	60	36	8	4	4
国际非营利组织	18	56	33	3	0	14
中央政府	24	63	28	4	1	4
当地政府	13	44	43	17	4	3

　　将"非常满意""比较满意""一般""不太满意""很不满意"分别赋值为"2""1""0""－1""－2"，得出如下分值（见图 3 - 36）。可见，对赈灾表现的满意度由高到低分别是：中央政府—国际非营利组织—本地非营利组织—国内非灾区非营利组织—当地政府。有意思的是，非营利组织对当地政府的满意度远低于中央政府，而对本地非营利组织的满意度则略高于国内非灾区非营利组织。

　　社会组织对于善款筹集和使用的评价总体上是正面的。62%的社会组织认为大型基金会越来越愿意支持小的公益组织，54%的社会组织认为政府的购买服务资金在不断增加，42%的社会组织认为公众的捐赠意愿一直很高（见图 3 - 37）。

　　社会组织对于志愿者在赈灾中表现的评价整体上是积极的，但不明

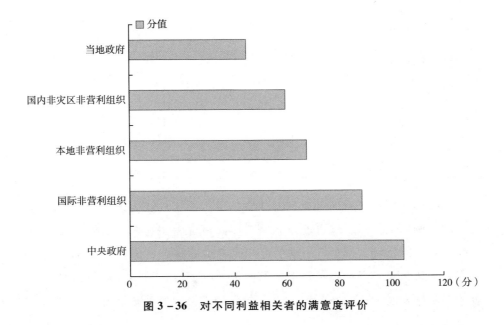

图 3 – 36　对不同利益相关者的满意度评价

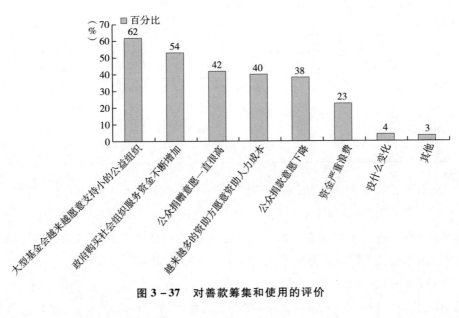

图 3 – 37　对善款筹集和使用的评价

显。虽然有 78% 的组织认为响应者众多，但同意实际参与者最多的比例仅
有 34%。再者，84% 的组织认为志愿者缺乏专业技能。对于奉献精神不足
这一说法，38% 的组织持保留态度（见表 3 – 22）。

表 3 – 22　对赈灾志愿者的评价

单位：%

内　容	同　意	不好说	不同意	不清楚
响应者众多	78	17	4	
实际参与者多	34	48	18	
专业技能缺乏	84	13	2	
奉献精神不足	25	38	35	
志愿者作用不大	7	38	54	
20～30 岁的人是志愿者主体	54	26	15	3

　　和我们汶川地震后的调查（见表 3 – 23）相比，认为志愿者实际参与者多的比例大幅下降，这可能与志愿者回归理性密切相关；认同志愿者专业技能缺乏的比例大幅上升，说明近年来有专业技能的志愿者远远满足不了需求；认为志愿者奉献精神不足的比例大幅提高，说明社会组织对志愿者的要求越来越高。此外，20～30 岁的年轻志愿者似乎有了增加。

表 3 – 23　社会组织对志愿者的评价

单位：%

内　容	响应者众多	实际参与者多	专业技能缺乏	奉献精神不足	志愿者作用不大	20～30 岁的人是志愿者主体
同　意	78.3	61.7	33.3	3.3	3.3	40.0
不好说	3.3	8.3	21.7	20.0	15.0	11.7
不同意		5.0	11.7	48.3	48.3	10.0
不清楚		3.3	6.7		1.7	15.0

　　对于救灾民间网络/联盟的价值，认为其价值很大的组织占到总体的56%，剩余大部分组织认为虽然不大，但有些价值（见图 3 – 38）。

　　对于政府服务社会组织的平台，38%的组织认为其作用很大，这一数据低于其对民间救灾联盟的积极评价（见图 3 – 39）。

　　可以看出，社会组织对于民间联盟的信任度要略高于政府平台。55%的被访组织（69 家）表示知道基金会救灾协调会，它们对其作用的期望从高到低分别为：信息平台—资源链接平台—和政府沟通平台—行业能力提升和促进平台。换言之，社会组织最希望基金会救灾协调会发挥信息平台的作用。

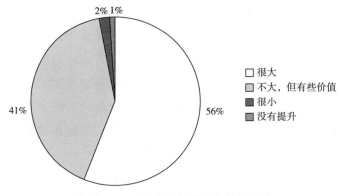

图 3 – 38　对救灾民间联盟价值的评价

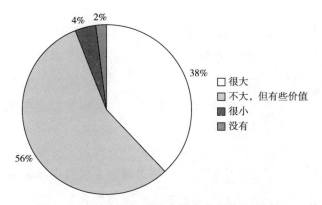

图 3 – 39　社会组织对政府服务平台价值的判断

第五节　被访组织对社会组织赈灾的建议①

问卷最后一部分为开放式问题，主要试图了解组织本身对社会组织参与赈灾的看法和建议，我们将反馈的资料归纳为以下几点。

一　强调专业性

对专业性的强调包含两方面的含义。首先，强调灾害援助工作是专业性很强的工作，希望各类社会组织认清自身的能力和专长，不要盲目行动。如："赈灾应该是比较专业的，要逐步培育出一批骨干和精英带动全

———————————

① 本小节中，引文内容全部引自调查答卷。

民参与起来"，"让专业的机构做专业的事情"；"社会组织应该定位自己的能力和业务范围，专业的人做专业的事"；"社会组织参与赈灾必须要对自己有很清楚的认知，是否有能力参与"；"清楚定位而不是一窝蜂上"；"社会组织在参与救灾的时候，要充分发挥自身的专业特长。在紧急救援阶段需要专业的救援组织，灾后重建阶段需要更多的社工、心理援助的机构"；"赈灾应该分层次，擅长哪个领域的组织就放在哪一个赈灾阶段"。

其次，强调社会组织对自身专业能力的提升，保持应急响应与日常运作下活动领域的相对一致。如："要做就要做到专业"；"首先社会组织参与赈灾要提高专业度，用专业能力参与赈灾工作"；"注重专职人员救灾能力及专业技能的提升，规范救灾物资的管理，赈灾前及时联系救助队"；"不要做自己不熟悉的专业服务，避免带来伤害"；"以自身专业特长参与救灾，不要一窝蜂去发物资"。

具体到如何提升社会组织参与自然灾害的专业性，主要有两方面的呼吁：一是增加培训，二是建立标准。

在培训方面，社会组织"希望能有更多专业的灾害救援培训，多视角地对救灾工作进行系统的培训"；"希望得到专业机构（基金会）的专业指导"；"有一些及时的正确的关于减灾防灾赈灾经验与方法的指导"。

在建立标准方面，则希望："统一标准，评估行动"；建立"分级制度、准入制度"；"建立标准，统一协调，有序管理，积极扶持"。

二 交流合作

在应对自然灾害中，政府、非营利组织、企业、媒体和公众都是缺一不可的力量，不同主体间的交流合作至关重要。

被访者认为，社会组织间应"以互相合作为主，尽量抛开组织间的竞争或利益之争，能以服务人群为出发点开展工作"；"应该严于自律，协同合作"。

在与政府之间的合作方面，社会组织提出："希望政府多支持社会组织参与救灾，政府应给社会组织多提供资金的支持、设备的支持、人员的支持"；"加大政府和民间组织的合作与沟通"；"政府在平时要建立对话机制，使得政府在灾害发生后能够及时与社会组织合作"；"一定要和政府合作，撬动政府资源做事。切勿自说自话，自己和自己玩"。

三　支持草根组织成长

对草根组织成长的支持，也是非营利组织呼吁的重点内容。例如，"加强和草根一线机构的联络和互动"；"帮助小的民间组织发展成长"；"多支持草根组织"；"基金会要支持中小社会组织，不是光支持那些有名的社会组织"；"对草根组织进行系统性的灾害预防培训"；"进入灾害重建阶段，更多的是希望政府能够将支持力度转移至社区发展、生计发展类的社会组织上，让这些发展型社会组织培育当地社会组织发展"；"本组织主要协助其他组织及相应个人，包含媒体提供支援（更多时候会是主动性的）以辅助其提高防减灾意识，以及获得相应专业技术能力的机会，而类似我们这样的组织，当前几乎没有什么生存空间，虽然比较边缘，但是有存在的必要性"；等等。

四　平台利弊

对于联盟和平台，非营利组织的建议可以分为正反两方面。

从正面来看，被访者认为应当"建立统一信息发布平台"；"加强多方信息流通共享，急需这样一个平台来支撑"；"需要搭建信息共享平台，合理调配资源，避免重复浪费和无所顾忌"；"不论在何地发生灾害，有必要建立一个由政府、民间等各领域共同发起的救灾平台，这样便于救灾信息的传递和积极救灾"；"建立统一的赈灾平台，信息资源共享，协助和发挥较小的社会组织参与"。

从反面来看，社会组织提醒需要警惕平台的弊端："行业内山头主义太严重"；"公益资本是社会共有的财富，基金会应避免出现因为资源平台的优势，用公益的资本保养、绑架草根组织成长的问题"。

警惕联盟和平台搭建的弊端不无道理。在本次问卷发放的过程中，有些组织反馈，表示自身从未开展过与救灾相关的项目，故无法填写，但这样的组织依旧出现在救灾联盟的名单之中。可见，部分救灾行动联盟的组织框架相当松散，这样松散的结构在应急响应中能够发挥多大的作用，还有待考证。

五 其他

对以往救灾行动的反思包括以下几点。（1）救灾物资需要合理使用。如，"灾区救灾物资浪费，未达到救灾的预期目的"；"科学统筹，别让物资重复投放，给受助者养成惰性和依赖，让急需救助的人真正受益，而不是流于形式，物资是一方面的支持，但是很多组织没有考虑到受助者最急需的是什么"。（2）避免作秀。"避免或杜绝灾区文工团或表演队的出现，不要将灾难变成志愿者或赈灾组织的嘉年华"；"希望有权威的集中的民间组织参与救灾信息披露，有很多机构就是因为负责人对救灾有兴趣，就一个人跑到灾区，什么都干不了，就是为了有这个炫耀的资本，然后对外整个机构都成救灾机构的形象了。我个人认为不好"。（3）关注环境。例如，"关注自然环境灾难，灾难不能只停留在地震之类的层面上，要向环境污染灾难、栖息地破坏灾难、物种伤害灾难方面进展"。（4）救灾方式。"社会组织参与赈灾不能脱离我国现有政府应急救援体系，夜郎自大的状态必须扭转，才能真正起到应有的作用"；"社会组织最好能在属地进行防灾减灾的工作！熟悉本地人文风俗，地理灾情，减少长途凑热闹的习惯！"

具体建议则包括以下几方面的内容。（1）关注灾民吃饭问题。"第一时间，除了救援，灾民最需要解决的是吃饭问题，组织力量在集中安置点为灾民集中做饭供应是最好的，热的、熟悉的味道有助于灾民的心理恢复，方便面、矿泉水等食品提供三五天的量就可以了"。（2）关注灾民心理健康。如，"救灾过程应该更多需要考虑被援助人群的心理安全"。（3）强调工作的专业性。"须强调赈灾环节程序文件的记录状态，使得赈灾的每一个环节都具有追溯性"。（4）重视房屋质量。"重建恢复期的房屋质量问题，是重中之重。据笔者了解，多地灾民自主重建，鉴于成本，灾民自主寻找的私人建筑队修房过程中对于房屋抗震技术的应用并不好，房屋质量依然很成问题，需要政府和有关组织重点倾力解决这一问题"。（5）"基金会在灾害救援初期，应当对参与救援的小型社会组织及志愿者给予及时的人力成本的支持"。（6）关注灾民生计发展。"政府和社会组织应该在重建恢复期间为灾民搭建经济发展平台，帮助村民重点销售农产品，号召个人购买，将是一个极大的慈善援助"。（7）加大减防灾教育，提升灾民能力。

| 第四章 |

社会组织的功能承担与能力成长

通过前一章的统计数据，可以看到中国回应重特大地震灾害的社会组织的进步，同时也看到许多不足。本章则从社会组织功能承担、能力成长以及体系化成长的历程方面予以再反思。

首先，我们将呈现出社会组织在救灾过程中承担怎样的社会功能，自身定位于怎样的社会角色。一种理想情形下的功能承担，使我们对社会组织有很高的期待，也会使社会组织对自身有一个更加乐观的认识和预期。只是在现实过程中，由于中国社会组织的发展时间较短，2008 年才大规模介入抗震救灾。因此，我们现在还无法要求非常理想的非营利组织体系完整地呈现出来。

距离汶川地震已经 7 年多了。在此过程中，社会组织从专业能力到价值观念，再到整体性的救灾体系，都在不断地成长和成熟。一个动态的过程大致能够呈现出来。

社会组织参与抗震救灾具有两个方面的效果：一是让社会公众参与到公共事务治理中来，二是让公共事务治理的社会效果更加明显。在本章，我们将更专注于社会组织救灾的实际效果。

第一节　社会组织在救灾中的独特优势

虽然社会组织大规模参与救灾只是近年来的事情，其优势却使之成为不可替代的角色之一。以下分阶段来分别阐述。

一　紧急救援与过渡安置阶段

社会组织的亮点之一是，在地震发生之后的第一时间里出现在抗震救灾的第一线。在这一最紧迫的时刻，社会组织从全国各地大量涌入灾区，发挥着自己在各方面的特长。从中我们能够看出在理论上呈现出来的社会组织的各种优势。以下是社会组织在救灾过程中的具体表现。

(一) 深入细致的工作

社会组织的特点是组织规模小、行动灵活、数量众多，并且其最重要的特点是落脚于社会的基层，自下而上地发现社会问题，满足社会需求。这样一些特点就使得他们在抗震救灾过程中，能够像毛细血管一样渗透到社会的最细致的角落，发现社会的需求然后加以满足。这一模式与庞大的行政体系通过自上而下的方式提供服务的情形完全不同。行政体系满足服务需求的方式是更加集中有力，通过整体性的方式快速解决问题。但在此过程中，具体到一个场所、一个群体中的需求是什么，以及如何更细致入微地加以满足，可能会存在不足。社会组织呈现出了与政府所不同的另一面特点，因而，两大救灾主体可以形成功能互补关系。

在地震发生之后的初期，社会组织这种细致的工作手法有着极大的社会市场。以下举出一些实际中的例子加以形象化的表达。我们特意加入玉树社会组织参与救灾的案例。这是因为，玉树地震之后，恰好又是对于社会组织参与救灾有所避讳之时。因此，这样的案例更能深化我们的反思。

帐篷的故事

2010 年 4 月，玉树地震发生后，我们在一个当地的藏族民间组织点调查的时候，看到了一个政府官领着几个僧人来找帐篷的事。因为这些僧人住在山的另一边，发放物品的时候并没有领到，所以这个时候希望能补领。后来我们在调查中发现，当地很大的问题之一就是许多人没有领到救灾帐篷以及其他的重要物品，这是一个非常严重的问题。所以我们看到，社会组织可以有效地弥补这个不足。

"如果政府所有的物资都发放完毕，为什么这么多人住在我们这里呢？"这是他们的说法。他们周围还有一些帐篷居住者，该组织的工作人员给他们提供食宿，从而把救助行为渗透到具体的生活场景中。

社会组织如何发放物资

政府系统的发放是按照某一地区，政府把物品放在某一个采放点，更多的人过去领取救灾物资。而民间组织则有所不同，并且领完物品也不登记。问他们会不会有政府把好东西留给自己的现象，他们说肯定会的，有两个校长都被抓了起来，现在等待查明情况。为什么？就是叫他们发给老师东西，但老师没有收到，而是他们发给自己的亲戚了。他们说好多人都在传着这个故事。

接收到捐赠物品后，某社会组织的做法是：员工开着自己的车，一天要拉五车货物，到州上各个地方，送给需要的人。员工与志愿者带着物品到各个地方去发放，他们先把车停在外边，然后到家庭里去问、去看。如果需要的话，他们就会回来给灾民提供几天的物品，然后再登记一下门牌号，登记一下领物品的人，然后叫他们五六天以后再过来领取。他们所针对的对象是那些有亲人逝去的人。他们说这些人非常痛苦，在家里整天祷告、念经，根本没有心思顾得上自己的生存。一旦这些人发现自己处于严重的困境时，实际上已经错过了领取政府分发物品的最佳时期。因此，他们所服务的对象和政府不一样，但是他们的好多货物积压在路上，因为政府的关卡设在那里，政府要统一发放，不允许他们拿货物自己发放。已经捐赠给该组织的物品还有好多被政府索要过去，要统一发放。因此他们说，他们把好多物品送到了某某仓库那里。访谈的当天上午，我们也看到国税局的一个干部领着几个僧人过来，说是他们在山那边，受灾挺严重，他们当时有十几个人，只有一顶帐篷，但是没有获得政府的资助，问能不能给他们几顶帐篷。

"水又流了回来"

在某社会组织这里，有两个志愿者，是在州文工团的一个年轻小伙子和他的女朋友，男的23岁。他们来做志愿者，发放救灾物资。这个组织接收好多救灾物资，有的交给了政府（或者说被政府收上去了），有的发放到老百姓手中。政府又将物品分发给了社会，或许有些物品正好又分发到他们头上。政府因为有好多物品，他们就给各个部门和组织发放，他们艺术口也有，发放到他们文工团里。该团是事业单位，结果78个人，只发了5箱方便面、5箱矿泉水，这些东西不得不放在那儿，到现在为止也放在那儿。为什么？没法分，一分还不得引出很多的不必要的矛盾吗？

这个过程非常有意思。也许这5箱方便面和这5箱矿泉水就是这个组织给政府的，也许在给政府的过程中还有更多的好东西，比如牛肉干、牛奶等，但是现在政府这些部门、官员也不知道把这些东西最后发放到哪里去了。

最初人们是这样形容社会组织的这一特点的："政府做大的，非营利组织做小的"。或者说是："社会组织是政府的补充"。这样一种说法起初的目的是以一种低姿态的方式呈现，给社会组织一个合理介入救灾过程的说法，以免引起政府或正统力量的排斥。

不过这里的确是社会组织的一种特长，而且甚至连中华慈善总会这样一种大型社会组织也在这一方面独具特色。例如，芦山地震中他们给灾区提供红蜡烛或妇女用品，这样一些具体的做法也能体现出这样一种特征。

中华慈善总会的案例

"4·20"芦山救灾中，以政府为主的物资递送主要包括帐篷、方便面、矿泉水等生存必需品，重点关注的是食品、房屋、公共设施等方面的救援。中华慈善总会通过各种渠道了解到，灾区前线对于红蜡烛（灾民对于使用白蜡烛比较介意）、彩布条的需求很急迫，于是紧急购置了一批红蜡烛、彩布条运往灾区。此外，中华慈善总会还考虑到妇女需求问题，捐赠了一批妇女用品，这是政府通常不便提供也难以顾及的部分。这些捐赠的资金额度虽然不大，但针对灾区短缺且无人提供的需求，有效地起到了补充的作用，体现了非营利组织运作精细化的特征。

但是，更加深入细致的观察和研究将会发现这并不是"大"和"小"的区别，非营利组织实质上秉承的是一种自下而上的工作方式。该方式的最大特点就是从社会的具体需求出发，然后到外部筹集资源来试图满足这些需求。

中国扶贫基金会的案例

芦山地震发生后，中国扶贫基金会在第一时间就派出工作人员前往一线，了解灾情、采集灾民需求。灾害发生后的三天内，基金会共派出二十余人驻扎灾区，这些工作人员均以自愿的方式（不拿额外酬劳）参与其中。他们深入细致地调查灾区需求，为基金会的筹款和物资募集提供依据。由此一来，从需求调查、需求信息的传递，到有的放矢的物资募集，再到物资调集、运输与发放，形成了发现与满足需求的一个闭环式连接。最终，他们既完成了一项重要的功能，又将这种功能做到了深入细致，而不仅仅满足于做小的这样一个基本的特点。

中国红十字基金会"救灾家庭箱"案例

芦山救灾中，中国红十字基金会向灾区居民捐赠了约 8000 个"救灾家庭箱"，每一个急救箱从设计、采购、运输、发放到反馈都有一套公众深度参与其中的标准做法，结果是捐赠人、志愿者、受益人乃至公众都对家庭箱的发放有较高评价。

首先，基金会从设计阶段开始就重点考虑灾区实际需求，物品的组成是在征求捐赠方意见并结合灾区实际需求后确定的。随着时间推移，灾区需求不断变化，家庭箱的构成也随之变化，第二批家庭箱内物品构成与第一批家庭箱有所不同，增加了雨具、消毒剂、蚊香、花露水等过渡安置期民众所需的生活物资。其次，物资采购公开招标，且由基金会、志愿者、捐赠者、公众等多方参与决策，社会志愿者全程参与运输与装箱，基层政府和救灾部队协助发放，体现了非营利组织运作物资递送项目的优势与专业性。此外，基金会在发放环节强调物资和人户一一对应原则，要求每个家庭箱的领取人签字确认，并由志愿者将灾民的意见和反馈收集起来，为进一步改进提供依据。

中国红十字基金会在抗震救灾中把平时既已形成的一种工作模式运用起来，即动用自己从社会一线发动起来的志愿者，让他们深入公众之中发现社会需求，然后形成加以满足的公益项目，这样一种自下而上的模式会将公众的需求确定到一个细致入微的程度，然后又从外部筹集资源来整体性地加以满足。

由此我们会看到非营利组织在这里呈现出来的独特优势并不是做小的，或者细致入微，而是一种自下而上的确定社会需求并加以满足的方式。

作为对比，一些具有官方背景的社会组织在运作过程中也会动用自己的半行政化的体系来做同样的事情，但是，如果这一体系本身没有实现很好的社会化，而仍然秉承一种半行政化的方式，那么他们只在形式上做到了这一点，而在实质上却很难有这样一种精髓。例如，某社会组织也是运用自己的从中央到省到县，甚至再到更基层的村落都建构起来一套半行政化的体系来发现需求、提供服务，但在其筹集的物品中最终出现了很高比例的无法递送下去的情形，简而言之，供需关系并没有很好地匹配，自下而上的工作方式并没有真正奠基起来。

（二）独特的社工技术

如果将社会组织的细致入微的工作手法应用到对人的服务方面，便是其所具有的独特的社工技术。在这里，"社工技术"是一种广义的含义，它并不是指抽象的专业技术，它还包括助人行为中所独特具有的那种人性化的细致入微以及温暖体贴的精神面貌。

在地震发生之后，在灾区社会处于一种精神与心理的阴影状态之时，这种独特的方式具有特殊的效果。从志愿者到社会组织，均以独立的自主性的个人或组织的面貌出现。原初的助人动机和公益理念驱使他们人性本身的内在动机和关怀他人的精神意向，在行动的过程中得到鲜活的呈现。但我们并不是说只有社会组织才具有这样一种技术。实际上，任何人给人的帮助都会起到这种深入内心的温暖的感觉，只是社会组织在这里特点更为鲜明。

与此同时，一些助人行动的背后的确具有独到的社工技术或心理学专业技术，因而就可以使这种本原性的人情温暖得到一个最佳方式的体现。这表现在心理援助或促使灾区公众精神状态恢复与改善等诸多方面。

（三）特定的专项技术

社会组织在抗震救灾过程中还可以拥有自己独特的专项技术，比如某种救援抢险的技术。这些技术甚至都有可能是某家社会组织所独有的，在由政府组织的救灾过程中都未必能见到。社会组织之所以有这样的特长，就在于它们是由无数的组织组成，每一家组织都有自己独特的努力方向与专项特长，它们在不断地创新的过程中会向着各个专业方向拓展，最终无数组织的努力会在一些特定的方面产生自己的独特之处。

中华思源工程扶贫基金会的救援技术的案例

中华思源工程扶贫基金会运用与军事相关的知识和技术，通过空投太阳能电池和液囊，解决了部分灾民对于电和水的紧急需求。芦山救灾中，受灾地区由于不具备充电环境，照明、通信等受阻，基金会针对这一需求，空投1000部太阳能电池，可以激活1000个通信设备，为前线救灾指挥提供保障。

汶川地震后，在紧急救援阶段中灾区饮用水的运输与递送困难，基金会工作人员看到其他救援部门将成箱的矿泉水从直升机上推下，矿泉水瓶损毁严重，效用极低、浪费极大。中华思源工程扶贫基金会决定采用军事上液囊包装的技术，使得空投过程中90%以上的饮用水完好着陆，从而使6000多灾民获救。这些独特的观察、思考与技术运用提高了救灾的效率。

二　灾后重建阶段

灾后重建阶段有三类典型的项目，以下依次呈现。

（一）基础设施建设

基础设施建设方面是最难以看到社会组织独特优势的地方，因为政府的统一规划、统一建设具有更加系统和效率的特点。

但即使如此，社会组织也体现出了一些自身的特长。第一就是发挥监督作用。当我们把社会组织的资金汇聚到政府灾后重建的统一性的大盘子之中的时候，一些社会组织也会格外关注资金与质量问题。如在公共设施的建设方面其质量能否保证，在整个建设过程中安排是否合理，资金使用是否恰当，等等。而且这样一种做法，甚至连我们传统上认为的一些大型的官方基金会都已经投入了巨大的努力。

第二就是社会组织会有多样化的建设方案选择。比如在灾区公众房屋建筑方面，它们会在政府的大盘子之外产生自己的一些推荐性的选择，并为这种选择提供周到的服务，甚至包括资源上的支持。从汶川地震到芦山地震，一种轻钢房的建设和推广就通过社会组织在灾区里得到了一定程度的应用。

社会组织的多样化选择还包括其对学校医院等建在哪里更合理、如何建设更合理等有自己的一些想法和建议，这时就涉及政府的统一规划是否合理的问题。尽管总体上这一规划背后有专家组的论证，有充分的专业依据，但我们在调研中也的确看到一些由政府统建的学校，如在汶川地震之后建起的学校到了芦山地震救灾之后仍然原样地坐落在那里，投入了数百万元资金而建成的建筑基本上没有得到利用。作为一个空余的场地会零星地被人们使用，而并没有真正地作为学校被运用起来。

社会组织还可以为困难户提供特殊的援助。

中国妇女儿童发展基金会的案例

在芦山地震的灾后重建阶段，中国妇女儿童发展基金会瞄准灾区的单亲母亲、失独母亲、贫困母亲、残疾母亲等特殊人群，为了让她们灾后能有一个永久性住房，大约给每个母亲（所在的家庭）援助 10000 元，建5500 套永久性住房。受益人的选择通过基层妇联，按照标准选择并公示，灾民对此也基本认同。

社会组织在基础设施建设方面的独特作用发挥也会受到一定的局限性。其一是政府的统一规划。其二则是在硬件设施建设方面。如果超出政府的统一规划之外，社会组织需要与当地政府进行长时间的沟通磨合，而这一过程通常是需要付出巨大的成本。其三则是，当社会组织将自己的资金添加到政府的总盘子之中时，"替代"效应不是很强，即社会组织在此中做出的额外贡献不是特别突出，因为社会组织的贡献份额较低。而且，除却社会组织的份额，政府也会提升自己的出资水平。

（二）生计发展

有一类社会组织专门致力于扶贫与社区发展工作，其长期从事生计发展工作，并积累了自己的技术优势。

社会组织从事扶贫发展的做法会呈现出各种复杂的模式。例如，它们既要瞄准从市场中获得发展利润的最终目标，又要瞄准如何动员起受助人，让他们自主行动起来成为自己的责任主体的手法。除此之外，它们还会注意到发展地区所特有的资源，对此加以利用，最终综合性运用到发展体系中。还有一些社会组织在嫁接企业的产业链从而使得灾区公众能够搭上进入市场的快轨道等方面具有自身的独到之处。

可以将社会组织的优势简单地表述为这样几个方面。第一，社会组织可以建构起一个综合型的发展平台，在这个平台上可以将来自政府的资源、企业的资源、社会组织的资源综合性地统领起来，形成一套"组合拳"。并且还可以综合性地考虑经济效益、环境效益及社会效益这样一些多方面的利益因素。在第三章中所举的光彩基金会的灾后重建案例就是这方面的典型代表。

第二，社会组织善于将发展主体组织起来，形成资源、土地、信息方面的综合体系，从而强化自己进入市场体系的能力。同时，这种组织也促使人们成为发展的主体，自己拥有担责的能力，并且大家形成合力一同追求自己的发展。这一方面就是动员公众参与和自我组织，它是进入社区帮助人们发展的社会组织的经典特长。

第三，社会组织通过小额贷款给发展中的人们以一种资源上的帮助，由于而这种帮助是通过贷款的方式来进行，因而并没有损害被帮助者的责任主体地位。在这一过程中，运作的技术难题就在于如何让这些贫困的主体能够通过借贷获得利润，并且有责任心把贷款偿还上。我们知道正常市场体系中也有贷款，但是这样的贷款体系很难渗透到如此边远的和贫困的群体身上，原因就在于它操作的成本太高，需要的动员技术以及让受助人成为自己责任主体的技术要求过高，因而很难让他们通过贷款真正地获得发展，或者真正地有偿还贷款的意识。而社会组织在这方面通过多年的积累已经形成了自己的运作体系，这一运作体系在灾难发生之后被移用到地震灾区的发展中即可，其中最典型的模式就是中国扶贫基金会的小额贷款的长期运作技术。

中国扶贫基金会小额贷款的案例

中国扶贫基金会的小额信贷项目（中和农信）有着近20年的探索。通过引入国际化的小额信贷专业管理体系，这些已有项目模式化体系可以直接对接到灾后重建的生计发展之中。其小额信贷是一套标准化的体系，包括小额保险、农业技术培训、金融教育、信息技术培训等内容。目前中和农信基本形成小额信贷扶贫模式、救灾模式，分别针对贫困人口、受灾群众提供小额信贷服务，并且在全国已经有107个以县为单位的点，覆盖15个省份的贫困及受灾地区，拥有14亿贷款余额，覆盖近20万贷款客户，是中国最大的公益性小额信贷机构。

在汶川地震之后，中和农信在四川地震灾区绵竹、什邡、德阳市旌阳区成立了三家分公司，为灾区百姓提供无须抵押、无须公职人员担保的个人贷款，贷款额度最高可达 50000 元，贷款期限 6～24 个月，每月等额本息还款。

与此相比，政府的生计发展工作通常基于自己在资金和行政体系的权力两个方面的雄厚的优势，但是在具体的运作技术、运作手法等方面则较为欠缺，因而在真正地把灾区资源和扶贫资源相结合、把贫困人口调动起来追求自己的生计发展以及如何瞄准市场等方面，社会组织将有自己一整套的运作体系和运作优势。

（三）社会服务

社会服务是从地震之后的紧急救援阶段就开始呈现出来的一种需求。在过渡安置阶段，为了让人们从阴郁的精神状态中恢复出来，也需要这项技术。而真正需要系统化开展的则是灾后重建阶段，其中又分为两个部分。第一就是为那些因为地震而遭受伤害的人进行精神疗伤，第二则是在人们的日常生活中也需要这样的社会服务。

社会服务是一项专业的技术，其核心可以用社工技术来表达。近代社工技术的兴起则为社会服务提供了一个专业的内核。它表明社会组织一旦能够胜任这项工作，那么它的能力特长将是独一无二的。还以抗震救灾之后的实际例子来加以说明。

绵竹青红社工中心的案例

这是一家灾后以北京的社工和社会学教师为主建立起来的社工机构。其所帮助的对象主要是一群因为汶川地震的发生而致残的残疾人。这些遭受地震伤害的人们心中会留下重大的创伤，但在该社工机构的帮助下，人们经历了一个长达数年的心理恢复过程，最终这些受助者逐渐走出了阴影，并学会了帮助他人。

其最初的起点是这些社工教师与这些残疾人走到了一起的那一刻，而正是这一刻的印象在受助人心中注入了正能量的种子。他们自己的说法是："当时陈老师从车上下来与我们握手，那亲切的一幕使我们都不敢相信这是真的。大家都素昧平生，为什么他们会对我们如此热情？"而正是从这里开始，一整套的社工服务开始了它的旅程，也让这一帮因为地震致残和亲人失去而长期笼罩在阴影中的人有了一线光明。

其中一个典型的案例是一位既失去了妻子自身也残疾的人士，这是一位有着独特的内向特征而情感极为丰富的人士，他一方面思考很多问题，另一方面也有很多精神的内涵，但正是因为这一点，他因为地震而造成的心灵深处有一种厚重的阴影植入，这一阴影用他自己来描述则是前面看着是阳光，而后面看着是炸弹在脑袋后面爆炸。这一阴影使得他心神不宁，坠入精神的深渊，但是经由自己参与的社会组织的帮助和自身的努力，阴影在逐渐减少。地震之后两年的时间他会告诉你他的阴影已经不再是全部，而只能占到一半的位置，但即使如此也孕育着某种可怕在其中；然后又过了两年，他会告诉你阴影只剩下百分之三十；而经由各种途径的努力，尤其是社工技术在其中的运用，他会告诉你阴影已经基本消除，而这个时候地震过去已经有六七年的时间了。从中能够看出，要想真正地帮助一个人，其间需要付出多么大的努力，其间又需要有多么专业的能力做支撑。

另外一位残疾人在地震之后心情不好，脾气暴躁，又感受到了一些来自于资源分配方面的不公正，因而数度要找政府上访闹事，但是社工组织接纳了他，在其中他感受到了人和人之间的温暖，感受到了自己成为一个组织的民主决策者的巨大吸引力，感受到了大家相聚时的温暖，因而整个人的状况发生了快速的改变。随后，这位人士又加入了帮助别人的行列中。

第三位人士则是一位自身残疾但同时又失去了独生儿子的一位父亲，这位人士尽管曾经获得了巨大的荣耀，但是在地震之后，其内心深处的凄凉和苦楚很难在短期内得到排解，而且如果没有外界的帮助，阴影会逐渐加深，吞噬自己。但是正是社工组织将他接纳进来，与大家一同沟通联欢，探讨过去自己的价值与意义，探讨未来生计发展的方向，在整个过程中他的人性充分伸展开来，经过数年的时间，已基本上能够稳定在积极向上的水平上，虽然偶尔想起自己的孩子还会陷入一种深沉的痛楚之中。

这是一种为因地震遭受创伤的人疗伤的社会服务技术，更多的社会服务需要用在更一般的人群的更一般的生活方面，包括为儿童服务，为老人服务，为妇女服务，等等。这样一些服务会使我们平素的生活质量上升到一个新的档次，而这也正是我们当下社工技术兴起的最重要的理由所在。当然社会服务技术所追求的目标是人性本身的目标，此中的专业化程度和实现目标的难度可能都未必在生计发展之下，虽然生计发展要与整个进入市场的技术关联起来，但是社会服务方面需要与整个人的精神生命和社会生活关联起来，这是一个未来需要有更深度追求的方面。

第二节　社会组织的能力成长

我们可以从一个问题入手：上面谈到，社会组织在理想中可以发挥很大的作用，但这是不是只是一种理想情形呢？现实离理想差距到底有多大？

尽管我们也使用了实际案例来表现社会组织的各种优势，但是仍然避免不了这样一种质疑：这些举出来的案例只是众多社会组织中少数闪光的成分。实际上人们对于社会组织的质疑也从来没有停止过，比如，有人认为，很多社会组织是出于自身的激情而进入灾区的，有些完全是为了自己的情感目的；或者它们出于一种个人英雄主义的色彩或理想主义的色彩而工作，至于预期效果则很难满足专业上的要求。

这样一种质疑在社会组织发展的初期，也就是在它们大规模参与救灾刚刚开始几年的时间里，是可以理解的。但最关键的是，我们要能够看到社会组织成长的轨迹，然后才能知道它们是否正沿着内在固有的趋势朝向我们认为的理想目标迈进。于是这里就需要对社会组织发展的轨迹进行剖析。为此，我们可以跟踪一个组织，有时候则跟踪一个组织群落，还有些时候可能跟踪整个救灾组织的群体。

一　社会组织专业性的提升轨迹

这里以一家社会组织为例。从中我们能够看到社会组织的专业能力的提升，而且更重要的是你会看到这种提升是一种内在的必然趋势，而并非偶然的际遇。

滴水公益的案例

滴水公益成立于 2008 年，参加了汶川地震、玉树地震、雅安地震、鲁甸地震等一系列灾害的救援。在参与汶川地震救灾时，滴水公益的负责人老北及部分志愿者凭着一腔热血直奔灾区，事先并没有想好去做什么。进入灾区以后，虽然也为灾区争取了一些救灾物资，但是由于缺乏后勤保障，一些志愿者的生活陷入窘境，有的甚至连回家的车票钱都没有了。在这种情形中，老北深刻地体会到民间力量参与救灾，单凭激情是不够的，必须需要专业性。后来，在一系列的志愿服务和灾害救援中，滴水公益在两个方面不断加强自身的专业能力。一是救灾的专业性。他们在平安星等机构的帮助下提升专业防灾救灾能力，还通过相关渠道筹集资金购买了价值百万元的救灾装备，极大地提高了专业能力。二是社会组织管理运作能力。在理念上，他们强调"做公益要有激情而不是激进"，强调宽容、平和；在策略上，他们灵活地与政府开展合作，不做损害救灾大局的工作。这些专业能力都不是一蹴而就，而是通过在实践中不断总结，在交流中不断学习得到的。用老北的话来讲："它们都是从书本上得不到的东西。"

二　社会组织价值观的演变

一些社会组织的价值观也在救灾过程中不断成熟。救灾之初，它们主要被一种朴素的追求个人价值的动力所驱动，带有较为明显的个人英雄主义色彩。后来，在救灾的过程中，它们又逐渐走上了理性地追求社会本身的价值与意义的轨道上来。

MS 志愿服务队案例

MS 志愿服务队是汶川地震后某极重灾区的一个草根组织。汶川地震两年后，我们访谈该组织负责人老王，他向我们讲述了这几年中自己内心的变化。在震后初期，老王迅速召集了一百多个志愿者参与抗震救灾。因为在部队服役过，他每天对志愿者团队进行准军事化管理。一百多号人，每天早上都要请老王上台讲话，他十分享受那种当英雄的感觉。但是，他越是享受这种英雄的感觉，就越是希望巩固自己领袖的地位，这反而逐渐成了自己参与救灾的一个主要目的。于是，在组织中获得较高的地位，也能够享受当英雄的感觉就成了一种人人都想获取并引发争斗的稀缺资源。在争斗过程中，原先一百多号人马相继散去，领导人最终成了一个痛苦的、被人笑话的"光杆司令"。

在痛定思痛、认真反省之后，老王逐渐意识到，应当让公益参与的目标回归到实现社会价值本身，而不是个人英雄主义情怀的满足。于是，在这种新的价值理念下，他又开始重新招募志愿者，参加社区中常规的志愿服务，比如帮助孤寡老人和留守儿童。现在，公益参与已经成为老王生活方式中很普通的一部分，而不是一呼百应的"英雄壮举"；此外，组织内部实施扁平化管理，外部开展低调而务实的志愿服务，受到当地社区群众的好评。

三 社会组织整体行动力的成长

社会组织以一种更充分的、更有准备的和更合理的体系来应对救灾工作。以下是几次地震的对比。

（一）救灾信息与供需匹配

首先是在灾情信息和供需匹配方面，经过多次救灾的积累，社会组织开始有了整体的进步，以三次典型的地震灾害为例。

1. 救灾信息

第一，汶川地震。

汶川地震灾情严重、影响范围大，在汶川地震中，政府是最为主要的灾情信息收集和发布主体。在政府之外，主要是传统媒体对政府信息进行宣传报道，新媒体技术（微博、微信等）尚未流行使用。民间力量还处于萌芽孵化时期。很多志愿者都是基于自身的热情自发、零散地参与其中。少量的社会组织第一时间进入灾区，通过自己的力量开展局部信息收集工作，也没有一种整体性的了解。

第二，芦山地震。

芦山地震中，在以政府为主体的灾情信息体系之外，灾民、志愿者、社会组织通过各种各样的自媒体（微博、微信等）开始有了更多的信息渠道，丰富而又多元。民政体系和红十字会体系之外还出现了更多社会组织的身影，其中最为活跃和受关注的有壹基金、中国扶贫基金会等，而此时中国基金会的数量在 3000 家左右，是 2008 年基金会数量的 2 倍，参与芦山救灾的基金会和其他社会组织（包括在汶川地震中成立的很多组织）开始联合汇集，一些信息平台发布的信息开始在微博、微信朋友圈等各种媒体上传播。

第三，鲁甸地震。

鲁甸地震延续芦山地震的多信息渠道的特征。比较明显的变化是，原先大量的信息开始更为系统专业，以更为体系化的方式传播。其中，很多社会组织都有自身的灾情信息整理及传播体系。还出现了专业化的汇集平台，例如卓明灾害信息服务中心每天发布的《卓明救灾简报》便汇集了综合全面、专业性强的灾情信息，它包括了翔实的灾情数据（人员、房屋、交通、电力、水利、通信、教育、卫生等）、定点灾情（村组具体信息）、救援进程、天气情况、交通路况、物资需求、政府动态（包括具体发放物资的数量）、民间动态等。

2. 供需匹配

供需匹配程度和救灾信息密切相关，救灾信息清晰详尽是保证供需匹配的基础。

在汶川地震中，由于灾情严重，大部分的物资都处于匮乏状态，大量的物资进入灾区被迅速消化，且基本处于非饱和状态。只有在中后期才出现少数"明星灾区"部分资源过于饱和和一些地区受到的关注较少、供应不足的状况。

在芦山地震中，由于受灾范围和严重程度远小于汶川地震，受灾地区主要集中在雅安市的 6 个区县，故基本没有出现供应不足的情况，相反在某些物品上却存在着过饱和状态，如方便食品。供需匹配问题已经在芦山地震中隐隐凸显出来，其中包括一些物资捐赠出现结存或者发放不下去的状况，一些方便食品堆积，还有快递公司帮助全国各地爱心民众递送的包裹在进行分类梳检之后被发现很多都无法发放或者不符合灾区实际需要等。

到了鲁甸地震，其需求发布过程较之于过去有了比较鲜明的几个变化，在卓明灾害信息服务中心的信息平台和各社会组织展示的具体做法中发现：应急食品和正常饮食有了区分；地域、民族等特征被考虑进去；物资需求有效天数发布；开始与政府进行物资互补匹配；单向信息确认及免扰机制（对于单向提供的村组信息，为使村民免受多方打扰和保持手机电力，信息平台不公布村组联系方式而是向平台索要，并且强调递送前再次核实需求状况，这样避免了大量物资未尽核实就投到一个点的资源浪费）。

3. 软性需求

传统的救灾中，软性需求较少被体现出来，包括在汶川地震之中，虽然大家知道心理疏导等的重要性，但受制于社会组织专业能力、供需匹配协调情况和人们的认知,当时灾区甚至流传了"防火防盗防心理医生"的说法,许多重灾区灾民反映被心理援助一次还觉得挺好的,但受不了一轮又一轮的心理疏导活动。

随着社会组织的发展,越来越多的社会组织开始关注灾区的经济恢复和社区发展等问题,有一些长期致力于扶贫和生计发展类的基金会如中国扶贫基金会、光彩基金会等也充分发挥自身的优势,在灾后重建中发挥了独特的作用。在鲁甸地震中,民政部组织 5 支专业的社工队伍在地震过后一个月进入灾区,开展为期 3 个月的社会服务,得到了灾民们的认可。有灾民表示,社工让灾民们从心理上站起来了。

(二) 专业化

1. 系统化需求及项目谱系形成

随着救灾经验的积累,社会组织对于灾区的需求的把握逐渐由笼统的认识进入细化的需求谱系之中,进而针对各个阶段设计出不同类型的项目谱系。

在汶川地震之中,这部分内容基本处于萌芽状态,社会组织对三个阶段各自的需求和特征仅是一个模糊的认识,并没有形成体系。到了芦山地震,很多社会组织对三个阶段的需求、特征均有了比较具体化的认识,行动开始出现了系统化的特征,项目之间出现了横向的战略关联,例如深圳慈善总会在震后第三天设计了 9 个方向①来开展募捐活动。

2. 专业的救灾队伍

在汶川地震之前,国内只有一些零散的救灾救援队伍,主要是基于之前的登山或户外运动等形成。国内第一家正式注册的救援队——蓝天救援队便是在汶川地震中积累了救援经验,2010 年在北京正式成立。

在芦山地震中,数支较为专业化的救援团队共同参与救灾,包括蓝天救援队、仁爱救援队、中安救援队等。其中,深圳壹基金救援联盟共有 28支救援队 270 人参与救援。救援队伍不再是零散化行动,而是体系化运作,且有详细的行动记录。

---

① 包括 Y1 非定向、Y2 捐款人个性化意愿、Y3 紧急救援、Y4 消防防疫、Y5 儿童救助、Y6社会福利设施、Y7 整村推进、Y8 机构孵化能力建设、Y9 社工服务。

在鲁甸地震之中，救援队伍更为专业化和体系化。本次地震的伤亡人数超过了雅安地震，救援队伍之间借助于各种形式的联盟、协同平台、协调合作小组而相互配合支持，同时各个机构定期发布它们的救灾简报，并且还有《民间公益组织鲁甸救灾联合协同平台联合倡议书》《鲁甸地震灾区志愿者公约》等在救援组织之间相互传播。整体上，从汶川到鲁甸，社会组织的专业救援从无到有，从感性朝向理性，从零散朝向系统，逐渐进入专业化的发展轨道上。

3. 反应和集结速度

三次地震，社会组织集结和反应速度也越来越快，这受益于新媒体的应用和很多救灾联盟体系的建立。如深圳壹基金经过芦山地震的经验积累之后，在全国各地都有备灾仓库和支持的救援团队，能够快速响应。在鲁甸地震中，在地震发生7分钟时，深圳壹基金联合救灾的云南伙伴第一时间便和当地联系确认了灾情具体情况，地震发生过后26分钟，深圳壹基金确认第一批救灾物资（412件彩条布、100顶帐篷、1500个温暖包）从昆明备灾仓库装车连夜运往灾区。

4. 需求报告和评估追踪

汶川地震中，早期社会组织没有专业的需求报告，关于项目的评估也并不多。在两三年后的灾后重建中，有部分对项目的评估，例如中国红基会对其支持社会组织的项目开展了专项评估，并出版成册——《联手的力量》。

芦山地震中，早在紧急救援阶段（2013年4月23日~30日），中国扶贫基金会就组织了专家到灾区一线进行了需求调研，并形成专门的《四川"4·20"芦山地震灾后重建需求评估报告》。中国青少年发展基金会在项目初期就引入评估团队，对其救灾项目进行长期体系化跟踪评估。需求分析和评估追踪目前已经成为不少社会组织在地震救灾中的重要环节。在鲁甸地震中，社会组织普遍性地对当地需求十分关注，而不是盲目开展行动。

四 存在的问题

社会组织在自身能力发展的过程中已经呈现出令人乐观的曙光，但是一些社会需求方面的挑战还十分巨大。当下的社会组织不管是从数量上还是从组织的能力上都还离社会需求有着巨大的距离。最典型的表现在灾后重建阶段。尽管我们说生计发展与社会服务是两个十分核心的方向，但是社会组织在这一方面的数量和能力还远远不足。最典型的表现在芦山地震救灾过程中，在灾后重建阶段，尽管社会组织的数量已经有了较大的提升，大量来自于汶川地震之后新建起来的社会组织开始发挥作用，从中能够看出社会组织数量的快速发展。但是从整个灾区布局来看，社会组织还仅仅是零星地散布在一些相距遥远的村落里，其数量远远不能满足灾后重建的需求。

从资金的使用方面来看，社会公众捐赠的资金通过大型基金会向下递送使用，但是由于作为"支腿"，实际操作的社会组织数量不足，一些名声较好、专业能力较强的社会组织已经承担了数个甚至更多的项目，其人手上的、管理上的屏障已经开始呈现，有些时候会大大降低资金的使用效率。于是另外一些能力不强、不够纯粹的社会组织也加入项目的申请甚至运作过程中，导致救灾资金使用上的低效率。

社会组织在专业能力上参差不齐。在雅安地震发生之后的一周年里，我们去灾区各家社会组织的点进行调研活动，发现有一些组织开始发挥了相当积极的作用，外界资助的资金起到了四两拨千斤的效果。例如，一家叫秦巴乡村的社会组织，将公众动员起来，通过技术信息的输入，当地农民大大增收。但是还有更多的组织在以一种初学者的身份运作公益项目。如果将这个过程看作是社会组织的成长过程，那么我们预期会有一个更加值得期待的社会组织的未来。但是在当下，社会组织的救灾效果不尽如人意，有些愧对捐款人的感觉。

第三节　社会组织的体系化成长

以上阐述了社会组织参与抗震救灾的诸多优势，但同时这是一个突生的成分，在它们作为新的参与者加入进来之后，会面临社会组织之间的合作问题。社会组织数量众多，类型也是多样化。每个组织都有自己运作的空间，而没有义务一定要执行别人的要求。此前我们看到了这种局面的优势，就是更加灵活有效率，能把人的原始的积极动机发挥出来，并且在救灾过程中具有很高的创新性，最终产生了一整套的自下而上的工作模式。但是各自为政的情形又容易导致整体功能上难以整合化。无数个积极的组分加到一起未必是一个整体性的积极组分。这个基本道理我们很容易明白，问题就是这些社会组织是否可以照应其他组织存在的边界，最终形成一整套的统一化的功能模式呢？

一　社会组织自身的联合

社会组织自身联合有多种模式，其中既有借助于地震发生现场建立起来的一个社会组织救灾平台与众多社会组织之间的联合，又有从资助方出发而建立的救灾体系，还有大型基金会建构起来的救灾联盟。

芦山地震救灾是多种联合救灾形式的第一次大规模尝试。在芦山地震中，除了已有的深圳壹基金联合救灾及华夏公益联盟（后成为华夏救灾基金）之外，"成都公益组织'4·20'联合救援行动"在地震过后迅速成立，发起机构多数是从汶川地震中由志愿者转型的注册公益机构。不久，中国社会组织灾害应对平台、"基金会救灾协调会"等更多机构陆续成立。这种联盟以及协调会等方式有利于社会组织共同参与救助行动，实现信息共享、资源对接、平等合作、各尽其能。很多参与其中的社会组织也在各种联盟的"大本营"中相互鼓励支持。

及至鲁甸地震，联盟的方式又迅速启动起来，而且更为体系化、分工更明确、行动力更强。例如，震后第三天（2014 年 8 月 5 日）的下午，20 家草根社会组织就发起成立"民间公益组织鲁甸救灾联合协同平台"。

整体而言，目前的联盟情况可以分为以下两种。

（一）常态化的联合组织

深圳壹基金救援联盟和壹基金联合救灾网络：壹基金救援联盟成立于 2009 年 5 月 12 日，即汶川地震一周年之际。救援联盟从成立之初的三十多支民间志愿救援队伍，现在已经发展到近 300 支队伍 5000 名成员的规模，分布在全国 30 个省区市。作为目前规模最大的全国性公益救援组织，救援联盟不仅能够做到响应各地区发生的紧急救援事件，还能够协调完成跨省的救援工作。壹基金联合救灾网络成立于 2011 年，先后在全国 14 个省建立 15 个区域网络，常态地应对中小型灾害，并建立应急响应机制，随时应对突发性重大灾害。

人道救援网络：2014 年 4 月，中国扶贫基金会发起，蓝天救援队等国内外 29 家社会组织共同组建为"人道救援网络"。人道救援网络由发起单位、战略合作伙伴、网络成员共同搭建，目的在于通过人道救援网络及时应对灾害，紧急响应、评估灾情、找准人群、实施援助，救助处于生命边缘的灾区民众，帮助他们渡过难关，把社会关爱和温暖送给最需要帮助的人。

基金会救灾协调会：基金会救灾协调会成立于芦山地震时期，后来成为常态化的基金会联合救灾协调平台，该组织由中国青少年发展基金会、中国扶贫基金会、中国妇女发展基金会、深圳壹基金公益基金会、中国光华科技基金会、南都公益基金会、腾讯公益慈善基金会、爱德基金会联合发起。为促进中国基金会在救灾中更好地协作行动，联合有志于参与救灾工作的各基金会，在灾区协调高效有序开展救灾工作的行业平台，同时也希望能借助这个平台推动中国公益行业在国内外救灾事业的发展，推动行业进步。

（二）某次灾难中临时组建起来的联合组织

成都公益组织"4·20"联合救援行动：芦山地震当天，多家成都本土公益组织发起了"成都公益组织'4·20'联合救援行动"。截至2013年4月28日，成员伙伴机构68家，共同遵循"4·20"共识："以实际行动推动促进灾区救援和重建中的社会协同、公众参与。协助政府、协力灾区；有序参与、有效服务；资源共享、平等合作；各尽其能、各得其所。"

民间公益组织鲁甸救灾联合协同平台：鲁甸地震后的第三天，参与鲁甸—巧家抗震救灾的首批20家机构联合发起"民间公益组织鲁甸救灾联合协同平台"（原点大本营）。平台为在鲁甸救灾的公益组织和志愿者提供服务，包括对接当地政府、需求与资源信息对接，以及交通、生活保障等基础服务。

二 社会组织联合体的成长

（一）中国社会组织灾害应对平台

中国社会组织灾害应对平台（以下简称"中社平台"）是由中国红十字会总会、北京师范大学、南都公益基金会、成都公益组织"4·20"联合救援行动在2013年4月28日芦山地震后共同发起成立的灾害救援型社会组织联合平台。

1. 中社平台成立的目的与运作方式

中社平台成立的初衷是有效整合各方优势资源，发挥社会组织参与芦山地震救灾和灾后重建的合力，为中国各类社会组织搭建一个有序参与芦山地震灾后重建的独立的灾害应对平台，通过多方合作来探索社会组织合作新机制。作为资助方，中国红十字会总会依托平台，通过招标等公开公平的方式，购买各类社会组织的专业服务，用于支持并协助各类社会组织参与灾区的灾后社区重建、社区服务、社区发展。在灾后重建阶段逐步形成以"项目支持＋能力建设＋公益沙龙"为主的灾援社会组织服务模式。

2. 中社平台在机制上的创新尝试

（1）多元参与，构建体制内外社会组织平等合作的机制。中社平台的参与主体尽管分属不同体制，既有官办的也有民间的，既有国字号的也有最基层的，既有社会组织也有人民团体、事业单位，既有基金会也有具体运作的社会组织。但是，它们都具有相近的功能——在社会公共事务中发挥着社会参与、社会协同的作用，这是各方得以平等合作的基础。中社平台正是在这个基础上促进各参与主体之间的合作，并努力保证各主体之间的平等互惠。这种跨体制的平等合作，是中国社会组织改革的一次积极尝试，具有较强的创新意义。

值得关注的是，中社平台甚至打破体制内社会组织的传统禁忌，根据社会需求，把暂未注册的草根团队引入社会建设领域。该平台的负责人表示，平台努力以在地群众的需求为根本，以服务为目标，任何组织只要是回应确确实实的需求，提供实实在在的服务，对于未注册的机构，可以与其他已注册社会组织合作，由该已注册社会组织向平台申请项目，注册社会组织代为托管项目。对于寻找托管机构困难的，平台出面协助对接。

如"碧峰峡中心校梦想画室"项目。申报实施团队全部是由在校的四川农业大学的学生组成，他们大多数并没有社会工作或社会学的专业背景，但其致力于儿童服务的愿望极为迫切，团队从2011年起在碧峰峡镇中心校，通过绘本阅读服务在校学生，与当地学校建立良好的合作关系，充分了解孩子们的需求。"梦想画室"项目正是基于碧峰峡镇中心校孩子们的需求设计而成。当该团队以在校志愿者团队申请公益项目时，平台告知因为在校志愿者团队没有法人资格不属于申报主体，建议其寻找合法注册的社会组织作为托管机构，并针对其需求协助完善项目计划书，后来该团队寻找到合法机构做托管，在答辩时，专家一次性通过，最终成功申请到项目资金。

（2）各展所长，打通社会组织参与救灾的资源生态链条。红十字会具有公募的资格，是接受社会捐赠的主流渠道，且其拥有自上而下覆盖全国的完整系统，同时肩负政府赋予的人道主义救灾救援等行政职能，故具有巨大的资金与体制的资源优势；南都公益基金会在公益理念倡导、公益项目管理上具有丰富的实践经验；北京师范大学在政策理论研究上具有学术优势；成都公益组织"4·20"联合救援行动中的各机构深入灾区一线在地行动，直接面对受益对象，能够准确把握一线需求，并及时予以回应。由此可见，平台的构建有利于打通社会组织参与救灾的资源生态链条，充分利用各参与主体的优势，相互补充，协同发力，达到良好的效果，具体表现如下。

• 从救援行动来看，由于平台的存在，从需求反馈到资源落地，减少了时间成本，社会资源能够被最大化地利用。对于一线服务的社会组织而言，可以快速获得支持；对于资金方而言，能够迅速投入资金，发挥善款的社会效益，且能够减少执行成本。

• 从社会参与状况来看，灾难救援信息繁多，参与救灾的社会组织数量众多、信息不对称、资源不均衡是必然现象，而平台的存在，则起到了信息枢纽的作用，特别是对救灾资源信息的协调来说，尤为重要。

• 目前我国的社会组织多数处于初创期，机构专业能力和服务能力，及专业技术都有所不足，而面临的社会问题又相当复杂，服务对象数量巨大且需求多样。平台通过资源整合，为在地服务的社会组织提供了综合性支持，提高了解决社会问题的有效性。

三方协力，助残生计

有一个名为"轮椅太极"的社会组织计划为地震灾区肢体残疾的伤员改善肢体功能，并提供培训及就业岗位来发展生计。但由于它是外来机构，在芦山县摸底招募残障人士存在很大困难，成本也很高。

而作为"国际助残"资助的"合力社区"是一家致力于残障人士康复的社工机构，芦山地震后便在芦山县人民医院为地震伤员提供康复治疗服务，其在岸服务的残障人士超过230名。其社工小组具有残障康复的专业优势，但无对残障群体提供后续延伸服务的能力，在"合力社区"的计划中，残障人士的康复前期重点是机体功能的恢复，后期重点则也同样是社会生计功能的恢复。

"大自然根艺博物馆"是一家在芦山县合法注册的工艺美术实体，其有着强大的技术支持，充足的订单保证和完善的产品销售渠道，部分工艺产品的加工技法简单易操作，除了要求培训对象手部功能正常外，对培训对象无其他特别要求。

经中社平台组织协调，结合三个机构的各自优势，设计了一个综合服务、多方有利的模式："合力社区"负责组织肢残伤员，提供培训场地及后勤支持，"轮椅太极"团队提供轮椅太极康复训练的技术，后期经"大自然根艺博物馆"培训后提供就业，为残障人士提供生计发展的另一条渠道。

（3）尝试打造服务型平台，资助方式更加灵活。传统的公益项目招投标形式，大多在时间、地点、金额等方面设置诸多条件，社会组织申报时竭力去满足资助方的要求，但把目标群体的实际需求及项目实施所在地的情况束之高阁，导致很多项目虽然严格遵守了项目申请规定和形式，却并不能很好地符合当地以及受助群体的实际需求。

中社平台自成立以来，先后收到灾后重建项目申请330个，对于项目的招标，中社平台没有对项目的类型、申请金额做过多的限制，对项目申请的时间也不做特殊要求，社会组织可根据项目需求随时申报，中社平台随时接受申请书。这种以需求为导向、形式灵活的项目招标模式为社会组织设计符合灾区实际需要的项目奠定了良好基础。同时，在项目自招标至签订资助协议的整个管理过程中，北京工作站与四川工作站相互配合，制定《招标管理办法》《项目申请书》《项目申请指南》等管理制度和文件，使整个项目招标工作以制度先行。

在评审形式上，根据项目申请的额度不同，采取"在线"和"线下"两种形式的评审，既节约管理成本又节约项目评审时间。线上依托中国社会组织灾害应对平台网站、各发起方组织网站、《公益慈善周刊》等及时进行在线发布。线下，中社平台通过圆桌协调会议及与在灾区的各基金会等资助方召开协调会议，共同应对项目实施中遇到的问题。平台努力做到"让做公益不再吃亏"，以项目的实际需求确定预算，不刻意划定标准线。

（4）形成"项目支持＋能力建设＋公益沙龙"的灾援社会组织服务模式。

中社平台致力于搭建一个融资源协调、项目购买、多方交流、在地陪伴于一体的服务平台，推动和激发社会组织的活力。经过探索，中社平台已经初步形成"公益项目支持＋能力建设＋公益沙龙"的灾援社会组织服务模式。

能力支持方面包括能力建设培训和项目监测评估，除定期为社会组织提供公益沙龙、能力建设培训，以及对在信息平台上公布的项目进展评估以外，中社平台北京工作站和四川工作站还先后多次组织专家到各个项目点进行实地考察和评估工作。

对"心家园计划"的专业指导

为了提升资助项目的执行质量，平台组织评估组对一些中标机构进行评估并提出建议。评估组对"心家园计划"在芦山县太平镇春光村和兴林村的项目点进行走访，在评估过程中采用"学术与实物相结合"、"执行与受益相结合"、"访谈与文献相结合"的多方位评估模式，邀请科研机构、基金会和灾援实务工作者，通过对项目工作人员、受助群体、利益相关方的访谈及对项目文献资料的查阅，对项目实施情况进行考察评估。"心家园计划"根据当地村民实际情况、基于需求设计的项目，"把外行的事做成内行的水平"的执行能力等方面得到评估组的肯定。但同时其与其他项目都存在的统一问题，便是"人员少，范围铺开面过大，财务管理专业化"等问题。评估组根据其存在的问题提出整改建议。在项目监测评估中，专家的专业指导和建议，对项目团队运作能力提升、项目模式的总结起了很大作用。

（5）使用信息化工具，促进公益项目公开透明。"4·20"芦山地震后，中社平台于2013年4月开始进行"'4·20'中国社会组织灾害应对信息平台网"（www.cn420.cn）的模块研发，5月3日信息平台正式上线。此信息平台既是信息发布和分享的网站，也是集项目在线申报和评估于一体的信息化工具。

中社信息平台先后有104家社会组织实名注册，第一批申报的项目中有68个项目是通过中社平台网站在线提交的，占前期项目申请总量的67％。此外，信息平台还起到监测评估作用，所有签约执行项目在信息平台都发布其活动实施简报和图片，使获资助项目更加公开透明。

（二）甘肃社会组织联合救灾平台

1. 平台构建的历程和作用发挥

2013 年 7 月 22 日，甘肃省定西市岷县、漳县交界地区发生 6.6 级地震，地震发生后，甘肃省各级社会组织积极行动，组织捐款捐物，用各种实际行动投身抗震救灾行动中，成为抗震救灾不可或缺的重要力量。为引导社会组织有序、有效参与抗震救灾工作，支持社会组织在抗震救灾中发挥积极作用，7 月 23 日，甘肃省民政厅下发了《甘肃省民政厅办公室关于省属社会组织参与定西抗震救灾工作的紧急通知》，通知要求各业务主管单位倡导社会组织积极参与抗震救灾，并要求社会组织将捐赠物资的名称及数量、志愿者的服务内容及人数、资金的金额等上报甘肃省社会组织促进会，由甘肃省社会组织促进会负责统计收集后及时上报省民政厅救灾处及民间组织管理局，并由省民政厅统一调配。

同时，甘肃省社会组织促进会与甘肃伊山伊水环境与社会发展中心、甘肃慧灵社会工作服务中心、甘肃兴邦社会工作服务中心等多家专业化社会组织合作，建立了"甘肃社会组织联合救灾平台"，组织团队成员和志愿者负责抗震救灾信息统计、救灾物资信息公开、经验交流等工作，同时迅速行动，建立了平台对外 QQ 群、平台博客、平台微博、平台微信等新媒体信息渠道，刊发每天一期的"社会组织参与抗震救灾专刊"。截至 2013 年 11 月 18 日，甘肃社会组织联合救灾平台微博发布了 6751 条消息，粉丝达 1023 人，其中一条消息阅读量是 23.6 万人次。经过灾害期间的信息梳理，救灾平台绘制了"7·22"岷县漳县救援的省内外社会组织参与救灾的名录和救灾地图。

这些信息互动平台，填补了被灾难破坏的常规信息缺口，提供了丰富的灾情报告、支援渠道、救援动态、救灾经验等权威信息。另外，联合救灾平台还开展了具体的协调服务工作，协调会员单位（促进会在全省有近500 家会员单位，分布在各个行业）进入灾区；同时还协调省外社会组织如香港无国界社工、蓝天救援队等进入灾区，积极提供专业化的服务。[①]

① 根据《甘肃社会组织参与"7.22"岷县漳县 6.6 级地震抗震救灾经验总结与培训会（第一期）会议纪要》和 2015 年 1 月 11 日对甘肃社会组织促进会负责人的访谈整理。

通过"甘肃社会组织联合救灾平台",甘肃省众多的社会组织凝聚起来,形成了抗震救灾的跨部门、跨行业、跨省区统筹协调机制。

地震发生不到一个月,截至 8 月 2 日,据不完全统计,参加抗震救灾的社会组织有 215 家、志愿者 3784 人,共捐助资金 1602.59 万元(不包括省慈善总会和省红十字会的资金),支援灾区的物资有:食品 25369 件、药品 644 件、生活用品 35602 件、活动板房 684 平方米及价值 837.01 万元的其他物资。此外,南都基金会支持平台建设的 19 万余元已陆续到账;壹基金通过平台捐赠的 2000 万元紧急救灾资金也已陆续到账。

救灾平台逐渐完善平台的各类制度,比如社会组织加盟退出机制,讨论平台理事、监事等职位,明确职责、制订工作计划,完善平台日常运作机制、紧急救灾响应机制,等等。

甘肃社会组织联合救灾平台自成立以来,已经组织召开了三次会议,讨论平台的运行机制和下一阶段的工作计划,另外对项目执行过程中遇到的问题进行及时解决和总结经验教训。

2013 年 9 月 28 日~29 日,甘肃社会组织联合救灾平台主办的第一期甘肃省社会组织参与"7·22"岷县漳县 6.6 级地震抗震救灾经验总结与培训会在兰州市联合国工业发展组织国际太阳能中心召开。参加会议的有省内外参与抗震救灾的社会组织代表近 60 人、媒体 12 家及社工等近 80 人。会议期间,参与岷县漳县救灾的商会代表、学会代表、社工机构代表、心理咨询机构代表、救灾机构代表分别从不同角度介绍了抗震救灾中各自的经验,并总结了取得的成绩和遇到的问题。中国国际民间组织合作促进会副理事长兼秘书长黄浩明以"社会组织团队建设与冲突管理"和"社会组织治理变革与公信力"为主题,对社会组织如何提升自身的能力及发展做了系统的讲解,四川省社会科学院郭虹教授以"政府主导下的社会参与——从'5·12'到'4·20'的民间灾援经验"为主题,分享了汶川地震、雅安地震中社会组织联合救灾的模式与经验,与会人员深入探讨了社会组织联合救灾机制以及甘肃社会组织联合救灾平台下一阶段的工作计划。

与以往纯粹的民间培训或者官方培训相比,这次培训给了社会组织和政府一个不一样的平台,使政府、行业协会、商会等了解了民间公益慈善组织的发展,也使得民间公益慈善组织与它们开始对话。

培训现场社会组织通过微博互动，加深了彼此之间的交流和沟通。商会在一定程度上开始关注民间组织，愿意在资金上给予一定的支持，行业协会也开始走进民间，给予技术上的帮助和指导。同时，民间公益慈善组织的公益理念也开始慢慢影响到其他社会组织，并被理解和欣赏。

2. 社会影响

2013 年 7 月 31 日，《甘肃日报》头版上发了一篇题为"万众一心、共渡难关——省内外社会组织抗震抗洪救灾纪实"的文章，共 2500 多字。报道被人民网、中国政府网、《西部商报》等二十多个媒体和网站转载和报道。9 月 29 日，《每日甘肃—西部商报》以"'7·22'定西抗震救灾经验总结暨培训会昨在兰召开"为题报道了第一期甘肃省社会组织参与"7·22"岷县漳县 6.6 级地震抗震救灾经验总结与培训会。人民网、甘肃新闻网、网易、会宁在线、天水广电网站也进行了转载和互动。

除了社会和媒体的关注外，该平台还受到了政府的重视。甘肃省民政厅高度关注平台的创建与发展，拨付 10 万元的资金予以支持；并将甘肃社会组织联合救灾平台的创建经验报送至中华人民共和国国务院办公厅，得到了高度赞赏，称为"甘肃模式"。

3. 平台特点

与"4·20"芦山地震不同，甘肃省社会组织联合救灾平台的成立有其自身的背景。第一，依托民间联合救灾经验。在此之前，一些本地组织在前期的一线救灾中积累了救灾经验，参与过汶川地震、雅安地震、舟曲泥石流等救援活动，积累了丰富的救灾经验，比如甘肃伊山伊水环境与社会发展中心、甘肃兴邦社会工作服务中心、甘肃欣雨星社会工作服务中心等都是比较有经验的公益机构；另外还有一些比较专业的社会组织，比如电机工程学会、心理咨询师学会从不同的角度，利用自己的优势提供了一些非常专业化的服务。在 2012 年的岷县洪灾中，壹基金支持甘肃伊山伊水在甘肃成立了甘肃公益救灾联盟，开展了专业性的活动，积累了联合救灾的经验，为此次联合救灾平台的形成奠定了基础。第二，甘肃社会组织促进会的半官方背景。社会组织促进会是由民政部门主管的社会团体，是由全省热心社会组织发展的单位和个人自愿组成的联合性、非营利性、全省性社会组织，旨在动员和依靠社会各界力量，加强社会组织管理与发展的理论研究，密切社会组织之间的联系和信息交流，推进社会组织的自律与互律，扩大甘肃省社会组织与国内及国际社会组织的交往与合作，争取政府有关部门和社会各界的支持，在政府和社会组织之间发挥桥梁、纽带作用，引导和促进社会组织规范运作、健康发展。所以，社会组织促进会既是上级主管部门的执行机构，又成了整合本省社会组织的中坚力量，成为政府与社会组织间的枢纽。第三，甘肃省民政厅的推动。"7·22"岷县漳县地震发生后，省民政厅第一时间发出倡议，引导社会组织发挥各自优势，积极参与救灾，同时把甘肃社会组织促进会指定为信息统计与发布的一个组织，这就对甘肃社会组织促进会作为平台牵头部门的权威性和合法性给予了有力保障。

三　社会组织联合体常见的问题

（一）内部管理机制复杂，协调沟通成本高

由于社会组织联合体往往是一个多方跨界合作的平台，随着时间的流逝，容易逐渐出现"信息多层、建议多类、管理多头"的现象。比如中社平台的组织结构是"决策委员会—秘书处—执行委员会—北京站＋四川工作站"，共有四个层级，两个实体单位。而决策委员会与执行委员会成员大多为兼职，涉及人员分布在不同地域，工作性质较为多样，沟通交流机制不易建立。北京站与四川工作站、执行委员会与秘书处、决策委员会与执行委员会等各层级之间的相互沟通都不够顺畅，直接影响了运作效率。甘肃社会组织联合救灾平台也存在同样的问题，通过调查发现，目前社会组织促进会有 500 个会员单位，涵盖商会、协会、学会、草根组织等众多领域，其历史、组织能力、工作领域皆不相同，由于社会组织促进会还承担着社会组织评级管理功能，许多草根公益组织因为缺少充足的人力、物力、财力难以被评为 5A 级社会组织，这不仅打击了草根组织的积极性，也使社会组织促进会和草根组织间形成了身份隔阂，所以社会组织促进会难以调动省内所有社会组织的力量。①

---

① 根据 2015 年 1 月 10 日对甘肃伊山伊水环境与社会发展中心和甘肃怡欣心理咨询中心负责人的访谈整理。

（二）单打独斗，未形成合力

真正达成一致的集体行动在社会组织联合体中还是具有挑战性的，虽然已经有了一个名义上的联合平台。由于价值理念、利益诉求、运作机制等方面的差异，看似资源互补的联合体成员也可能出现"貌合神离"。比如，在中社平台中，参与实质性工作的是红十字会及其资金和技术支持，北京师范大学监督管理等的模式支持、南都基金会的公益项目能力培训支持和成都"4·20"救援联盟的在地伙伴关系协调支持，到后期其他几方的参与越来越弱，参与的程度也越来越浅，尤其是公益伙伴的主动参与性不断递减。

（三）平台团队能力需要提升

为了有效地为成员服务，社会组织联合体的运作需要一个有能力的团队。一方面，由于平台还处于初创期，没有形成完善的管理规范，理事会、监事会都没有形成，由于联合救灾平台是临时搭建的，没有管理规范进行监督，使平台丧失了公信力和可持续性；另一方面，有的平台（尤其是成员中有资源掌握方的）还具有资源整合与分配的功能，项目申请、审批和发包是最为常见的方式。但是，由于灾后恢复重建工作单从项目上来说，涉及社区服务（老人、妇女、儿童、残障人等方方面面）、防减灾、生计发展等多个领域，所以平台往往面临专业知识不足的困局。

（四）团队内部的名利之争

虽然是基于救灾的共有目标和资源互补的良好愿望成立，但是许多联合体构建的过程也是不断"生产"权力、地位、社会声望、项目资金等资源的过程，容易引发内部成员之间的矛盾冲突。这些冲突可能将各个成员引入恶性的竞争关系中，进而呈现出消极的生态关系。比如，早在2012年壹基金就支持甘肃伊山伊水成立了救灾联盟，这次联合救灾平台的搭建无形中在甘肃形成了两大联盟对峙的局面，虽然相互之间有信息沟通，但是实质性的合作较少。

| 第五章 |

成长过程中救灾组织的运作机制分化

中国公益正经历着从政府公益到社会化公益的过程。中国社会组织正在快速发展。社会组织除了功能上的逐渐精细化和能力上的成长之外，其背后实质上是运作机制的改变。于是，在转型过程中，我们发现救灾社会组织的运作机制并不是单一的，其本身也是在转型变化中，而运作机制的不同也影响着组织的专业能力的发展和作用的发挥。

在这个过渡阶段，传统的救灾做法并没有退去，同时新的社会组织、新的做法开始出现，这里面有去行政化转型的大型公募基金会，有社会力量发起的各种背景基金会，有资助型组织，有信息支持性机构，还有活跃在灾区一线的救援队、社工队伍、本土草根组织等，这些和社会上各种各样的捐款人整体构成多元的格局。

在这个多元的转型格局之中，社会组织大体上又有哪些运作类型，这些类型背后的机制和对应的做法是什么，其如何和捐款人及政府等相关群体互动，又会产生怎样的社会效果？接下来将以社会组织在芦山地震救灾中的行动为主，其他救灾行动为辅，呈现出救灾过程中社会组织三种运作机制，以及相对应的捐款人等相关方的状况。需要说明的是，在这个过渡阶段，一家社会组织可能同时存在多种机制，其中可能会以一种机制为主导，或者其正在转型过程中。

第一节　行政化运作机制

行政化运作指的是社会组织由其背后的政府主导、依托于相关政府的行政体系来开展救灾行动的方式。其在救灾过程中的款物募集、物资递送或者是资金使用都受相关政府体系的影响。这在早期的救灾行动中并不陌生，在过去的救灾中，许多公众的善款都是通过各地的慈善会或红十字会系统层层汇集流入灾区。

一　表现及运作模式

(一) 与"上级"政府之间的关系

在这种运作模式下，政府把社会组织当作自己的下级部门或者是自己的事业单位来管控，甚至是"一个部门、两块牌子"。社会组织缺乏自主性空间，独立性不足。其典型的做法是：所有权"国有化"、领导官员化、人员等级化。组织的财权、人事任命都牢牢把控在相关政府手中，包括由政府人员来兼任社会组织的领导人，从业者的工资、福利、档案和级别都可能进入相关的政府体系。

在救灾行动中，这类组织的行为受政府控制或影响，使得社会组织即使有自己的想法都受到掣肘。在某次地震过后，受灾地区 H 慈善总会收到各地爱心人士的大量捐赠，当地政府及时了解 H 组织的募款情况，并将这部分善款的使用纳入政府重建规划财政支持的"总盘子"中，特意将一些公共福利设施留给 H 组织来支持（甚至这种做法已经成为一种"惯例"）。这也是 2009 年，邓国胜调查中"760 亿善款 80% 流入政府财政"结论背后的一种缘由[①]。在这种"纳入政府总盘子的统一规划"的考虑之下，H 组织绝大多数的资金都无法自己决定，其在募款过程之中也有一些人通过自身对灾情的实际了解而萌生的一些想法，例如社区服务、生计发展等，但迫于现实层面的"上级"的要求和具体操作的困难也只能将善款汇入政府重建财政资金体系中。而另外一个省份的地方慈善会，在收到上级关于汇缴非限定性善款的通知之后，为了更好地对捐款人的反馈负责，也为了更好地结合组织特长开展救灾行动，便尽量让捐款人选择限定性捐款，虽然有时候非限定性捐赠能够在了解灾区更为具体有针对性的需求后更加灵活地设计项目，但该组织表示"即使有捐款人信任我们，不限定善款的使用，但我们也需要把它们'限定'起来"。

(二) 组织内部关系：等级制明显

该模式之下，社会组织内部可能是政府科层体系的延伸：人员等级

---

① http://china.huanqiu.com/roll/2009-08/543783.html.

化。在这种管理方式之下，对其内部的工作人员的要求和政府工作人员的要求类似，更多需要工作人员标准规范地执行上级的命令，很难有自己自主运作的空间，无法将自己在救灾过程中的想法和运作过程中发现的问题很快纳入执行体系之中。

（三）组织的社会动员和灾区需求回应

这种模式下的组织甚至可以坐在办公室中"等捐款上门"。在过去，通过类似于下发红头文件的形式来发放募捐倡议书，组织单位捐款，包括发生"被捐款"的现象或者是按照行政级别来捐款的情况。在灾害发生后，这类社会组织也经常会主动募款，除了发布募捐公告之外，还会召集相关的企业奉献爱心等，甚至通过社会组织的领导人或名誉会长/理事长（通常也是政府官员）来开展募捐活动。一些企业也是为了建立和政府部门的信任关系，来给相关社会组织进行捐赠。实质上，半官方的运作机制组织很大程度上也是借助于官方身份或资源来募集善款，并没有真正意义上的社会动员，没有调动起社会公众的参与，从志愿者到受益人的参与都缺乏。

在这种模式下，社会组织往往是"高高在上"的善款递送爱心机构，配合政府开展救灾工作，很少针对社会的实际需要。组织有时以半行政化的体系来确定社会问题，依据相关政策和领导层面的决策来参与救灾；有时依照资源方供给来确定需求，有什么捐赠什么。

在行政化运作中，无关捐赠或者是无关项目的"输送"并不少见。该模式下的社会组织可能会不加选择地接收某类与救灾毫无关联的物资，或者是低质的一些滞销物品。还有一些社会组织可能会将其已有的项目直接对接到灾区，并不考虑灾区是否切实需求，例如某些图书捐赠项目等。

除了不加选择地递送物资或项目之外，还有一种便是不加选择地拒绝物品捐赠，为了避免麻烦，即使是在灾区有需要且自身完全有能力递送的情况下，非营利组织可能也会不加选择地拒绝物品捐赠。

（四）组织和捐款人之间的关系

这类模式下的捐款人主要有两种：依托政府体系的捐款人和传统表达爱心的捐款人。前一类型的捐款人往往是为了美誉度，和政府建立良好关系或者是基于某种对政府行政体系的诉求而进行的捐款，捐款人的真正诉求除了表达善心之外还有其他成分，其只需要有捐款的行为，并不需要知情、对社会问题的深度了解以及参与。后一种捐款人即使是纯粹表达善心，也难以或不需要获知善款去向。

我们过去往往有着这样的经历：在各单位及学校等组织之下，对灾区进行捐款。善款经过层层汇总，进入到民政部门、慈善会、红十字会等系统。通过系统统一送达灾区，转化为紧急救援的物资或者是帮助灾民重建家园的款物。每个人的爱心如同涓涓细流汇集到一块，最终进入救灾善款的大池之中。在所有的善款都无区别汇集的体系之下，每个人的捐赠只有多少之分，没有让捐款人可以参与选择的空间。各地公众借助半政府体系，将爱心汇集，但单个捐款人无法获知其善款的具体使用去向。

（五）组织公信力的建构

这类组织的公信力往往也是与其政府体系密切关联。其资源依托于政府体系募集，也没有动力促使其主动公开透明、面向公众。一些组织带有明显的官方色彩，几乎很少出现在社会公众面前。社会公众对这些社会组织的认识也可能是"官办的慈善机构"，把这些组织当成"铁板一块"来看待，"一荣俱荣、一损俱损"。

我们在 2008 年的汶川地震社会组织公信力调查之中，主动去联系 61 家在民政部登记的参与救灾的主要基金会，最终的结果如图 5-1 所示。

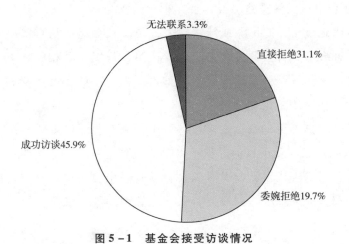

图 5-1 基金会接受访谈情况

61 家基金会之中，成功访谈的机构为 28 家，占调查总数 45.9%，半数以上的基金会拒绝或者无法联系。在"郭美美事件"等一系列公益丑闻之后，虽然许多社会组织也开始逐渐注重公开透明、流程规范等自身的公信力建设，但没有真正从实质上改变该模式下的资源募集机制，仍然是借助相关的政府的关系和背景来募集资源。

二　呈现出来的效果

（一）该模式下的善款流通过程

以芦山地震为例，很多地方的慈善会或一些官办基金会等还是选择了对于它们来说"快捷便利"的行政体系来递送善款。

1. 由各地慈善会转赠四川省慈善总会

和过去一样，各地民政部门和慈善会将社会公众的善款层层汇缴，最终这些善款往往集中在省（市）一级的慈善会，然后由省（市）一级的慈善会对接四川省慈善总会，由四川慈善会负责使用。在民政部开展的社会组织参与芦山地震救灾专项评估①中，这部分资金为 4.49 亿元，占四川省慈善总会接收善款总额的 37.32%，占所有调查组织救灾资金总额的 14.83%。这部分资金主要为全国各地公众非限定性的捐赠，它们通过县—市—省各级慈善会系统进入四川慈善会，最终进入政府对于芦山地震的总体规划中，以认领的公共福利设施为主。

2. 社会组织认领重建项目

在芦山地震中，除汇缴或转赠之外，更多社会组织是自己决定如何使用资金。许多官方背景的社会组织选择通过四川民政及相关部门，进入重建规划之中进行认领公共硬件设施如重建规划之中的医院、福利院、学校等。所以，在"统一汇缴重建"模式之外，出现了"菜单式认领重建项目"的模式，这部分的资金在民政部芦山救灾专项评估中约占调查总金额的 30%。在认领重建项目的过程中，一些社会组织为了运作简单、方便监管，经常会倾向于认领资金规模较大、具有典型公共福利性质的机构，例如精神病院、福利院等。这种类型和上一类型的区别在于，第一种汇缴的

---

① 该评估共涉及 22 家全国范围内最主要的参与芦山地震救灾的 16 家大型基金会和 6 家慈善会。

资金是由四川省慈善总会汇集后统一去认领项目，而后一种模式为社会组织自己认领项目。

上述两种运作方式是很多官办社会组织输送善款的最主要选择，在民政部芦山救灾评估调查的 21 家各种背景类型的机构（包含 3 种运作机制）中，有 67% 的资金比例属于基础硬件设施，其中很多是官方社会组织 95% 以上的资金流向选择。

3. 其他善款使用方式

在上述两种主要的方式之外，行政化运作中还有很少的一部分是以其他方式来开展的，包括紧急救援和过渡安置阶段物资的递送、灾后重建阶段的硬件设施建设和社会服务等。例如，以妇联为业务主管单位的社会组织可能会注重对妇女包括丧子母亲、单亲母亲等的救助，给她们提供重建救助款等，但其项目的操作可能都是依托于基层妇联进行选择和操作；残联体系内的社会组织可能会给当地的医院或者残联捐赠残疾人设备等。这些善款的使用有着共同的特征：往往和社会组织背后的政府部门有密切的联系，包括项目的设计、借助政府的基层"支腿"来执行项目，项目偏向于"给钱递物"或者是复制社会组织在其他地区已有的项目。

（二）对需求的回应情况

在这种模式之下，社会组织的优势并没有发挥出来，经常出现社会组织将资金通过政府体系用于灾区基础硬件设施的建设，资源大量流入政府救灾体系，并没有回应灾区更为多元及本质的软性需求。更偏激的情况是超前建设或者是过度建设。汶川地震中，便存在超前当地二三十年的硬件设施。如在某学校建设的空调系统和游泳池，由于学校无力支持日常维护成本，不得不将其关闭。在汶川地震后的汉旺，城镇建设十分完善，但是整个社区冷冷清清，几乎没有什么人，大量居民重建后都欠有外债，当地的经济并没有在重建中发展起来，居民们只能外出务工。

在大量资金投入硬件建设的同时，软性需求难以获得支持，而在漫长的灾后重建过程中，除了房子建起来之外，更需要的是生计重建和发展、社会服务内容的进入、社区获得综合发展。这些都需要社会组织能够有自主的空间根据灾区实际的需求来开展行动。一些社区生计发展类项目需要很强的专业性，需要社会组织自身的专业积累。

即使不是硬件建设类项目，其资源与灾区需求的对应性差的状况也时有发生。无关捐赠、无关项目会顺应着救灾的浪潮进入灾区，即使灾区不那么需要。除了无关捐赠之外，地区之间的差异也明显。一方面，"明星灾区"备受关注，尤其是领导人到达视察过的灾区，资源堆积，有灾民们表示过，不仅仅方便面等方便食品过多，而且包括救灾衣物等，不是新的名牌衣物都无人问津；另一方面，可能在不远处的非"明星灾区"，不管是物资还是后期的软硬件支持都十分有限。

（三）对捐款人的效果

首先，这种情况下的捐款人往往难以获知自身捐款所取得的独特效果，更多是从自身出发表达出了爱心，却难以知晓灾区究竟需要什么，自己的捐赠能给灾民带来怎样的改变，这时候也很容易造成不信任。久而久之，捐款人内在的公益激励便会逐渐下降，逐渐变得被动或者被其他类型的激励（例如捐赠获得美誉度）所置换。而当捐款人难以或者不主动去追究善款的去向之时，就如同消费者不再追求产品的质量，这对于整个领域的善款有效使用并不是一件好事。这种情况下的捐款和政府支援的重建资金没有区别。

其次，对于中间执行机构的社会组织来说，它们几乎没有自主空间，只起到输送的作用。这也不利于社会组织去深入挖掘灾区需求，去瞄准需求设计公益项目，将灾区实际需要传递给捐款人并为捐款人更好地服务。这时候，社会组织无法起到连接捐款人和受助者进行需求匹配的作用，也难以通过自身的专业运作有效建立起与捐款人之间的信任。

最后，对于灾区受助者来说，虽然其获得善款支持，但是也无法和捐款人之间建立起联系的横向纽带，善款借助纵向纽带进行输送，这些善款和政府援助资金区别并不大。而灾民们的真正需要没有被社会组织挖掘出来，没有被捐款人所认识到。最终造成的结果是，在这种模式下，整个善款通过社会组织进行高效使用的社会选择链条没有被激活。

（四）规范性和专业性方面的情况

民政部在芦山地震过后，组织了北京师范大学社会公益研究中心对全国范围内主要参与芦山救灾的大型基金会和慈善会进行了专项评估，表 5 – 1 是 22 家机构的评估结果数据。

表 5-1　非营利组织自主性、规范性和专业性之间的相关情况

	自主性	公开透明	项目规范	财务管理	供需匹配	专业性
自 主 性	1					
公开透明	0.6671 ***	1				
项目规范	0.7645 ***	0.7517 ***	1			
财务管理	0.6398 **	0.5974 **	0.6303 **	1		
供需匹配	0.7085 ***	0.6783 ***	0.6117 **	0.556 **	1	
专 业 性	0.7084 ***	0.5627 **	0.5933 **	0.3191	0.6989 ***	1

注：* $p < 0.05$，** $p < 0.01$，*** $p < 0.001$。

可以看出，自主性和规范性下面的三个二级指标（公开透明、项目流程管理规范、财务管理规范）全部密切相关。社会组织自主性程度越高，其越愿意主动地进行公开透明，同时在项目流程管理和财务管理中愿意承担更多的责任，进入更为细节的规范管理之中。

而要做到供需匹配、进入专业化的运作轨道上，也是需要社会组织拥有独立自主的运作空间。自主性对该两个二级指标的影响程度也高于对公开透明和财务管理的影响程度。在救灾中，明显的状况便是官办色彩越浓重的机构，其资金进入政府轨道的比例越高，其对灾区实际情况的了解程度及介入程度越低，项目形式往往是单一的硬件重建，对灾区社会的软性需求无力回应。

这是一个整体数据显示的结果。当然在行政化运作模式下，也有部分规范程度高的社会组织，但是不乏尽量规避责任的机构。以评估中某家官办组织 G 为例。其善款大多来自各级地方机构汇缴的捐款，在紧急救援阶段主要是为定向捐赠的拨转，灾后重建阶段主要是认领硬件建设项目。该机构负责人坦言项目的选择标准是"大型""贴金"。两亿多元的社会捐赠最终用于 4 个大型硬件建设，包括近亿元规模的精神病院、5000 多万元的镇初级中学等。这些都是通过民政或相关政府系统模式，加上数量少，操作更为简单。

在公开透明方面，雅安地震发生当天，该组织发布公告，号召为地震捐款，公布捐赠渠道，并承诺对所接收的救灾善款不提取管理费用（实际上，该组织给各地汇缴机构留有少量管理费用）。2013 年 6 月 20 日，该组织公布四川雅安募款直接接受总额及汇缴总额，此后直到 2013 年 12 月 26 日更新收

入总额，公布支出总额及已经认领的两个重建项目。2014 年 2 月 28 日，该组织公布新认领的两个重建项目及预计总投入。在公开的信息中，仅有总额信息，并不能获得详细的情况，仅有捐赠人可以在首页的捐款查询框中输入自己的名字，查询自己的捐款。但截至评估时，仍没有详细的收入支出明细及项目进展信息。直到 2014 年 5 月底，评估实地调查组走访一个月后，该机构才公布了地震捐款收支情况。在评估中，G 组织多次以种种理由拒绝调查组对财务资料的实地考察。这是 22 家被调查机构中唯一拒绝调查原始财务资料的机构，也是规范性和社会绩效得分最差的一家机构。

（五）社会动员的情况

与上述效果相对应的是社会组织的社会动员情况。首先是对捐款人、志愿者、一般化社会公众的影响和动员。捐款人往往是传统表达爱心的捐款人或者是有其他利益诉求的捐款人，无法或者也不需要知道捐款的具体使用情况。很少有社会上的志愿者参与其中，即使有志愿者，也是政府体系内的奉献力量的工作人员。社会组织对一般化社会公众的影响更是微乎其微，更不用说将救灾的一些基本观念、灾后社会重建本质的需求情况等传递给公众，带动公众深度参与了。

其次，在灾区受助者层面上，社会组织也难以真正"动员"起受助者自立自强、团结协作的精神。除了硬件层面的物资输送、汇集表达了各地对灾区的爱心之外，灾区本身的社会关系重建，灾民的能力提升，灾后的社区发展……这些都是这类运作模式下政府救灾目前难以回应到的需求，需要社会组织介入，与政府互补配合，而不是成为政府救灾整个大盘子中无差别的一部分。

三 行政化运作机制的内涵

图 5-2 的最大特征在于：从捐款人到受益人的箭头都是单向的，没有互动，捐款人将款物捐给社会组织，社会组织再递送给受益人，整个背景是政府的那一套逻辑和资源。捐款人并不真正在意社会组织的反馈及善款的使用情况，而是借助捐赠实现其美誉度和与政府的信任友好关系。社会组织的公信力和专业性在这个体系中并不是资源流动的关键，其真正的关键在于社会组织的政府背景。在受益人那一端，这类机制也是政府救灾的

模式，资金或进入政府规划之中，或者进入其所在的体系（民政、红十字会、团委、妇联、残联等），"恩惠之雨"一层一层递送下去。

图 5-2 社会组织的行政化运作机制

行政化运作虽然在规范性上有一定的保障、有强大的政府系统支持或者在救灾中能够获得较为全面的信息。但这套运作机制有其难以回避的不足，最大的一个方面是自主空间的不足、内在的动力不足、无法调动捐款人的参与等问题，最终是一套公益的机制无法激活，仍然是政府公益。在这种情境之下，政府也承担着这些社会组织的责任，公众也没有将这些社会组织和政府区分开来。

最后，我们看到的情境就是那些社会中的善款和政府的救灾资金几乎无差别地进入灾区，进入以基础硬件设施重建为主的政府体系中，而这部分资金真正该发挥其独特作用的场所，尤其是在软性层面上的社会服务、生计和社区发展层面，灾区存在着大量的需求，却无法得到回应。

第二节 市场化运作机制

这里的"市场"类似于企业竞争中的市场，在公益领域，也存在着社会资源的争取和组织之间的竞争，只不过公益领域中服务的购买者（捐款人）和服务的受益者是分离的。国际上，有一些研究认为，社会组织的市场化（Marketization）是用"市场"理念和方式，强调社会组织的竞争、顾客需求导向、注重效率等①，当然还有另一种关于市场化的理解，即社会组织进入企业市场，形成自身"造血能力"，在市场经济中求生存，类

---

① Eikenberry AM, "Refusing the market: a democratic discourse for voluntary and nonprofit organizations." *Nonprofit and Voluntary Sector Quarterly*, 2009. Gainer B, Padanyi P, "The relationship between market - oriented activities and market - oriented culture: implications for the development of market orientation in nonprofit service organizations." *Journal of Business Research* 58: 854 - 862, 2005.

似于社会企业的概念。本文的"市场化"是前一种概念，即社会组织进入社会市场之中，通过多种手法赢得资源方的捐赠或其他支持的过程。

当前，不仅新成立的社会组织努力建构自身的公信力和竞争力，争取在社会市场中获得更多社会资源，很多官办社会组织也开始了自身的转型之路，去行政化、向企业学习、公信力和品牌化建设是一些官办社会组织目前转型的目标方向。在社会组织救灾过程之中，这类组织也快速成长发展，成为其中特征鲜明的一类。

对于社会组织来说，市场化有其积极的一面，例如引入"顾客"导向和竞争视角、分析社会需求和满意度等。但社会组织和营利性组织不同，社会组织的市场中至少有两个"顾客"：捐款人和受益人。理想情况下，是捐款人和受益人的利益诉求重叠，但是实际上两个顾客的需求有时候不重合。而完全的捐款人（资源方）导向将会产生一些功利性质或者非公益性质的交换过程，而这有时并不有利于组织去追求公益项目真正的顾客（受益人）的认可。所以，在市场化之中，有一种为捐款人导向（donor orientation）的市场化，这种市场化片面地强调了资源方与组织之间的关系，而不重视其他的利益相关方，容易被资源所引导着走甚至被资金"控制"。

一　表现及运作模式

（一）与政府之间的关系

这类社会组织拥有独立自主性。自主性可能是通过社会组织去行政化转型获得，也可能是组织在发起成立之初就有。许多官办社会组织转型的第一步便是争取独立自主的空间，包括在人员上取消编制和行政级别，在组织管理者层面上去官员化，在项目运作方面脱离政府体系进入社会市场之中，在和相关政府的关系上，从类似于下属事业单位的"从属关系"成为友好合作关系或者是名义上的指导关系……这些行动的背后都预示着，社会组织可以独立自主地开展行动而不受政府事无巨细的管控指挥。

中国扶贫基金会是国内最早开始"去行政化"的典型。早在1996年，其改会长负责制为秘书长负责制，淡化行政色彩，现职的党政领导干部不再兼任基金会的负责人，同时不要行政级别，取消事业编制，建立了新的人事管理制度，实行全员招聘制，打破铁饭碗。2004 年之后，该基金会进行全员预算管理，加强队伍建设；提高项目运作的专业性，同时注重公开透明，以此吸引社会捐赠，成为国内官办基金会最早进入社会市场，并不断发展转型，目前已部分超越于"市场"开始社会需求导向的社会化运作的机构。

（二）组织内部的关系

和企业类似，这类社会组织虽然整体上获得了独立自主，但其内部的管理并不一定是赋予每个员工独立自主空间的。为了在市场中争取更多的资源，社会组织可能把自身打造成一架高速运转的机器，内部等级制度明显，实行严格控制，每个员工是流水线上的一部分。这也是市场中企业的典型特征，在社会组织中也同样可能出现。

> T 组织的副秘书长经历了多次救灾，也和很多组织有接触。从她类似于旁观者的描述和对这一系列组织的实地考察来看，在乐观的同时，也看到其中的隐患。一方面欣喜地看到很多组织都拥有了独立的空间，但另一方面又看到，实质上，一些组织内部，尤其是一线工作人员，其实是有很多思考的，但是在这些组织之中，筹款和项目是分开的，项目人员的想法或者灾区的实际需要，和筹款人员（媒体公关人员）以及捐款人的想法有差异。项目人员有时候也只能无奈地屈从于项目计划书的要求，空间很小。这时候，组织内部的"规范控制"和类似于官僚体制的东西使得这些即使去行政化的组织也和它们原先没有特别大的差异，相反，由于没有政府优势，更难募款了。（笔者访谈手记 B025）

（三）组织的社会动员和灾区的需求回应

这类组织在形式上会主动地进行社会动员和品牌化建设，以吸引更多的社会关注和资源的流入，但实质上，有可能仅在表面上或者（潜在）捐款人中进行，而不是真正的深度动员，一般化的社会公众与受益人的参与程度可能有限。其原因在于尽管组织已经独立，但组织内项目官员的自主性偏差，因而缺乏深度动员公众参与的有效途径。

与深度动员相对应的是对灾区需求的回应。在这种模式之下，组织有机会进入灾区现场，发现项目机遇，设计各种各样的项目吸引社会资源。所以，这份机遇完全可能是针对组织自身吸引社会资源而言的，而不是针对灾区实际需求而言的。这种机遇包括：一份具有媒体效应的公益项目，尽管可能已经供过于求（如重灾区的核心学校或孤儿院）；一份能够引起捐赠人感兴趣的社会组织传统品牌项目，尽管该项目并非是最佳的模式（如过渡期的某种板房建筑，从环保和使用时效来说，灾区并不真正需要）。所以，在市场化的模式下，外部的社会资源会对组织形成一种"控制"，这种控制产生的风险我们将作为一个单独的章节呈现。

（四）组织与捐款人之间的关系

组织和捐款人的关系类似于于市场中的企业和顾客之间的关系。社会组织会主动地做到对捐款人的行为负责，包括推荐项目、公开透明、及时反馈项目进展。而在该模式之下的捐款人也相应地不仅仅是奉献爱心，他们开始关注捐款是否用到灾区，用到了哪里。

捐款人的变化最为典型的便是限定性捐款的大量出现，很多捐款人希望自己选择以及限定资金使用的方面、时间、地点，希望社会组织为其提供的信息越详细具体越好。除了在捐赠的时候限定资金的用途之外，捐款人也开始注重善款信息的反馈，于是社会组织一方面做到网站等公共平台的公开透明，另一方面也开始对一些大额捐款人进行一些针对性的善款使用反馈。

同时，新型的捐款方式也逐渐出现。其中，网络募捐平台不仅仅为公众提供了便捷的募捐渠道，还可以使捐款人在平台上跟进捐款状况和使用情况，成为现在很多年轻的捐款人较为热衷的捐款方式。

从芦山地震发生到 4 月 22 日 12 时，累计 45 万网民通过支付宝平台向四川雅安灾区捐赠，总额超过 2100 万元；新浪微公益平台协助发起 36 个项目，累计筹集善款突破 1 亿元；腾讯在乐捐网络捐赠平台有超过 214 万人次网友参与，汇聚爱心捐款超过 1078 万元。三大网络捐赠平台中仅个人捐赠总额就高达 6236 万元。

不同基金会在这些网络平台上进行"竞争"，通过公开透明、建立与捐款人之间的信任纽带以及自身积累的公益品牌和社会形象，为其争取更多的捐款。以在这些微公益平台上募集善款最多的壹基金为例，从地震发生到 4 月 22 日 24 时，有超过 61 万人次的公众通过网络平台向壹基金救灾项目进行捐款，其中腾讯乐捐、支付宝 E 公益、新浪微公益和壹基金天猫公益网店的捐款总额超过 4600 万元。

捐款人根据基金会的相关信息进行"选择"。在这种情况下的捐款人和传统意义上的捐款人有着很大的不同，其具有一定的信息基础、信任纽带和足够的选择空间：能够通过网站和网络平台知晓募捐和善款使用情况；如果愿意能够联系到基金会；能够选择哪家机构、选择哪种类型的项目、选择是否需要开具发票；等等。

（五）组织的公信力建构

公信力并不等于公开透明，而是在信息公开基础上的一整套建构信任的体系，由组织对捐款人负责的行为、规范化的运作流程和组织自身的专业性等综合形成。在社会市场中的组织，为了获取更多的资源，会十分注重自身和捐款人之间的互动，主动追求机构的公信力，进行品牌化宣传。

S 慈善会的做法是 2013 年芦山地震中许多救灾类社会组织的做法。地震当天，S 慈善会发布募捐公告，同时主动向过往的捐赠人、合作企业等发送近 3000 条短信，并在官方微博、微信平台及时进行信息发布。从"4·20"芦山地震发生当天到 4 月 30 日的十天内，慈善会几乎每天发布一份工作简报，及时更新捐款数据、大额捐赠及限定性捐赠等，并积极筹划设计项目，同时表示"欢迎社会各界献计献策"，并在 2013 年 8 月发布地震捐款明细公示，捐赠收入总额以及每一笔捐款——包括姓名、渠道（支付宝、先进、市委等）等都有明确、详细的体现。捐款人、非捐款人都可以很容易地获得关于捐赠收入的信息。

和 S 组织类似，很多社会组织通过官方网站、腾讯和新浪等公益平台、短信平台、微信平台等多种渠道开展募捐活动，并及时地更新募捐情况和善款使用情况，积极寻找和鼓励潜在的捐款，并很好地做到对捐款人的服务。

（六）市场化中的一种危险：跑偏现象

市场化机制给我们勾勒了一幅公益领域优胜劣汰的理想化蓝图，在社会选择这个无形的手下，社会组织为了获得更多的资源，不断提高自身的市场竞争力，去追求公信力，最终实现领域内和企业类似的社会组织的"优胜劣汰"。从社会组织发展的角度来看，市场化运作机制无疑有很大的活力，那是不是说社会组织转型的终点就是进入市场化运作机制之中，就可以自然而然地实现健康发展了呢？

在现实过程中，却不尽然，资源导向的轨道上也出现了各种各样的跑偏现象。

1. 抢夺灾区明星学校

有很多捐款人喜欢捐建灾区"明星学校"，除了个人意愿倾向之外，捐建这类学校，很多人觉得"是实物，可信，善款不会流失，且能够切实发挥作用"，另外捐赠这类学校也能够获得较高的美誉度，还有一些捐款人希望冠名捐赠。于是，这些学校便成为许多社会组织争抢的"香饽饽"。

在芦山地震中，A组织凭借自身品牌积累和一些捐款人签署了几所捐建灾区学校协议，但不久之后，A组织所要捐建的学校被B组织领走，可最终，是C组织和省级政府直接签订协议，把这些学校都给C组织来捐建。在这场学校争夺之中，最终不只是靠机构的公信力，也是靠社会组织背后的政府体系，权衡不同政府部门和不同层级政府之间的关系等。最终，A组织找不到合适的学校，这几笔总额多达数千万元的定向捐赠只能暂时搁置，由于之前和捐款人签订的是定向协议，需要和捐款人进一步协商善款的使用。

当时我们也问了A组织为什么明知道学校是一块"争夺地"还要去捐建，对方无奈地表示是捐款人的意向。而问及为何不引导捐款人朝向灾区更为需要的内容层面时，A组织表示，一方面自身的品牌项目是建学校，是其专业特长，很受捐款人喜欢，甚至是慕名而来，"就是要捐学校"，另一方面那些更为需要的软性需求类项目却无人问津。

除了抢夺学校之外，捐款人对于极重灾区或者是某些热点学校等的关注和倾向，使得在救灾过程中，出现了资源扎堆的情况。而作为中间对接的社会组织，往往明星灾区容易获得资源，而从尊重捐款人意愿的角度考虑，即使其发现了一些更为稀缺的需求点，也受限于对捐款人的资源依赖。

2. 以捐款人为出发点的捐赠

除了扎堆明星灾区等现象之外，还有一些捐赠似乎与救灾关联度不大，甚至是"匪夷所思"。有些社会组织为了不打击捐款人的公益热情，或者是为了建立友好关系、避免不必要的质疑风险，有时候也只能"欣然地"接受某一批关联度不大的物资，或者依据捐款人意愿在灾区完成一个不痛不痒的救灾项目。

还有一些企业，甚至将其滞销的食品、某类生活产品、图书（按码洋）通过社会组织捐给灾区。虽然有发挥物品"剩余价值"的效果，但有时候灾区并不需要这些产品。即使是食品，到了后期很多低廉的方便食品被大规模送到灾区，灾区可能不一定需要，反而会造成污染。包括像活动板房等过渡安置阶段的物资，有些地区并不适合或者不需要建板房，相反会造成浪费和污染。

当以捐款人为出发点的捐赠和灾区的实际需要不够吻合的时候，社会组织就面临着两难选择：应该以捐款人为主体还是以需求为主体？一些社会组织经过权衡后，觉得即使不够吻合，也不会给灾区造成伤害，最终还是以资源方为导向。

3. 要不要对捐款人说"不"

面对捐款人和灾区需求不吻合但不会造成负面效果时，社会组织还可以资源为导向。但是，在资源导向的情况下，会产生负面影响或者是违背机构本身的公益性时，是不是要对捐款人说"不"呢？

这种情况虽然少见，但并非没有发生。例如，一家企业通过社会组织定向捐助灾区某个受灾企业，而该机构和捐助企业存在明显的利益关联。再如，某企业捐赠的物品存在过期、不合格等现象，让社会组织"睁一只眼闭一只眼"，还需要大肆宣传报道。或者某厂商或企业捐赠了一批保健品、康复器材或者是手机电话等，而后续却需要受益人不得不付费，这种行为便是借助公益侵占市场的"搭公益便车"行为。

社会组织若盲目进入资源导向的轨道，却没有对捐款人说"不"的能力时，可能会被资源所带跑偏，偏离了自身原本的宗旨和使命，这并不是一件好事。

汉斯曼认为，只有在特定情境下，社会组织才会体现出社会需求和效率的最大化。在公益领域购买者和消费者相分离的情况下，公益产品或服务存在信息不对称的状况，产生社会组织对社会需求回应上的偏差①。所以，市场化机制也有一定的风险，可能会出现被"市场"所牵引着走而偏离之前的公益目标的情况。

因此，市场化运作机制内部存在着资源依赖。而这种资源依赖会形成对社会组织的控制，甚至变成社会组织依附式发展的状况。依附式发展可能会损耗社会组织的自主性，使得社会组织背离原本的公益目标进入"组织扩展－宗旨偏离"的轨道上。

二 呈现出来的社会效果

（一）该模式下的行动及效果

1. 依据捐款人意愿认领重建项目

在该模式之下，还是有大量捐款人非常乐意捐赠学校、医院等看得见的实物，社会组织也会考虑和尊重捐款人的意见。只不过在这种模式下的认领方式有捐款人的意见在其中，社会组织一般会考察合适的几个项目点供捐款人选择，并及时跟进项目进程。当援建工程结束后，社会组织往往会邀请捐款人参与，可能有相应的仪式或者是冠名的活动。

2. 给捐款人的项目菜单

除了依据捐款人的意见定向捐赠之外，还有很多社会组织会自主设计多个类别的救灾项目，包括形成项目菜单式的内容，供捐款人选择，涉及紧急救援行动、物资递送等诸多方面。但这类项目往往是跟随着资源方市场走的，目前捐款人喜欢哪类项目，例如救灾物资的递送，那么社会组织多会设计这类项目。少数创新型项目，若无捐款人愿意资助，即使社会组织明知其重要性，也受制于资源的约束。

（二）对灾区需求的回应情况

在这种情况之下，社会组织对于灾区需求的回应情况可能会取决于社会资源方对于灾区的认识情况，而这种认识和社会整体的救灾水平与专业化程度密切相关。如果大家对于救灾的认识比较到位，那么社会组织也相应地会

---

① Hansmann HB, "The role of nonprofit enterprise." *Yale law journal*: 835–901, 1980.

尽可能地匹配灾区的需求，以争取更多的资源；反之，如果认识偏颇，那有些社会组织便有可能被资源所带跑偏。市场的活力和缺陷都在于此。

在这个模式之下，仍然有可能出现供需不匹配的情况，并不能规避无关捐赠、扎堆捐赠等现象的发生，尤其是在捐款人对灾区的整体认识如果不够到位、对社会组织不够信任的情况之下，最终可能和行政化模式的一些做法一致：选择硬件方面、操作流程尽量简化、无风险、不需要很高的专业性的项目。而那些存在专业门槛、能够回应灾区根本性需求、能够真正促进灾区公众能力提升、促进社会自下而上建构的项目却不得不退居一旁。

（三）对捐款人的服务效果

该模式对捐款人有服务反馈但没有深度带动。捐款人能够获知自己的钱是不是送到了灾区，并且知道送到了哪里，但是可能不明白这部分资金对于灾区的价值和意义所在，也无法从一个专业的角度获得捐赠真正的社会效果，仅仅是知晓了盖了楼、捐了书包、帮助了弱势群体。这种爱心的传递和政府的恩惠区别在哪，或者是没有任何区别，大家可能难以知晓。

其强于第一种模式之处在于，捐款人至少安心了，觉得自己的善款没有被浪费。但捐款人没有一个深度和专业的了解及参与渠道。其对灾害救助的认识和了解也没有真正到位，把救灾当成是三五天，甚至一两年就能够完成的事情，还可能会在一年后对那些没有花完善款的社会组织进行追责：怎么还没有把救灾的钱花出去。所以，对捐款人的影响和带动也是一种对捐款人的服务，但在市场机制之下，很少有社会组织能够做到这一点。

（四）规范性和专业性情况

在该机制下的社会组织有动力去追求规范、追求捐款人认可，但不一定有动力去追求专业，最终呈现的结果是社会组织的专业性一般，而规范性虽然较好一些，但与真正优秀的组织仍然有差距，是一种更类似于形式上的规范。

从表5-1我们也可以看出，社会组织的规范性和专业性也是相关的。想要追求专业化运作的组织往往在规范性层面同样表现很优秀，两者并不相悖。相反，如果仅仅是追求对捐款人的规范，在进入混乱的灾后社区时可能会出现一些细节上的纰漏。例如，盖好了的板房可能只使用了很短的时间就被废弃，完善一新的儿童活动中心或老人福利中心仅仅是开办或者有人视察的时候才有人过来。很多项目落到灾区，都需要追求形式上对捐款人负责、完成各种各样的指标：人数上必须服务多少人、覆盖了多少地区、多少人受益，妇女的比例有多少、村民的评价怎样……将灾区真正的、本质的需求放在一旁，因为这不是考核的指标。

有时，灾民们甚至都觉得一线工作人员不容易，愿意去帮助这些好心过来的人去完成项目规定的各种指标。对于村民来说，那是"他们机构的项目"，是去"热心帮忙"，而不知道自己原来是项目的受益者。

（五）社会动员情况

这类社会组织的动员也是从资源的视角出发的。其对于捐款人的动员往往比较主动和充分，对于受益人的动员则参差不齐。从动员深度看，也是进入到捐款人捐钱参与的程度，而不是深度卷入。当然并不是所有人都需要深度卷入，但社会组织应该给相关人员提供一个深度卷入的渠道或者路径。对于志愿者、合作方、一般社会公众等，社会组织也会比较积极主动，但并不能给他们提供一个很好的自主运作的空间。最终，包括社会公众在内的多个相关方也都可能参与其中，但整体上对于灾区社会需求缺乏深度了解，也缺乏了解的渠道，对社会组织参与救灾及捐赠本身的价值和意义了解不足，整个社会卷入的深度不足。

三　市场化运作机制的内涵

社会组织的市场化意味着其通过自身行动来提高对捐款者的吸引力，将"顾客导向"引入深化，争取更多的社会资源，提高捐款方的捐赠满意度及组织的整体绩效等①。在国内，王名的研究较早将"顾客导向"引入非营利领域，其指的是社会组织主动分析其所面对的社会市场，设计活动计划来吸引捐款人或者培养潜在的捐款人，包括细化分析筹款市场、分析捐款人的需求和社会需求，并努力满足他们②。用图 5 - 3 来表示，出现和

---

① Gonzalez LIA，Vijande MLS，Casielles RV，"The market orientation concept in the private non-profit organisation domain."*International Journal of Nonprofit and Voluntary Sector Marketing 7*：55 - 67，2002.

② 王名、贾西津：《中国 NGO 的发展分析》，《管理世界》，2002，第 30 ~ 43 页。

行政化机制不同的内容：在该机制之下，社会组织和捐款人之间不是单向的关系，而是一种互动关系，社会组织注重捐款人的参与和感受，对捐款人负责，主动争取捐款人，让其满意，以获得更多的资助。这个时候，整个领域便开始"活"了起来。如果拥有足够多的社会组织和足够多的捐款人，经过多次"选择"，便能够逐渐形成类似于"社会市场"的运作机制。

图 5 - 3　市场化运作机制

第三节　社会化运作机制

市场化运作并不是社会组织发展的终点，也不是那些转型中的组织最终的目的地。其目的是在市场化运作的基础上，将社会组织的另一个顾客——受益方也紧密连接起来，进入真正的社会化运作轨道上，或许前期，社会化运作模式相较于市场化运作并没有明显的优势，但随着整个社会的发展、捐款人对公众认识的提高，那些真正关注社会问题、追求专业的组织会逐渐被"选择"出来。目前很多社会组织都处于市场化和社会化的过渡阶段，可能在不同的项目中呈现出不同的情形。

一　表现及运作模式

（一）与政府之间的关系

不管发起背景如何，该模式下的社会组织能够获得独立自主的社会空间。这并不意味着社会组织和政府便是毫无关联，政府除了管控社会组织之外，还可以给社会组织提供支持，包括人员、场地、政府关系等，但政府不去干涉社会组织的自主运作。

例如，中国扶贫基金会经过近 20 年的转型改革，和政府的关系进入到合作伙伴的层面，同时发挥出政府背景和社会组织本身的优势。2011 年，曹德旺给中国扶贫基金会捐赠 2 亿元用于云南旱灾，被称为当时"史上最苛刻"的捐款。曹要求该基金会在半年之内将 2 亿元捐款发放给近 10 万农户，且发放差错率不超过 1%，管理费不超过 3%。最后，由第三方评估机构随机抽检 10% 的受助家庭，若发现不合格率超过 1%，中国扶贫基金会将对超过 1% 的部分予以 30 倍的赔偿。曹德旺还成立了专门的监督委员会，并请新闻媒体全程监督。中国扶贫基金会每 10 天就要递交一份项目进展报告。中国扶贫基金会借助政府体制内优势，与项目县相关部门共同确定受灾贫困村受助人资格的优先排序。最终，92150 户受助农户收到善款。评估结果显示，发放资金的误差率为 0.85%。若没有政府的体系支持以及 500 多名大学生志愿者严苛的核查等社会化运作的手法，基金会是很难顺利完成该项目的。

（二）组织内部的关系

在组织内部，员工之间的关系也不是等级制度的，经常是扁平化、相互支持的关系。项目人员不仅仅能够将一线需求、问题等反映到组织项目设计和运作过程之中，而且这个过程也是逐渐地自我发展和能力提升的过程。尤其是在救灾过程之中，面对各种突发情况，需要一线人员有着灵活调配的权限，并且能够获得后方的有力支持。在组织内部不同项目之间以及类似组织之间，都需要有良好的供需匹配、组织协调能力。这时候，组织内部需要建立一套协调的快速响应机制，如果一些紧急性的决策还需要一级级上报批示，不仅仅耽误了效率，员工自身的内在公益动机也可能会产生损耗。

中华少年儿童慈善救助基金会虽然成立时间不长，却给一线的工作人员充分的自主空间，在灾情发生后不久，中华少年儿童慈善救助基金会派遣在灾区有实际经验的工作人员到达一线，但没有特别限制而是鼓励一线工作人员在灾区根据情况行动，并由后方提供支持。其工作人员和很多其他公益组织一起在大本营驻扎，他们在灾区发现，其实本次芦山救灾的从外面来的救援物资并不少，但是缺乏一个根据实际需求调配分发的过程。尤其是很多爱心快递到达灾区，如顺丰等快递公司也找不到合适的接收单位，这时候，中华少年儿童慈善救助基金会便开始了其"捡物资"分发的过程，组织了一群草根组织和志愿者，将"无人接收"或者"闲置过剩"的物资递送到村子里面。在紧急救援和过渡安置的短短的一个月内，据不完全统计，中华少年儿童慈善救助基金会通过"捡物资"协调发放了大米1403袋，被子120袋，奶粉3大箱，苹果289箱，运动鞋600双，衣服、彩条布、多功能刀具等。

T组织的团队在救灾过程中呈现出明显的组织重心下沉的现状：给一线的工作人员充分的决策和行动的自主空间，组织的管理者在后方提供支持。这时候一线工作人员发挥出自己的创造性和协调能力，有机地根据实际开展项目。在这个过程中，他们乐意且享受这个又苦又累的过程，将个人的价值和组织的价值以救灾这个公益契合点进行结合，迸发出在营利组织难以具备的效率，而且组织越开放，给员工自主性越充分，员工被激发出的效率和自我满足感越高。

不仅仅T组织，还有一些机构也是这样的状况，很多决策和行动都由一线的工作人员甚至是志愿者来参与进行，而在这种情况之下，这些一线人员和志愿者的自主性和公益精神被激发出来，呈现出与一般的政府或者企业不同的组织氛围和工作状态，这与大灾大难之下人们被激发起内心的诉求有关，也与社会组织给他们提供的自主空间和支持氛围有关。

> 我们觉得这是一份份的爱心，所以我们就天天加班加点，那么多的志愿者几百人几百人地干（登记的为708人），把它们（快递公司运的各地送到灾区的爱心包裹）归类。……这么多全部处理。当时我们不能把它们给吞下去的话那就全拥堵在这里了，非常危险。所以我们最多的时候是一千多号人在那里工作，还算好，我们志愿者调动能力比较强。

这是一家规模比较大的救灾组织的行动力量，迸发出惊人的效率，能把政府有时候都无法解决的数量众多的"爱心快递"消化了。同时，在一些不是专业救灾的组织之中，它们在面对灾情时的自主协作的氛围也呈现出不同寻常的运作效率，即使只是一个刚入职不久的80后，也可以自己做主发挥出重要的作用。

P组织社会联络部负责人："整个抗震救灾前期啊，整个前前后后是我在这里来操作。我们的小侯到这里的时间也不长。四月地震，她是二月底来这上班，让她去了灾区。而且是回来之后我们才知道是背着她父母去的，她说如果告诉父母肯定去不了……而且也特认真负责，去的时候第一件事是每天培训志愿者，后来押运二十辆大客车……最后她就去了。一直到庐山，然后到村里，发完之后，晚上十一点了跟着大车又下山。大车把她扔到高速上，当时都是坐顺风车吧，然后她就在高速上打车，打完之后回到宾馆已经是十一点多了。"

80后小侯："当时在这个过程中我觉得，其实最有效的可能就是志愿者培训。因为我到的第一天真的是乱七八糟的。当时就是活佛有一个大弟子在那主管，我去的时候他已经是三天没有睡觉了，就是眼睛通红别人不能跟他讲一句话，他的两只手机就已经打爆了根本就接不进去了……不停地有人打电话说要捐东西，他当时的嗓子都哑了。他们招募了差不多一百个志愿者每天都换的，我一看不行，很乱的，大概是选了六个常驻的志愿者，告诉他们怎么样干，把一套流程学会，至少到了后期有账可查的。你不能说今天我送去一箱方便面，一箱方便面不值很多的钱，但是就我们看来那是一个很大的疏漏，然后像信息发布这一方面其实在中间也有调整，其实信息发布这一块跟劝募是一样的，（之前）各个部门都在做各个部门的事情，这个至少是我们在当时救灾过程中不太好协调的，因为没有领导说你们就负责这个，你们就负责那个。"（访谈录音转录A002）

这里的小侯才入职不久，但是在一线发挥出很大的能量。她不仅仅不怕灾区的艰苦环境和没日没夜的工作强度，而且积极主动地进行志愿者管理和工作梳理，使得急迫的救灾工作更加有序。同时，她自己对工作本身也有内在的严格要求，即使少记一箱方便面也算一个很大的疏漏。最终，该基金会的救灾行动可以从一个小片段窥见一斑。

访谈者：地震后两个小时就收集了一百顶帐篷？

小侯：当天下午就送进去了。送不进去是雇了好多人骑摩托车，就直接上去了。（访谈录音转录A002）

（三）社会动员和灾区需要的回应

这部分从市场化机制中的跑偏风险开始说起：如果捐款人并没有关注到受助方的实际需求，并且和社会组织关注的层面不一样时，社会组织除了"妥协"于捐款人或对捐款人说"不"之外，还有没有第三种选择呢？这便是社会组织的社会化运作的关键，社会组织如何进行社会动员、影响捐款人并逐步深入回应灾区的实际需要呢？

上海市慈善基金会在芦山地震中一共接受款物1.06亿元，初期捐款人的意愿是将大部分资金用于灾后重建的硬件基础设施的建设，即使是硬件基础设施的建设，基金会也选择自己行动，自己选择合作单位进行建设，而不是进入政府体系之中。该基金会成立了自己的捐款人委员会，选派出包括律师、企业员工、大学师生等捐款人代表来共同决定上海市慈善基金会救灾善款的使用。最终，9名捐款人、1名媒体代表和当地1名政府代表共同组成监督小组，由监督小组来参与项目的选择和资金的监管。在项目的设立方面，基金会与捐赠人、媒体代表先后3次到雅安当地，考察灾情和当地灾后重建的需求。根据实际考察情况提交方案，经基金会理事长办公会议审议决定，并经监管小组讨论同意选择援建项目。

在实地考察中，基金会发现除了硬件建设方面的需求之外，灾区还存在软性层面的需求，而这些是较少捐款人愿意投入的。在这种情况下，基金会一方面与灾区民政系统和灾民们实地接触，另一方面组织捐款人（捐款人自费）到灾区现场考察实际的需求情况，最终捐款人自己也认识到软性层面的需求，经过多次讨论，拿出700万元捐款用于如生计培训、社会服务等方面的软性层面的内容。

而捐款人代表在参与的过程中，一方面逐渐转变自身对灾区需求的认识，开始深度挖掘灾区的实际需求，例如后续的一些软性项目和培训项目便是捐款人到了灾区现场，发现实际需要而反馈到基金会层面设立的；另一方面也通过基金会这一平台进行宣传和带动，例如带动上海交大的捐款师生代表，鼓励捐款人进行更为理性和专业的捐赠。

当进入这个我们称之为社会化运作的轨道之上，就能不断追寻灾区的社会需求，虽然在初期可能需要一段时间的摸索，但会不断积累，项目会有机生长，逐渐形成一套自身解决社会问题、满足灾区实际需求、带动多元主体社会参与的运作模式。

再如芦山救灾中，受灾地区由于不具备充电环境，照明、通信等受阻，F组织针对这一需求，运用与军事相关的知识和技术，通过空投太阳能电池和液囊，解决了部分灾民对于电和水的紧急需求，为前线救灾指挥提供保障。

在行政化机制中，社会组织也会用行政化的体系来做同样的事情。但是，如果这一体系本身没有实现很好的社会化，而仍然秉承一种行政化的方式，那么它们只在形式上做到了这一点，而在实质上很难有这样一种精髓。例如E组织也是运用自己的从中央到省到县，再到更基层的甚至村落都建构起来的一套行政化的体系来发现需求并提供服务，但在其筹集的物品中最终出现了很高比例的无法递送下去的情形。简言之，供需关系并没有很好地匹配，自下而上的工作方式并没有真正奠基起来。

（四）与捐款人之间的关系

如何将爱心转化为对灾民们的真正帮助，将灾区的需求和社会公众的捐赠有效地对接起来却是一个难题。解决这一难题的有效举措之一就是鼓励捐款人深度地参与进来，去了解灾区的实际需要，进而逐渐完善或者改变原先或许不够成熟的资助倾向。

在这种模式下，捐款人也会被带入专业轨道上，捐款行为逐渐变得越来越理性、专业和可持续，捐款人也会对救灾有着更为专业的认识。而捐款人的专业认识则能够促使社会组织更好地对接灾区实际需要和捐款人意愿，规避捐款人倾向和与灾区需求不吻合的情况。这时候，社会组织才开始发挥出其在救灾过程中的角色和特长，将捐赠资金发挥出杠杆作用或者是引领作用，与政府做到互补协调。这时候的市场化运作和社会化运作是一致的。

（五）公信力的建构

社会化模式和市场化模式一样，都十分注重公信力的建构，主动追求公开透明和对捐款人负责。以在芦山地震中募款最多的壹基金为例，其公开透明的做法如下。

2013年4月20日，壹基金在官方网站发布"壹基金联合救灾雅安地震救援行动"，公布救灾计划和捐款途径。一天后发布《壹基金雅安地震救援行动捐赠人服务指南》，公布了有效的信息获取渠道和机构联系方式，同时说明关于捐赠收据、信息公示、行政管理费用、救灾整体行动规划和下一步工作计划等捐赠人关心的问题，做到了及时、主动向捐赠人反馈。

关于资金收支情况，壹基金及时有效地在网站上公开，除了不定时更新捐款总额及支出情况外，还公开了《2013 年上半年度财务管理简报》及《2013 年第三季度财务管理简报》，同时两次公开专项审计报告。

关于项目情况，在紧急救援阶段，壹基金频繁更新救灾行动进展，尤其是 4 月 20 日～5 月 16 日期间更是每天更新。随后壹基金设立芦山地震救灾项目专题，所有开展的项目一览无余，同时在《芦山地震壹家人赈灾一周年报告》中对整体救灾工作框架，救灾不同阶段、不同项目，以及资金分布等都做到了详细的公开，这些资料都可通过其官网、微博等渠道获取。除此之外，面对一年后的对壹基金善款使用的质疑，壹基金发布《给壹家人的一封信》，对公众关心的善款使用情况、项目情况、资金管理情况、信息披露情况等做了汇总梳理与解释。

在公开透明的基础上，壹基金也十分注重和捐款人尤其是大额捐款人的沟通，并朝向更为规范和专业的方向努力，建构自身的公信力，争取获得更好的社会认可。

二 呈现出来的社会效果

（一）该模式下的行动和效果

在该模式下，我们能够看到那些真正发挥社会组织在软性服务上各种特长的行为，也能够看到将政府－市场－第三部门的优势相结合的社会服务模式，更能够看到当地社区居民自身能力的增长、社区的综合改变。

例如，天津鹤童老人护理职业培训学校在四川灾区便是将政府－市场－第三部门三者的优势相结合，通过将社工理念引入养老领域，大量困难老人得到关怀；"国际小母牛"在灾后社区开展生计发展项目，即使前期项目遭受挫折，村民也愿意自身投入重新成立合作社开展行动；青红社工站将一群残疾人组织起来、发展生产自救互助；等等。

（二）对灾区需求的回应情况

该模式下，灾区需求会不断深化、细化、体系化，并且社会组织的回应能力会逐渐增强，最终实现供需匹配，资源与需求的对应性高，不再盲目出现无关捐赠、扎堆捐赠等现象。随着救灾经验的积累，社会组织进入细化的需求谱系之中，进而针对各个阶段设计出不同类型的项目谱系。在汶川地震之中，这部分内容基本处于萌芽状态，社会组织对三个阶段各自的需求和特征仅是一个模糊的认识，并没有形成体系。到了芦山地震和鲁甸地震，一些社会组织对三个阶段的需求、特征均有了比较具体化的认识，行动开始出现了系统化的特征，项目之间出现了横向的战略关联。

例如，卓明灾害信息服务中心在数次地震之中逐渐成长起来，成为专业的救灾信息和组织协调的支持机构。此外，在行业整体的发展之下，很多社会组织在鲁甸地震的需求对接中有了鲜明的进步。

> 从方便面到米面粮油：应急食品和正常饮食有了区分，并且有机构开始了行动，例如爱德基金会第一时间给灾区送去了 1 万斤大米和 600 桶油，之前已经有志愿者发现在芦山地震中方便面被吃得太多；
> 有些信息平台上出现了清真食品的需求：当地有回族乡镇，2014 年 8 月 6 日下午中国社会福利基金会采购了 4.2 吨的清真挂面发往灾区；
> 物资需求有效天数发布：不仅发布了清单，还有有效天数；
> 与政府物资匹配：说明了政府救灾物资数量、什么时候到位，哪些是充足的；
> 单向信息确认及免扰机制。

（三）对捐款人的服务效果

在该模式之下，捐款人的参与程度高，他们不仅仅能够获知捐赠具体的使用情况，还能够对自身捐赠的价值与意义有清晰的认识和了解。同时，捐款人还可以逐渐深度参与其中，成为志愿者。这些都能够吸引捐款人深度卷入、理性捐赠，对灾区需求有着更为清晰的认识。

在捐款人的深度参与之下，社会选择机制将成活，这时候选择的核心不仅仅是善款可信的使用，也是开始追求整个过程之中的专业性和实际效果，进而深度地满足灾区实际需要。这时候，捐款人和受助者之间的横向纽带将更加密切，灾区人民也能更为真切地感受到捐款人用心的支持。捐款人也更为理解整个救灾过程中各级政府、社会组织的行动价值，使得整个社会更为理性和专业地开展救灾和备灾工作。

所以，捐款人不仅仅是提供爱心捐赠这么简单，更重要的是，捐款人的深度参与是促进社会组织进入灾区需求前沿点上的重要条件，也是救灾过程中社会选择机制成活，促使社会资源在整个救灾链条中能够实现供需匹配、优化配置的重要环节。

（四）规范性和专业性情况

进入社会化运作的社会组织会不断追求规范性和专业性，最终呈现出规范性由较好到好、专业性逐渐提升的状态。在这种状态之下，组织会不断学习提升，不断从社会现场中获取有效经验并加以改进，进而使得组织逐渐在救灾领域形成自身独特的优势和行动谱系，同时也有了一套专业化的响应机制。

前文提到的中国扶贫基金会、壹基金以及卓明等机构便是在一次次的救灾过程中，有了明显进步的。例如，到了鲁甸地震中，卓明每天发布的《卓明救灾简报》已经成为信息综合全面、专业性强的信息中介，它包括了翔实的灾情数据（人员、房屋、交通、电力、水利、通信、教育、卫生等）、定点灾情（村组具体信息）、救援进程、天气情况、交通路况、物资需求、政府动态（包括具体发放物资的数量）、民间动态等。壹基金和中国扶贫基金会分别组建了不同形式的救灾联盟和紧急响应机制，响应越来越迅速，回应及时。灾后生计发展和社区服务等软性需求被逐渐认识到，中国扶贫基金会、南都基金会等对一线社会组织的支持也逐渐体系化和常态化。

（五）社会动员情况

社会化运作最为关键的便是社会组织调动起包括捐款人、受益人、志愿者、合作方等多方力量深度卷入，整体沿着更加专业、高效的路径发展。在社会动员方面，社会组织不仅仅涉及广度，也进入深度的层面，对各类资源动员程度高，可以起到影响和教育公众的效果，还可以产生较高程度的"毛细血管"现象，即社会捐赠能够进入灾区的各个角落以及需求的各个层面，渗透到基层，最终促进社会自下而上的成长发育，从发现需求到项目运作到受益人的自我负责，都可以达到这一程度。

三 社会化运作的内涵

社会化运作机制可以用图 5 - 4 来表示。我们看到，和市场化机制的区别在于，社会化运作机制将另一个顾客的互动链条也搭建起来了。

图 5 - 4 社会化运作机制

市场化是以资源为导向，而社会化则是以社会需求为导向，围绕着社会问题运作，有着一系列的参与者或相关方，包括受益方、捐款方、执行方、志愿者、合作方等。这些相关方的诉求都在一定程度上和真正的社会需求有一定的重叠，其中重叠较大的往往是受益方。如果资源方（捐款方）的诉求和社会需求完全重叠，那么市场化运作便与社会化运作重叠。但在现实状态中，资源方诉求和社会需求存在一定层面上的差异，那么市场化运作和社会化运作也会有一定的差异。

救灾组织要做到社会化运作的关键在于救灾本身的专业性，其是否能够根据紧急救援、过渡安置和灾后重建三个阶段的社会需求状况来设计项目，并且影响和带动捐款人也进入专业化参与的轨道上来，了解整个救灾的格局和社会组织的特长所在，按需捐款，而不是简单地挥洒爱心。

第四节 小结

将三类运作机制简单汇总如下（见表 5 - 2）。

表 5 - 2 三类运作机制的比较

内　　容	行政化运作	市场化运作	社会化运作
导向	政府权力导向	资源导向	需求（问题）导向
与政府关系	依附，自主性低	独立，自主性高	独立，自主性高
组织内部关系	自上而下、等级分明	仍然可能等级明显，严格控制	扁平化、成员有自主性、重心下移

续表

内　　容	行政化运作	市场化运作	社会化运作
社会动员	依托政府、单向通知	主动、浅层动员	主动、深层动员
需求回应（供需匹配）	遵循上级导向、需要回应程度不一、一般较差	遵循资源导向、需求回应程度不一、可能跑偏	需要回应性高
捐款人	较难参与，传统捐赠或者功利性捐赠，难以或者不需要知晓信息	一般参与，功利性仍然可能存在，但关注	深度参与
公信力	依托政府的公信力	形式上注重	实质上注重
规范性	存在差异，一般较差	存在差异，一般良好	由较好到好
专业性	较差	一般	较好
与政府救灾行动	几乎无差别	部分有差别	往往互补
可积累和成长性	几乎没有	规模上可能会发展，专业性上发展一般	专业性上快速发展

　　行政化、市场化和社会化背后分别是政府导向、资源导向和需求导向，最终在内在的自主性方面产生差异，进而其对应的捐款人和救灾行动也产生一系列差异。面对这三种机制，不同社会组织基于自身与政府的关系、外部制度环境、资源状况以及组织自身的发展动机进行选择，这是一个动态的变化过程。

　　很多社会组织正处于转型过程中，可能它们整体上还处于一种市场化甚至是行政化的体系内，但其某个项目已经进入社会化运作的轨道上，而且社会化已经成为一种明显的趋势。每家组织的转型并不是一蹴而就，中国社会组织参与救灾的行动的历史还很短，但进步明显，尤其是2008年以后，即使在芦山地震到鲁甸地震短短的一年之内，整个社会组织的救灾行动在行动协调、供需匹配等方面已经有了长足进步。希望我们能够以欣赏的眼光来看待这些不断进步的社会组织，共同促进包括社会组织、政府、捐款人等多方群体对救灾的理性及专业的认识。

　　在转型进程中，面对多元的运作状态，当下除了理清目前社会组织不同的运作机制内涵外，还需要深入地探讨其背后社会组织和政府的关系，理清转型背后政府在这个过程中的角色变化。

| 第六章 |

自然灾害应对中的政府与社会组织关系

如前文所述，救灾组织的三种运作机制各有其利弊。为实现资源均衡分配、有效整合各组织的力量，政府与社会组织成立合作平台已成为必然趋势。这就要求政府让渡一部分空间，改变政府和社会组织的力量分配格局，从而提升救灾领域的社会治理能力。

本章首先从学理的角度阐明政府与社会组织合作的必要性和可行性，为二者的协调合作提供理论支撑。从前文论述看出，社会组织自组织化倾向日益明显，有意愿并且有能力参与到自然灾害应对中，同时政府也意识到将社会组织融入国家应急管理体系中是必然趋势，并且通过出台政策、释放资源、下放行政职能等方式助力社会组织的成长。所以，总体来看，政府与社会组织的关系逐渐从平行走向交会，本章的第二节至第四节就体现出了这一趋势。第五节是在分析二者的合作模式和冲突的基础上，根据现实国情提出政策展望，力求为推动我国社会组织发展和国家治理能力的提升提供可操作化建议。

第一节　政府与社会组织关系的学理分析

一　政府与社会组织关系的理论阐释

纵观现阶段学界关于政府与社会组织关系的研究，既有国家社会关系的基础理论性研究，也有具体的实证研究。从宏观、中观、微观三个层次来看，宏观层次主要是在国家—社会框架下，探讨社会组织的产生与发展对以国家为中心的治理模式的冲击与制衡；中观层次是从组织与环境互动的视角探讨组织的生存机制、运作机制以及政府和社会组织的互动模式；微观层次则是重点关注社会组织的行动策略及其与基层政府的相互型塑过程。

（一）　宏观静态的结构阐释

从宏观层面解释国家与社会关系主要有两大理论模式，即多元主义和法团主义。

多元主义理论。多元主义作为一种阐述政策制定过程和国家与社会关系的理论，成为分析政府与社会组织的独特理论视角。基本特点在于权力资源配置的高度分散性而呈现多中心格局。其特点主要包括以下八个方面：（1）利益集团的广泛性。从草根社团到全国性的大型社团，从地域性组织到专业性团体，构成了多元主义的社会基础。（2）利益集团的私人性。利益集团的组织必须是自愿的，其基础在于共同的利益和关心。无论是加入还是退出，都基于公民个人的自由，处于政府控制之外独立运作。（3）利益集团的中介性。利益集团的位置介于人民和政府之间，具有双向的中介功能，架起了一座传统民主理论所忽视的桥梁，不仅扩大了公民参与的范围，也提供了上下沟通的渠道。（4）利益集团的动员性。利益集团促进人们关注共同的利益和问题，并为实现共同目标而采取行动。（5）利益集团活动的定向性。虽然，利益集团充斥于社会生活的每一个角落，但对于具体的利益集团来说，它们都拥有独特的资源类型，其关注的问题和活动相对专门化。（6）利益集团的竞争性。现代社会被分解为无数的具有不同利益和资源的集团，它们运用资源去接近和影响政府，并与其他的利益集团相互竞争。（7）政府本身也是一个多元主义的复合体。政府的权力在某种意义上说并非一个整体，它被分散为具有不同利益和掌握不同资源的部门和机构，相互制衡。（8）社会均衡的保障。[①]权力散布于整个社会之中，形成了许多竞争性的多元决策中心，而且竞争的动态过程不断改变着政治势力的格局。在利用这一理论分析政府与社会组织关系时，首先要界定社会组织是否是一个明确的利益集团。虽然它们一直在试图通过集体行动在其优势领域影响政府决策，但对于目前中国现实情况而言，它们还不完全具备独立性，这一方面是由社会组织现实发展状况所决定，另一方面也是由于我国还没有对社会组织的作用进行准确定位，虽使其处于中介

①　景跃进：《比较视野中的多元主义、精英主义与法团主义》，《江苏行政学院学报》2003 年第 4 期。

地位，但未发挥出中介的实质性作用。

法团主义理论。法团主义认为社会与国家不是对立的，国家的权威要予以保护。亚当斯认为法团主义主要有三大特征：一个强势的主导国家；对利益群体自由与行动的限制；吸纳利益群体作为国家系统的一部分。其核心就是国家要整合利益群体，让社会组织呈现成员的利益，但要受国家的控制和约束并帮助国家管理和开展相关政策。[①] 在实证研究方面，很多学者也认为，与强调社会自主性和横向联系的市民社会相比，强调国家主导控制和自上而下垂直结构的法团主义更适于对中国的研究。迪克森从体制适应的角度分析了法团组织在中国的发展。执政党为了适应新的社会经济环境，转变了政治策略，通过吸纳新生的社会精英并重建国家与社会组织的联系，将新的社会要素"容纳"（logic of inclusion）到体制内。[②] 许慧文也指出强大的社会团体可以和强大而具有弹性的国家并存，"强社会"并不一定意味着"弱国家"，可以实现社会和国家的互相赋权。而且，没有嵌入社会的"强"国家事实上是脆弱的，不能经受社会变迁的考验。[③]从表面上看，中国的国家社会关系具有法团主义的形态。但事实上，在中国，法团主义只具其形而不具其实，因为社会与国家密切合作的"合作主义"是建构在发达的利益集团博弈的基础之上的。它在一定程度上是强政府、强社会的表现，而这个基础在中国并不存在。[④]

（二）中观层面组织与环境关系的诠释

中观层面将国家和社会具体化为组织，围绕组织的具体运作及其如何处理与环境之间的关系等问题展开研究。在该层面的研究中，制度主义的分析路径占有重要地位，其中尤以资源依赖理论和新制度主义理论最为突出。

资源依赖理论。普费弗和萨兰奇科是资源依赖理论的集大成者，在其

---

① Adams，P. S.，"Corporatism and Comparative Politics：Is There a New Century of Corporatism？". In Wiarda and H. J. ed.，*New Directions in Comparative Politics.* Colorado：Westview Press，2002.

② Dickson，B. J.，"Cooperation and Corporatism in China：The Logic of Party Adaptation." *Political Science Quarterly*，115（4），2000.

③ Shue，V.，*The Reach of the State.* Stanford，Calif.：Stanford University Press，1988.

④ 贾西津：《民间组织与政府的关系》，载王名《中国民间组织 30 年——走向公民社会》，社会科学文献出版社，2008，第 199 页。

著作《组织的外部控制》一书中，提出了四大重要假设：（1）组织最重要的是关心生存；（2）为了生存，组织需要资源，而组织自己通常不能生产这些资源；（3）组织必须与它所依赖的环境中的因素互动；（4）组织生存建立在一个控制它与其他组织关系的能力基础之上。[①] 同时，资源依赖理论除了关注外部的组织资源控制，也关注内部的权力策略，并认为两者是相互关联的。在实证研究方面，虞维华认为"非政府组织与政府组织在获得资源的途径方面具有结构性的差异，因此非政府组织对于政府资金支持的依赖关系并不必然导致其自主性的丧失"。[②] 徐宇珊则提出"非对称性依赖"这一理论来分析基金会与政府的资源依赖关系。[③]

新制度主义理论。新制度主义理论强调，组织受到环境的影响，除了理性或效率的因素，社会建构的观念体系和规范制度也会对组织产生巨大的控制性影响，产生"合法性"维度，在现代社会中，组织为实现既定目标所必须采取的形式、手段和程序的"合法性"维度，可能会表现成理性的形式，并伴随着相应组织结构渗透于环境之中，迫使组织不断地内化这些合法性要求，形成与制度环境相符合的正式结构。梅耶和罗文认为从组织和环境的关系上来认识组织，必须从合法性机制上来看待组织和环境的"同构"现象。[④] 新制度主义讨论的核心问题就是组织的结构相似性和制度的趋同性现象。在经验研究方面，田凯在新制度主义和种群生态理论的基础上以"非协调约束下的组织运作"为理论框架，对20世纪90年代后期慈善组织的生成机制和运作逻辑进行了理论解释。[⑤]

（三）微观动态的行动研究

近年来，学界越来越多地关注实践运作中的行动者，通过观察其合法性、行动力和自主性等来分析国家与社会关系的变化。将社会组织视为一

---

① Pfeffer, J. and Salancik, G. R., *The External Control of Organizations: A Resource Dependence Perspective.* New York: Harper and Row, 1978.

② 虞维华：《非政府组织与政府的关系——资源相互依赖理论的视角》，《公共管理学报》2005 年第 2 期。

③ 徐宇珊：《非对称依赖：基金会与政府关系的分析》，《公共管理学报》2008 年第 1 期。

④ Meyer, J. W. and Rowan, B., "Institutionalized Organizations: Formal Structure as Myth and Ceremony." *American Journal of Sociology*, 83 (2), 1977.

⑤ 田凯：《组织外形化：非协调约束下的组织运作——一个研究中国慈善组织与政府关系的理论框架》，《社会学研究》2004 年第 4 期。

个正在形成与发展中的组织，关注的重点不是其组织形式如何，而是其运作逻辑和行动策略，及存在于组织运作和行动策略中的多种冲突与整合过程。微观行动策略研究在其研究的微观性和互动性上是对以往理论的一种全新突破。但是，在着眼于组织为了生存和发展进行的正式和非正式活动的同时，也要关注到互动的另一方，即政府。尤其在中国的现实情况下，政府的力量在社会组织发展过程中具有更加重要的作用。所以要对政府制度、管理体制、制度逻辑及行动策略加以重视，关注权力在政府与社会组织互动中的真实存在。

综上所述，在系统阐述政府与社会组织关系时，要在宏观的结构模式下采用中观和微观相结合的方法研究其互动关系的建构过程。在研究对象上，要兼顾政府与社会组织的互动双方；在研究内容上，既要关注社会组织的产生和发展，也要关注政府的改革和创新，分析其制度逻辑和行动策略，综合运用理论和实证方法进行分析。具体到灾害救助中的政府与社会组织关系，从宏观层面上看，无论是多元主义还是法团主义，在把这些具有西方自由主义传统的理论移植到中国国情时都有一定的解释力，但不能完全将其照搬，要注意它的适用范围存在一定的边界。[①] 从中观和微观层面上看，可以将其进行操作化。例如，在分析政府与社会组织的依赖关系时可以操作化为合法性的依赖、公众信任度的依赖、资源的依赖等维度，其中合法性的依赖是指需要法规依据、政府文件等对组织的认可，资源的依赖则包括经费、办公场地和设备、人力资源等的依赖，公众信任度依赖是指社会组织为建立和提高其社会信誉需要依赖政府的权威，将其放在动态的环境中加以把握。上述这些均能够在灾害救助的具体案例中体现出来。

二　灾害救助中政府与社会组织互动模式

自 20 世纪 80 年代，在新公共管理思潮影响之下，社会组织更多承担起公共服务的供给责任，政府与社会组织在日益密切的合作过程中形成"第三域"。但是基于不同的政治、经济和社会因素，政府与社会组织的关

---

① 孙沛东：《市民社会还是法团主义？——经济社团兴起与国家和社会关系转型研究述评》，《广东社会科学》2011 年第 5 期。

系在不同的国家或不同的领域的表现有许多差异，这引起了学界的广泛关注。近年来，中国相继经历了汶川地震、玉树地震、芦山地震、鲁甸地震等重特大地震灾害考验，凝冻、干旱、泥石流、冰雹等中小型自然灾害每年时有发生，造成重大经济和财产损失，严重影响了人民的生命安全。在此情况下，中国社会组织迅速成长成熟起来，在实践中与政府逐渐形成良性互动，成为灾害救助领域中的一股有生力量。与国外相比，中国呈现出自身的特点，社会组织与政府形成多种互动模式。

（一）以日本和美国为代表的自主协作型模式

1995 年的日本阪神地震以及 2005 年的美国卡特里娜飓风，是近年来破坏力极强的自然灾害。阪神地震造成 6432 人死亡，直接经济损失高达 830 亿美元，是日本战后最严重的灾害之一。[1] 这次大地震极大地激发了非营利组织的参与热情，使得 1995 年成为日本的"志愿者元年"。而卡特里娜飓风造成 1300 多人死亡，上百万人流离失所，直接经济财产损失近 1000 亿美元。[2] 由于飓风造成的破坏超出美国传统救灾组织的救援能力，这也成为非营利组织参与救灾的契机。灾后报告显示，在联邦政府的表现受到各方强烈抨击的同时，非营利组织的救援却得到较为广泛的肯定。[3] 在这两场灾害救助的过程中，政府与非营利组织的互动呈现出较为典型的自主协作模式。

从非营利组织参与的角度来看，自主协作模式主要体现在非营利组织主动、积极地参与灾害救助，一方面非营利组织弥补政府失灵或难以覆盖的领域，如防灾减灾领域；另一方面其参与不仅关注直接的灾害救助目标，更强调要以自身的比较优势来开展行动。从政府管理的角度来看，自主协作模式是指政府日益注重非营利组织在灾害救助过程中所具有的快速、高效、持续参与等独特优势，政府与非营利组织之间形成了信息共享、资源互补和联合行动，政府与非营利组织的角色与职责有清晰的界定，并形成稳定的管理机制。具体到日本和美国的救灾实践中，主要表现为以下几个特点。

---

① 滕五晓：《阪神大地震启示录》，《中国国土资源报》2008 年 5 月 14 日，第 5 版。
② 张强等：《巨灾与非营利组织》，北京大学出版社，2009，第 66 页。
③ 邓国胜：《响应汶川：中国救灾机制分析》，北京大学出版社，2009，第 187 页。

第一，制度框架下的多元有序参与。作为灾害多发国的日本，在与自然灾害的长期抗争中，形成了一套相对完善的综合性灾害应对体系。其《灾害救助法》规定，灾害发生后，红十字会必须对救灾工作进行协作。根据相关规定，灾害发生时，红十字会要提供血浆、义工团、物资等。除红十字会外，被列入地方政府《灾害对策手册》中的团体还有社会福祉协会。阪神地震前，日本地方政府的救灾手册中已经规定，社会福祉协会要提供避难所。①

在美国卡特里娜飓风救援中，非营利组织则有不同的参与途径。（1）体制内强制参与：美国红十字会。在全国反应计划中，美国红十字会是唯一一家以责任单位身份被列入其中的社会组织。这一身份给美国红十字会带来的好处是保证了救灾资源的充足性。红十字会不仅可以利用政府资源，而且也是公众捐赠的主要对象。2005 年卡特里娜飓风发生后，慈善捐赠总计超过 30 亿美元，其中 2/3 投向了美国红十字会。作为体制内的组织，美国红十字会与政府其他救援机构有着密切的联系，红十字会在各个相关的协调中心都派驻专门的工作人员，负责与不同部门之间的协调，主要包括：联邦应急管理局下的地区反应协调中心（RRCC）和全国反应协调中心（NRCC）以及相关州与地方政府的应急执行中心（EOC）等。②（2）体制边缘志愿参与：NVOAD 的成员组织。NVOAD 是 1970 年由 7 个社会组织发起成立的联盟组织，目的是促进社会组织在救援过程中的沟通、协调与合作。目前，NVOAD 的全国成员组织已经发展到 50 多家，此外，在美国 55 个州和地区也有类似的地方 NVOAD 组织。作为全国主要救灾社会组织的联盟，NVOAD 实质上是一个联系平台，真正参与救援工作的是它的成员组织。NVOAD 的成员组织在救援过程中比红十字会的体制内强制参与要更为独立，它既不接受政府资源也不履行政府的救援任务，它与政府的联系主要是通过 NVOAD 以及原来已经建立的与政府某些部门的良好合作关系。（3）体制外志愿参与：地方性社会组织。体制外志愿参与的特点在于社会组织与政府相关救援机构之间的正式联系渠道较少，组织的资源主要来自于所在区域的公众捐赠，组织的参与方式主要通过动员地区资源，服务于

① 喻尘：《地震带上的日本全设防经验：如何将地震损失降低到最小》，《南方都市报》2009 年 4 月 11 日，第 17 版。

② 郑琦：《美国社会组织如何参与救灾》，《中国党政干部论坛》2013 年第 8 期。

所在地区。在卡特里娜飓风的救援中，大量路易斯安那州和密西西比州等受灾地区的地方慈善组织（包括教堂和宗教团体）、非营利机构和地方的基金会等都属于体制外志愿参与的路径。

第二，提供专业化的社会救助。日本阪神地震中，从紧急救援到灾后重建，参与灾害救助的非营利组织数量虽然减少，但是非营利组织的参与范围和参与程度在不断加深。在阪神地震复兴规划的制定过程中，非营利组织的参与受到了高度的重视。在兵库，团联、日本建筑学会、学者自发组织的研究会等各种组织积极建言献策，到 1998 年 3 月底为止为政府提供了 923 项建议。① 很多非营利组织同时成为灾后重建的核心机构。卡特里娜飓风发生一个多月之后，墨西哥湾沿岸社区国际救济和发展资源中心（GCCSC）就开始重建当地居民的生活。低九区（Lower 9th Ward）是飓风袭击新奥尔良时受灾最严重的地区，灾难过后有专门的组织机构——低九区可持续发展和参与中心（CSED）在新奥尔良低九区街区激发民众参与和恢复重建、灾区迁移、维持自然生态系统、协助社区组织领导并保护资源。

一般来说，灾害救助的紧急救援阶段的主要任务是抢救生命、解决灾民的最基本生活问题，在这一阶段非营利组织虽然会有大规模的迅速行动和灵活反应，但是其灾害救助的参与度一般相对较低，往往是在非营利组织专业优势能力之外的紧急救援。而在灾后重建阶段，灾害救助的重要任务开始转移到灾民的心理抚慰、住宅重建、社区再造等问题，这些问题更多属于多元化的需求适应性问题，解决速度相对较慢，非营利组织的专业优势和行动能力有较为充裕的释放空间，可以通过与政府合作，一般参与程度都相对较高。在美国，有 5 万名志愿者在卡特里娜飓风一年后来到新奥尔良；飓风过去 5 年后，还有很多非营利组织在当地社区提供专业服务。② 从阪神地震和卡特里娜飓风救援中可以发现，基于灾害救助不同阶段的需求和非营利组织的专业优势，非营利组织参与呈现出较为明显的阶段化。

第三，政府与非营利组织的协同联动。阪神地震之后，平均每天有超

---

① "灾后重建思路与政策"课题组：《阪神大地震的灾后重建工作及其启示》，《决策咨询通讯》2008 年增刊。

② 谢来：《美风灾后百万志愿者参与重建》，《新京报》2008 年 6 月 1 日，第 3 版。

过两万人的志愿者在灾区参与救援。日本政府指定非营利组织"社会福祉协议会""西宫志愿者网络"（NVN）等担任接待和管理志愿者的任务。这些非营利组织还与志愿者合作开设和运作"志愿者本部"，从事志愿者的派遣与协调，政府以及其他的志愿者团体的协调、信息交换、救援活动调整等方面的协调工作。

鉴于非营利组织在阪神地震中的重要作用，日本政府于 1995 年 12 月对《灾害对策基本法》进行修改。其第八条规定：推动自发性防灾组织的发展，推进志愿者防灾活动的体制建设以及其他公民自发性防灾活动。[①]其修改背后的基本价值逻辑是重视社会公益组织的社会功能与能量，将社会公益组织力量吸纳进整个灾害救助体系中，确保了灾害救灾中的非营利组织参与路径的制度化。

卡特里娜飓风期间，美国联邦、州和地方政府的应急部门都设置了与非营利组织进行联系沟通的部门或官员，这种有组织的联系一方面确保政府能得到高效可靠的受灾信息，另一方面可以向社区组织、志愿者组织和公众提供灾害反应和恢复行动的信息。在联邦层面，在由联邦应急管理局划分的十二个区域中，每个区域都设有一名非营利组织联络人。在地区层面，则由联合现场办公室为非营利组织与在灾害应对和事故处理中心中负有主要责任的其他组织提供沟通和协调平台。作为制度化参与救灾的红十字会，既可以在地方政府救援中心设置非营利组织协调人员，紧密配合，共享信息；还可以依赖联邦应急管理局提供物流支持，包括食物、燃料、流动厕所等救援必备物资。

第四，建立能促型的激励机制。非营利组织在灾害救助中相比政府而言，其资源的自我补偿能力不强，难以持续激发参与灾害救助的积极性，因此美日两国建立对非营利组织参与灾害救助的激励机制。（1）救助补偿。美国的联邦应急管理局为参与灾害救助的非营利组织设立了补偿基金。《斯坦福法案》规定，地方的非营利组织可以因为参与灾害救援活动而向联邦应急管理局申请补偿。这样，非营利组织为灾民提供食物和避难所、参与搜索和救援行动、提供紧急医疗服务等救援活动都可以获得一定程度的救援补偿。卡特里娜飓风过后，仅路易斯安那州就有 765 家非营利

---

① 邓国胜：《响应汶川：中国救灾机制分析》，北京大学出版社，2009，第 208 页。

组织提出补偿申请。① （2）税收优惠。卡特里娜飓风过后，美国参议院于2005年9月通过《卡特里娜紧急税收减免法》（Katrina Emergency Tax Relief Act），将向所有公共慈善机构捐赠现金的减税额上调一倍，从个人收入的50%上升到100%。在该法令的推动下，当时的美国慈善组织只要是设立关于新奥尔良灾区重建的项目，都得到了大额捐赠。（3）资金支持。日本阪神大地震后，日本全国的社会捐款额达1800亿日元，全部交给地方的共同募金会，作为对死者或下落不明者亲属的慰问费、对震灾造成房屋全部损毁或半损毁家庭的慰问费、受灾儿童学生教育补助金、住房补助金等。卡特里娜飓风后，很多民间公益组织在当地社区提供它们的专业服务，非营利组织在参与重建过程可以得到联邦紧急事务管理署和路易斯安那州重建署（LRA）等提供的项目资金与支持，政府通过购买非营利组织服务来支持其灾后重建。

鉴于我国目前社会组织不发达以及相关制度不完备，在灾害应对方面尚未形成一个与日本、美国等发达国家类似的全面系统的制度性框架，对社会组织也没有予以明确的功能划分和制度保障。因此，借鉴发达国家的"他山之石"为我国建立和完善政府与社会组织的合作模式提供有益经验：有必要建立完备的法律保障体系，并签订专门性的框架协议，明确各自的权利、义务与责任，以法律的形式提高社会对危机应对的重视，更新以往政府独立应对危机的观念。我国已经制定了戒严法、防灾减震法、传染病防治法、突发公共卫生事件应急条例、保险法、矿山安全法、防洪法、安全生产法等。但是，这些单行的法律覆盖面单一，没有将更多的社会主体纳入法律中来，在应对灾害时，无法有效地利用各种主体力量。因此有必要建立一套操作性强、责权分明、组织健全、灵活有效的合作机制，以保证在危机状态下能够高效地协调各个主体的协作。所以，需要强化政府的主导功能，为社会力量的参与提供政策支持、资金支持以及信息与技术等方面的专项支持计划；鼓励社会组织的发展，加强专业培训与宣传教育，强化社会组织参与突发事件应对；针对不同类型、不同等级、不同过程的突发事件以及不同的应对主体，建立可执行性和可操作性的合作协议与制度规范，以保证社会组织的参与落到实处。

---

① 邓国胜：《响应汶川：中国救灾机制分析》，北京大学出版社，2009，第199页。

（二） 中国灾害救助中的行政吸纳型模式

长期以来，在计划经济体制下，灾害救助一直由政府主导，社会组织无法充分参与。从 2008 年汶川地震开始，社会组织开始在灾害救助中崭露头角，释放出巨大的行动能力，成为政府灾害救助的有益补充。与日美的自主协作模式不同，我国灾害救助中政府与社会组织在互动初期呈现出行政吸纳型的特点。

行政吸纳模式主要是指在没有制度化支持的条件下，社会组织参与更多体现为反应式参与。政府认可或者吸纳社会组织的灾害救助参与，社会组织承担政府救灾的补充角色。同时，政府对社会组织的管理以单向控制方式为主。

第一，即时性反应的非制度化参与。汶川地震和玉树地震发生后，很多社会组织迅速做出反应。例如，爱德基金会在汶川地震当晚就在成都建立了救灾办公室，并拨款 100 万元紧急采购救灾物资。壹基金则在当晚与各大网站联合发起募捐。玉树地震发生后第 41 分钟，格桑花的救援队伍已经出发前往玉树救援。即时性参与体现了社会组织在灾害救助中的快速反应优势，也彰显出社会组织行动的自我动员与自我组织能力。现阶段，我国社会组织参与灾害救助基本还处于从非制度化到制度化的探索阶段，大多是基于公益理念的自发行动。这种情况虽然在芦山地震和鲁甸地震中有所改观，但目前社会组织在进入灾害救援中仍然缺乏规范化的渠道，社会组织在救助过程中的责任和义务无法明晰界定，参与空间经常受到挤压，缺乏行动的统一规划和制度保障。社会组织在灾害救助中经常出现服务资源浪费、行动冲突和力量分散等问题。

第二，发挥补足式作用。在抗震救灾中，政府虽然主导救灾救助行动，但无法关注灾区的所有需求。相对于政府救助中的任务导向，社会组织的救助活动更具有需求导向的组织特性，更关注受灾民众的特殊需求。例如，汶川地震后，乐施会往都江堰市运送的妇女卫生用品、花露水、奶粉等物资和往青川县运送的牛奶等物资，充分考虑了妇女、儿童和当地穆斯林灾民的特殊需求。[1] 仁爱慈善基金会在玉树地震后向受灾村庄发放救

---

① 王强：《乐施会：救助与重建》，《商务周刊》2008 年第 11 期。

灾物资时，特别注意调查无户口的体制外流动人口，以保证灾民需求都能得到满足。① 根据需求提供个性化的服务，社会组织在大规模的救灾活动中具有拾遗补阙的作用。

第三，实行差别化的多元管理。缺乏规范有效的制度设计意味着政府的需求偏好会设定社会组织的行动边界与导向。这使其对社会组织的管理呈现出差别化的多元管理特点。首先，基于不同社会组织的资源优势、行为激励和角色定位的不同，政府对不同社会组织采用了不同手段，包括对中华慈善总会等官办社会组织的整合吸纳，对民间基金会和草根组织的有序管理以及对于个别国际非政府组织的功能替代等。在一定程度上，社会组织参与角色的设定和政府的管理手段是由社会组织的性质所决定。其次，不同时期、不同地方的政府和政府部门对社会组织的态度差别较大。例如，绵竹市遵道镇团委携手友成企业家扶贫基金会、深圳登山协会与万科公司共同设立的"志愿者协调办公室"曾被纳入政府主导的救灾体系。但2009年4月，绵竹市团委《关于加强志愿服务团队和个人管理的通知》在一定程度上成为其撤离的催化剂。对于参与救灾的社会组织，政府可以默许其开展活动的合法身份，也可以与社会组织直接进行资源对接，采取何种具体措施多是政府自主选择的结果。

第四，公益捐赠的行政吸纳。四川汶川地震激发了民众的捐赠热情，截至2009年4月30日，海内外捐款总数达到创中国捐赠史纪录的767.12亿元。但是汶川地震灾害救助中捐赠的80%左右流入了政府的财政专户，由政府部门统筹用于灾区。在个别承担灾区援建任务的省份中，社会组织募款转入政府财政账户后，当地政府用于对口援建的资金中，有一半以上来自社会捐款。② 资金由政府统筹使用，形成了一条"逆向"的资金流动。国际上通行的是政府购买社会组织服务，如美国政府购买非营利组织服务的款额是民间捐赠总额的1.5倍。但我国正好相反：公募基金会向社会募捐后，和政府合作做项目，形成了"社会组织购买政府服务"，很大程度上压缩了社会组织的发展空间。

在玉树地震后，这种情况依旧没有改观。2010年7月7日，民政部会

① 郭婷：《从汶川到玉树》，《中国发展简报》2010年夏季刊。
② 包丽敏：《谁来执掌760亿元地震捐赠？》，《中国青年报》2009年8月12日，第1版。

同五部委发布《青海玉树地震抗震救灾捐赠资金管理使用实施办法》，13家全国性公募基金会募集的善款，需要汇缴拨付到青海省政府、青海省红十字会、青海省慈善总会的专用账户中。集中汇缴后的资金，将由青海省统筹安排使用；具体项目的组织落实，亦由青海省统一负责。民间善款通过社会组织向政府汇集并由政府统一使用，这意味着基金会等机构的独立法人地位被忽略。

但是，值得注意的是，政府对社会组织的吸纳作用一直处于动态变化之中。虽然社会组织现阶段无法完全独立于政府，政府也不会对社会组织完全放开，但合作意识不断增强将是必然趋势。这一判断是根据以下三个动力条件做出的。

第一，基于政府长期获取资源的考虑。

在社会组织成立的初期阶段，组织捐赠人可能还没有意识到社会组织在很大程度上是受政府约束的。随着时间的推移，当捐赠人认识到社会组织应该是民间组织，政府不应该有过多参与的时候，就会采取"用脚投票"的方式来表示对政府过度介入的不满，即认为社会组织只是表面上具有民间组织的外形，实际上是政府在运作，从而不对社会组织捐款资助。这种行为减少了政府通过社会组织所能获得的资源数量，也降低了社会组织帮助政府分担责任的能力。也就是说，当社会组织过度政府化，严重阻碍了其获取资源的能力时，由于政府依赖社会组织获取民间资源，从而也就间接影响到了政府通过社会组织获取的资源总量。社会组织自身能力的降低，也影响到了其帮助政府解决社会问题、提供公共需求的能力。由此，不仅损害了社会组织的利益，也由于利益的一致性而损害了政府的利益，当政府意识到这一点时，出于自身利益的考虑，就会有足够的动力去主动让权给社会组织，减少自己的控制，赋予社会组织更大的自主性，让社会组织通过一定程度的自我管理与运作，提高组织的绩效与能力，从而更好地为政府分担责任，政府也能够利用社会组织的资源优势而获利。

第二，基于政府降低成本的考虑。

政府对社会组织的监督与控制是有成本的。一方面，政府作为控制的主体，严密控制社会组织的人员构成、运作机制等方面，将社会组织作为一个工具来汲取社会资源，是有利可图的。然而，当政府的控制力度过大从而使得社会组织过度政府化、缺乏自身独立性时，就会引起社会组织的参与者、社会资助者等多方面人士的不满，他们在减少参与社会组织的活动、减少对社会组织进行捐款的同时，还会采取的手段就是直接从舆论上谴责政府对于社会组织的过度介入，使政府介入在合法性上站不住脚。这样，不仅会使政府通过控制社会组织以汲取社会资源的努力归于失败，还会提高政府保持与社会组织控制关系的成本。另一方面，由于监督者与被监督者之间存在信息不对称的问题，被监督者作为实际的行动者，往往拥有较完备的信息，而监督者要想获得相当完备的信息，则必须要付出一定的时间、精力、财力等。这种信息不对称性往往会引起监督者与被监督者之间的博弈行为，被监督者会隐瞒对自己不利的信息，以逃避监督者的审查和惩罚，这样就在无形中增加了监督者的监督成本。在政府与社会组织的监督关系中，社会组织作为事件的亲历者，拥有最完备的信息，政府作为监督者，由于时间、精力、财力等成本和搜集信息能力的问题，不可能获得关于事件的所有信息，因此社会组织有可能隐藏信息以获得行动的主动性，而这只会使政府的监督成本增加。当监督成本大于监督收益时，监督行为本身就变成了不划算的事情。出于上述考虑，政府为了降低自身的支付成本，就会有主动让权的动力，从而赋予社会组织一定的自主性。

第三，基于社会组织发展需要的考虑。

在社会组织刚开始建立的时候，由于依赖政府有可能会获取较多的资源，因而，社会组织会向政府靠拢，甚至是牺牲掉一些自主性以获取其自身发展的有利条件。随着公共治理环境的变迁、社会组织不断发展和独立意识的不断增强，当它们发现过度依赖政府不仅没有更多的利益可图，反而损害了自己的利益、丧失了自身独立性甚至影响了组织自身目标的实现时，社会组织就会基于长远发展的考虑，千方百计地通过其他方式为自己寻求更多的资源，以努力提高自身的能力，从而逐渐摆脱与政府的依附关系。正如萨拉蒙所言，社会组织对国家依赖太强烈，就会受到国家的约束，成为国家的唯一代理人，而不是国家真正的合作者，"为了避免这种依赖，公民社会部门必须使国家资助与其他资助来源相对平衡"。①

---

① 〔美〕莱斯特·萨拉蒙，赫尔穆特·安海尔：《公民社会部门》，载何增科《公民社会与第三部门》，社会科学文献出版社，2000，第 266 页。

第二节　政府与社会组织各自参与——基于灾后三阶段的分析

一　紧急救援阶段

灾害的首要危害是对于人民生命的威胁，所以紧急救援阶段要求速度快、效率高、专业性强，综观我国现阶段的救灾模式，按照救援者的类别，可以分为自救互救、军队救援、专业救援三种。灾害发生后，时间对于救援地震废墟中的幸存者至关重要，外部救援力量，无论是军队还是专业队伍，抵达灾区都需要时间，因此地震救援首先要立足于灾区群众的自救互救。第二种军队救援，则是紧急救援的最坚固的保障，我国突发事件应对相关法规规定中国人民解放军、中国人民武装警察部队和民兵组织有参加突发事件应急救援和处置工作的责任和义务。[①] 其重要作用在于可以最早进入被"隔离"的极重灾区，依靠政府力量可以深入所有灾区村庄乃至排查每一处倒塌房屋，军队救援的最大意义在于鼓舞和坚定灾区群众抗震救灾的信心，表现出政府强大的动员能力和行动能力。第三种即专业救援，主要包括消防部队、各类地震救援队、矿山救援队、国际专业救援队四种，这四种队伍均属于政府系统或者以政府名义沟通协调的队伍。虽然近年来，国内涌现出许多民间救援队，如蓝天救援队、蓝豹救援队、壹基金救援联盟中的专业救援队等，但是在紧急救援阶段，相比政府力量而言仍较为薄弱，一方面是由于国内专业救援队发展缓慢，另一方面则是政府在灾害面前的主导地位不可改变。

近年来，民政部制定了《自然灾害救助条例》和《国家自然灾害救助应急预案》等一系列制度规范政府的救援行动，在资金、物资、通信和信息、装备和设施、人力资源、社会动员、科技、宣传和培训组织八个方面做好了充分的准备，政府可以集全社会力量保证救援工作的顺利开展。相对而言，社会组织还只是发挥辅助作用，例如，蓝天救援队是一个联盟，各分队独立运作。在鲁甸地震后，蓝天救援队由北京救援队集中管理，在救援时主要有四个方向：应急时期的生命救援；应急时期的人道主义保

---

① 如《突发事件应对法》第 14 条、《国家突发公共事件总体应急预案》4.1 款等规定。

障，包括物资、医疗、社工、心理，其中90%是物资，和民政的"六个有"相对应；陪伴和重建；防减灾。[①] 由此可见，它们的整体目标依旧是力求与民政部门救援进行合作，在政府的工作框架下找到自身定位。除了专业救援队之外，公募基金会也在力求打造自身的救援团队，以网络的形式参与紧急救援，其中一个典型案例就是壹基金的联合救灾网络。

2011年11月26日，来自贵州、云南、广西和湖南四省区的20多家民间机构在贵阳召开"2011西南地区凝冻灾害民间救援筹备会"，会议形成壹基金·西南凝冻灾害民间联合行动网络，确定了提前采购储备救灾物资、跨区域协调行动、重点关注灾区儿童的行动策略。在接下来的三个月里，联合行动网络集中开展温暖包发放行动37次，参与救援的组织为50家，参与的志愿者为750人，在4个省26个县共发放温暖包8389个。在2012年2月的凝冻灾害救援总结会中，与会人员一致认同，将西南凝冻灾害联合行动委员会解散，成立常态化的壹基金西南联合救灾委员会。[②]

"4·20"芦山地震发生后，经壹基金联合救灾会议决定，在雅安地震灾区建立"联合救灾"芦山救援指挥工作平台，以统筹和协调联合救灾成员机构参与紧急救援的工作，力求做到救灾人员和救灾物资合理安排、协调一致、有序参与。之后，壹基金联合救灾逐步建立起"1个指挥中心，2个救灾仓库，3个工作站"的救灾协调机制[③]。

●1个指挥中心。由壹基金和"联合救灾网络"发起成立，47家社会公益组织参与，全面指挥协调救灾行动。救灾指挥部明确职能划分，分为救灾行动组、储物流组、信息小组、行政后勤小组等，并建立相应的管理制度与流程。在震后20天内，每天有70～80名工作人员和志愿者开展工作。

●2个救灾仓库。救灾机制启动后，壹基金联合救灾分别在成都和雅安建立两个临时仓库。成都仓库负责接收社会捐赠物资和采购大

---

① 根据2015年1月3日蓝天救援队访谈记录。
② 李健强：《我国民间联合救灾力量发展的三个阶段》，《中国减灾》2014年第7期。
③ 张强、陆奇斌：《中国社会组织参与灾害应对协同机制研究——壹基金典型案例研究》（内部稿）。

宗物资，雅安仓库负责物资的接收、中转与分配。两个仓库都建立物资管理办法，并接受指挥部的统一协调。

● 3个工作站。为了将大量的救灾物资及时发放到灾区，救灾指挥部在4月26日分别在芦山、天全和宝兴建立工作站，负责灾情评估与物资发放工作。每个工作站由3名工作人员、4名核心志愿者及社会志愿者组成，负责灾情评估发放。

壹基金联合救灾指挥平台各功能模块工作的协调管理如图6-1所示。

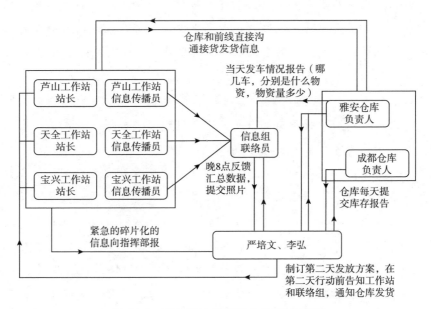

图6-1 联合救灾指挥平台协调管理图

由上可见，无论是民间自发组成的紧急救援队（如蓝天救援队），还是由公募基金会牵头组成的联盟（如壹基金联合救灾网络、中国扶贫基金会人道主义救援网络等），社会组织都在寻求更加能够充分体现其特点和价值的参与方式，其有序参与速度和效率都在一步步提升。从长远来看，政府在抓住救援重点的同时，社会组织能够起到平衡资源的作用，保证紧急救援工作更加高效和人性化。

二 过渡安置阶段

灾害的另一破坏性体现在对社会生活和生产的基础性条件的毁坏上，

进而导致灾区短时期内很难维持正常的社会运转。从目的和方式上区分，可分为紧急转移安置、临时性转移安置、过渡性转移安置三个时期。[①] 需要将极重灾区大量伤员和被困群众紧急转移安置到灾情较轻的城镇及周边地区，政府设立集中安置点，向灾区运送大量物资，保障群众最基本的生活需求。如在芦山地震发生之后，四川省人民政府办公厅就发布了《关于对"4·20"芦山7.0地震灾区受灾群众过渡安置期实施生活救助有关问题的通知》，做出"对因灾房屋倒塌或严重损坏无房可住、无生活来源、无自救能力的受灾群众进行临时生活救助，包括发放补助金和救济粮。补助标准为每人每天10元补助金和1斤成品粮，救助期限为6个月。做好灾区孤儿、孤老、孤残安置工作，确保基本生活。为因灾导致的孤老、孤残人员每人每月提供600元基本生活费，受灾的原孤老、孤残人员补足到每人每月600元，补助期限为6个月；对孤儿按集中供养的每人每月1130元、散居的每人每月678元的标准执行孤儿基本生活费"等规定，保证了灾区人民的各种基本生活需求。[②]

同时，这一阶段也是社会组织大规模进入的时期。它们在政府的引导下有序进入灾区，了解群众的需求，有针对性地选点安置灾区居民，开展在地服务。以芦山地震为例，截至2013年4月24日12时，四川全省已转移安置23.7万余人，解放军和武警部队共投入1.3万余人，组织民兵5900余人，在芦山县、宝兴县等18个乡镇展开救援，搜救被压埋群众144人，转移受困群众4.6万余人；组织野战医院、医疗救治点在地救治受伤群众1万余人次，防疫洗消17.5万平方米；搭建帐篷1.5万余顶，开设饮食保障点为受灾群众提供热食1.1万余份；组织工程、水电、交通等专业力量抢通道路333公里，运送物资1万余吨，空投物资13吨。社会组织在同一时间也开始转向过渡安置阶段。截至4月24日，蓝天救援队到各县执行救援任务的队伍依次回归，该组织成都双流机场物资接收点不再接收新的救灾物资，灾区外的救援队陆续撤离。壹基金的救援工作转入第二阶段

---

① 史培军、张欢：《中国应对巨灾的机制——汶川地震的经验》，《清华大学学报》（哲学社会科学版）2013年第3期。

② 《四川省人民政府办公厅关于对"4·20"芦山7.0级地震灾区受灾群众过渡安置期实施生活救助有关问题的通知》2013年4月27日。

的灾后安置，协同 28 家民间组织成立工作站，开始第二阶段的在地服务工作。① 社会组织的这种做法在一定程度上弥补了政府的工作缺陷，发挥了自身优势。但是，也要清醒地认识到，政府和社会组织之间仍存在隔阂，有效沟通较少，目前基本处于由平行向交叉过渡的阶段。

三　灾后重建阶段

灾后重建阶段，既是对灾区的基础设施、生计、房屋等硬件的建设，也需要对灾区的社区结构、支持系统、心理等进行帮扶。在这一阶段，政府运用行政力量出台《灾后恢复重建条例》保障居民生活，依靠各个部门分工负责、自上而下、紧密联系、职能配合、协调联动保证灾区迅速恢复。政府在其中主要承担硬件建设，社会组织也会承担少量的硬件建设，大部分工作集中于专业化、多元化的软件建设上，通过长时间扎根社区，发现社区居民的真实需求，培育在地组织，提高社区自治能力。以"4·20"芦山地震为例，通过比较基金会与政府的灾后重建项目，能够从中发现这一阶段政府与社会组织的各自特点。

基于灾区的社会、经济、自然环境等因素，以及全社会的参与和受灾群众需求，中国扶贫基金会的灾后重建遵循以下五个原则：第一，首要回应灾后重建中的贫困问题；第二，以社区能力建设为本；第三，致力于提升灾民自我发展能力；第四，灾区生计恢复注重可持续发展原则；第五，基于合作与陪伴成长，推动社区层面服务组织的成长。根据上述原则，中国扶贫基金会将灾后重建的重点集中在贫困社区的产业发展；社区就业机会提供；教育、卫生、健康等公共服务领域；以弱势人群为核心的社区服务和照顾系统建设；注重培养致力于与灾民共同发展的组织和能力五个方面。②

壹基金则根据其自身定位和项目特点在灾后重建阶段建立了 1 个灾害管理中心、5 所抗震减灾示范学校、12 个社区减灾中心、100 所减灾示范校园、1000 套轻钢房、100 套游乐设施、21 所音乐教室、40

---

① 《"4·20"雅安地震华夏救灾简报》（第六期）。
② 《中国扶贫基金会四川"4·20"芦山地震灾后重建需求评估报告》2013 年 5 月 12 日。

个避灾运动场，共开展了 4 大类 15 个项目见图 6 - 2。[1]

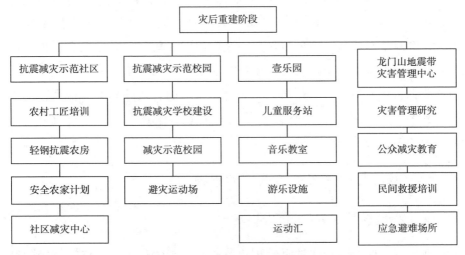

图 6 - 2　壹基金灾后重建项目

　　从上述案例中可见，灾后重建阶段社会组织的项目重点大部分是软性项目，涉及硬件建设的项目也会侧重于创新性和发展性，基本与政府的灾后重建项目互不重合。对于与政府关系较为紧密的社会组织而言，这一阶段可以与当地政府部门充分合作，发挥其专业优势。但是对于绝大部分的草根组织而言，它们更加希望摆脱资金和人力的困境，争取到独立的身份和独立的项目运作空间。就目前情况来看，它们在灾后重建的介入主要还是依靠申请大的基金会或政府购买服务的项目维持机构运转，因此，在项目执行方面就受到了一定程度的限制，不能完全发挥出其优势。表面上政府与社会组织处于平行，实际上二者不可能完全脱离，二者之间呈现出若即若离的暧昧状态。

第三节　政府与社会组织之间的冲突

　　自然灾害发生后，社会从常态变为紧急状态，而政府与社会组织的合作方式也将突破常规。目前看来，我国政府与社会组织的互动关系在常态

---

[1]　《"4·20"芦山地震壹家人赈灾一周年报告》，2014。

下也没有被完全捋顺，当面对紧急状态时，这种互动关系更会暴露出诸多问题，导致二者的合作出现困境，根据前文对于社会组织的问卷调查分析，可以看出超过一半的社会组织认为成立平台"有用，但价值不大"，而且与政府平台相比，它们更加信赖民间组织联盟，这是由二者长期的磨合和冲突所导致的。组织间的合作行为能否顺利实施至少取决于四个重要的环节：机构间的资源依赖结构、对合作行为的合法性判断、协商性的交换过程及合作规则的形成过程。① 下文就将依据上述几个角度对政府与社会组织的合作困境进行分析。

一 政府与社会组织协调中的困境

（一）制度缺失造成身份困境

现阶段，社会组织和志愿者缺乏正式的、制度化的参与灾害救援的渠道，大量民间社会组织都是通过非正式的渠道参与救灾。总的来说，在救灾过程中，中国的社会组织分为三种类型。第一种是体制内的社会组织，典型的如中华慈善总会等。在紧急救援中，它们可以通过正式的、制度化的渠道参与救灾。第二种是具有官方背景的社会组织，如中国扶贫基金会、中国青少年发展基金会等。它们虽然没有强制性的行政命令作为依托，但是可以在业务主管单位的帮助下直接参与救灾。例如，中国青少年发展基金会在地方主要依靠地方的团委系统，在救灾过程中，可以通过各级团委与当地政府取得联系，开展救灾工作。但是这类具有官方背景的社会组织也面临缺乏信息、传统的关系网失效等问题。第三种是无官方背景的社会组织，包括公募基金会、非公募基金会、草根非营利组织等，其中有些社会组织专注于救灾领域，其行动效率和专业能力甚至高于官方背景的社会组织，愿意协助政府参与到灾害救援中。但是多数的草根组织没有合法的身份和地位，没有类似团委这样的政府资源依靠，正式参与救灾的渠道较少，造成汶川地震后社会组织"帮倒忙"的现象。其根本原因就在于缺乏制度化的管理，政府没有将其看作是平等合作的对象。随着我国社会组织力量的不断壮大，它们纷纷采取不同措施力求在灾害救援中能够发

---

① 马伊里：《合作困境的组织社会学分析》，上海人民出版社，2008，第 162 页。

挥作用，如自发成立社会组织联盟来壮大组织力量，从而争取当地政府的认可。例如，汶川地震后由 30 家社会组织共同建立的"NGO 四川地区救灾联合办公室"、友成基金会发起的"遵道志愿者联盟"、壹基金发起的联合救灾和救援联盟等，有的加入红十字会中参与救灾。虽然，这种情况在这几年发生的芦山、鲁甸地震中有所改观，政府开始主动吸纳社会组织参与到救灾中。但是，在灾害发生的第一时间，仍然缺乏相应制度保障社会组织有序进入，缺乏有效沟通，造成资源浪费。

（二）缺乏协调机构带来的管理困境

长期以来，我国没有常设性的危机治理综合协调部门。政府与社会组织没有形成权责明晰的危机应对协调机制，部门分割，协调性不足。从组织管理来看，各部门垂直应急管理体制较为完备，但横向之间职责分工关系并不明确，职责交叉和管理脱节现象并存，缺乏统一协调，条块分割，资源浪费。由于条块分割，部门利益加剧和地方利益分化，导致中央与地方、不同部门、不同地区之间在资源利用和公共服务方面不能协调，使得信息、物资、人才相互分割，缺乏互通互联，难以实现人、财、物等资源的共享。[①]

根据《国家自然灾害救助应急预案》中的规定，国家减灾委员会为国家自然灾害救助应急综合协调机构，负责组织、领导全国的自然灾害救助工作，协调开展特别重大和重大自然灾害救助活动。国家减灾委成员单位按照各自职责做好全国的自然灾害救助相关工作。国家减灾委办公室负责与相关部门、地方的沟通联络，组织开展灾情会商评估、灾害救助等工作，协调落实相关支持措施。[②] 其主要成员单位包括国务院办公厅、中央宣传部、民政部、教育部、财政部等国家部委以及中国红十字总会、中国科协等组织，但是综观其职能和组成人员，缺少专门负责协调社会组织的机构与人员，因此导致很多志愿者和社会组织的行动无序化。从国外的经验来看，政府会在应急管理组织体系中设置专门的负责机构，旨在强化政府与社会组织合作的专项计划，并与社会组织的联合机构或是协调机构保持日常的紧密联系，就公共危机管理中政府与社会组织的具体合作事项开

---

① 周晓丽：《灾害性公共危机治理》，社会科学文献出版社，2008，第 135～136 页。
② 《国家自然灾害救助应急预案》（2011 年 10 月 16 日修订）。

展各项活动工作。比如华盛顿特区危机管理执行中心行动部门中设置的行动支持分支与社区服务分支，就是负责与社区联系、捐助和志愿者相关的事务。日本东京新宿区也设置了危机管理室负责有关民间合作机制的事务。保障合作渠道畅通的组织设置不仅局限于政府的机构设置，还可以将公信力比较高、危机管理职能较为突出的社会组织作为政府与社会组织功能联结和非营利组织力量的联结点。①

(三) 信息不对称造成沟通不畅

危机沟通是保证政府与社会组织在危机管理中协调一致的基础。规范、有序、高效、灵活的沟通是政府与社会组织达到协调状态的前提，是二者实现危机治理目标的必要条件。通过沟通，二者可以协调高效地采取行动，消除矛盾和分歧，提升应对自然灾害的能力。在危机发生、发展的过程中，由于缺乏沟通而使危机扩大或升级的事例不胜枚举。作为一种特殊状态下的沟通方式，危机沟通对处理利害关系者的关系并最终顺利解决危机有重要的作用。

我国在应对自然灾害时，政府与社会组织之间缺乏规范化和常态化的沟通渠道，信息共享程度低，必然降低了社会组织参与危机管理的积极性与效率。第一，政府对与社会组织的沟通和合作的重视程度不够。在中国的历次救灾中，政府是主导，政府、军队是抗震救灾的中流砥柱，而社会组织是边缘化的力量，政府更加重视政府各部门之间、中央政府与地方政府之间以及政府和军队之间的沟通，这是中国长期以来的威权体制造成的结果。第二，政府信息共享程度低。从横向上看，政府内部是条块分割的体制，政府横向部门之间信息封闭，交流较少。从纵向上看，政府内部信息传递的渠道单一并且主要是上下级互动沟通的方式，随着多层传递造成信息流失，基层政府往往在行动时也不敢轻举妄动，需要随时领会上级政府的指示。在此期间，社会组织在救灾中主要的沟通部门也是基层政府，由于来自上级和民间的双重挤压，基层政府难以承担繁杂的工作，所以对社会组织报送的信息很难进行有效反馈，也没有足够的精力向社会组织传

---

① 王冬芳：《非政府组织与政府的合作机制——公共危机应对之道》，中国社会出版社，2009，第183页。

递关于灾情、物资和政策的信息，降低了行动的效率。第三，自然灾害的发生本身就会对政府的组织结构造成冲击。有些指挥机构更是临时设置的，没有专门工作人员负责与社会组织的协调和联络，而有的政府部门更是抱有多一事不如少一事的心理，不愿意和社会组织合作。

（四）资源缺乏有效调配

在重大自然灾害发生后，救灾物资成为人们关注的焦点，存在以下三种现象。第一，人力和物质资源严重缺乏，缺乏充足的资源保障，这种问题主要出现在受灾严重但是政府和媒体关注度不够的地区；第二，人力和物质资源缺乏科学有效的调度，以致需要援助的地方严重缺乏人力和物质资源，而有些地方的资源却严重过剩；第三，在处理突发事件时，跨区域的物资得不到有效的整合。因此，需要构建一体化的城际应急服务网络资源保障机制，实现资源储备一体化和资源调度一体化；第四，社会组织间资源分配不均，灾害发生后，政府和多家公募基金会立即通过媒体向公众募款，资源迅速聚集起来，然而，在执行过程中，只有中国红十字会、中华慈善总会和全国性公募基金会能够自行安排社会捐赠资金的使用，有些地方红十字会、慈善总会和地方公募基金会的社会资金还被地方政府强制性地转移到了政府财政专户，由于缺乏资源支持，有些社会组织被迫中途退出，已经开展的项目难以为继，在很短的时间内社会组织陆续撤出，这种现象在汶川、舟曲、岷县等灾区屡见不鲜。

（五）政府与社会组织的冲突

目标和管理方式冲突。目前，我国灾害应急管理体系尚未形成成熟、制度化、可操作的合作机制和合作指南，社会组织与政府能否达成一致性的合作协议，采取一致性的合作行动往往与基层政府的合作意愿和管理方式紧密相关。双方在合作上出现冲突的原因在于组织目标和管理体制上的差别。社会组织的管理目标是以满足特殊群体需求为主，不同的社会组织服务对象都有所不同。这种"领域分工"完全不同于政府的"地域分工"，是社会组织的优势所在，也是与政府功能互补的空间所在。在管理方式上，政府对捐款和物资的处理是根据组织的层级结构逐级进行划拨和下发，并不承担直接送达的任务和责任，负责送达的机构也不直接面对捐赠人。而社会组织与此不同，其根本上是对捐赠人负责的，为了防止善款和物资在下发的过程中出现责任流失或是目标偏离问题，为了维持捐赠来源，提高社会组织的公信力，社会组织强调捐赠物品的"直接送达"，由社会组织的专职项目负责人直接向受捐助对象提供捐赠。例如，中国扶贫基金会的"爱心包裹"、壹基金的"儿童温暖包"都采取这种方式。

项目冲突。由于缺乏长期有效沟通，没有明确的分工，社会组织与政府援建项目的冲突时有发生。在灾后重建过程中，过渡安置板房的建设主要是以政府为主导，它们大多独立承担设计、施工工作，且在选址、材料准备以及各部门通力支持方面都具有优先权。而部分社会组织在未了解政府工作重点的情况下，也着手在灾区开展过渡板房的建设，从而导致了与政府安置项目的冲突。结果，社会组织被迫退出部分地区，缩小了活动范围。① 除了项目类型冲突外，项目地区分布也不均匀。延续前两个阶段的特点，社会组织为了获得更多重建资金支持，大多数重建项目设计在重灾区，而灾情相对较轻的地区则少有人问津。

二　政府与社会组织协调困境的原因分析

（一）　全能政府和单一中心的弊端

政府在应对突发事件时具有特有的组织优势和资源优势，发挥着不可替代的作用。然而，主导地位并不意味着包揽一切的应急管理职能。社会组织在应急管理中的优势凸显也并不意味着否认政府的作用。在突发事件的应对中，政府与社会组织在优势互补前提下展开协调合作，才能使应急管理能力得到全面的提升。政府与社会组织在应急管理体系中的协调合作关键取决于二者在公共危机管理中的职能定位。通过对历次救灾的观察，我国政府在应对自然灾害时不只是主导，而是全过程的"包揽"，通过行政化的管理手段过度挤占了社会组织的空间。

公共危机具有一个自身的周期演变过程，在不同的阶段，政府的职能地位有所不同。简单地说，可以分为预防、应对、恢复三个阶段。在突发事件的应对阶段，政府具有强大的资源动员能力，但也不应忽视社会组织

---

① 郭虹、庄明：《NGO 参与汶川地震过渡安置的研究》，北京大学出版社，2009，第 89 页。

的协助作用。在突发事件的预防和恢复重建阶段，政府则应该让渡一定的职能和空间，从直接的"划桨者"转变为"掌舵者"。在突发事件的预警阶段，关键是提升信息系统的建设和公民自救互救能力。在信息系统的建设方面，社会组织是不可忽视的力量，相比于政府，社会组织最大的优势就是与民众的沟通，其凭借组织和技术的优势能够及早地发现危险势头，为危机预警提供信息。灾害发生后，社会组织也可以最先了解公众的需求并且快速做出反应，将其传达给政府。目前看来，"群测群防"这一宝贵的经验似乎被政府抛弃了，政府独自支撑信息系统的建设，没有重视社会组织的力量。在恢复和重建阶段，公共基础设施建设要依靠政府的直接提供，但对于孤、寡、老、幼、病、残弱势群体的社会救助，以及危机后的心理救助方面，政府显然不具有优势。虽然在鲁甸地震中，政府开始重视向灾区派遣专业的社工队伍，建立了鲁甸"8·3"地震社会工作服务中心，但是社工的专业服务还不具持续性，未能满足灾区人民的长期需求。相反，这些领域正是亟须社会组织介入的地方，应该在行政力量保障的同时，注重培育当地的草根组织发展。另外，由于现阶段政府还不具备完备的应急管理制度来应对突发事件，政府在公共危机应对中的职能定位没有细化，政府"统一化"和"泛化"地提供公共物品的方式不适用于预警和恢复重建阶段，这些方面恰恰都是社会组织的优势所在。

（二）法律缺失与管理体制的双重束缚

相关法律的缺失。从现行的法律法规来看，立法层次普遍偏低。目前处于社会组织法律体系核心地位的《社会团体登记管理条例》《民办非企业单位登记管理暂行条例》《基金会管理条例》都只是行政法规。没有一部专门针对社会组织的法律法规，具体内容不规范，相互之间存在冲突，社会组织的合法性严重缺失。从我国的《突发事件应对法》中可以看出，几乎没有条文直接规定社会组织的责任和义务，没有对其参与危机管理的途径和分工进行明确的规定。如应急管理培训方面，该法没有把社会组织纳入危机预防的体系中来，仍然以行政力量为主，对政府和社会组织在危机预警阶段的协调机制没有形成可操作性的制度规范。在《汶川地震灾后恢复重建条例》中，社会组织的职能定位仅限于募捐资金和捐款捐物，在灾后重建的评估、规划、实施以及灾后重建款项的使用监督等方面没有做出鼓励社会组织参与的规定。

管理体制束缚严重。我国政府对社会组织活动的管理设置了严格、具有约束性的管理体制，压缩了社会组织自主活动的空间，也严重地制约了社会组织的灵活性。一是繁苛的登记程序抑制了草根组织成为合法组织的积极性。我国对社团成立的场所、人数、经费、章程以及挂靠的主管部门都做出了严格的规定，并且注册门槛较高。二是双重管理体制。这一体制的特点是政府对社会组织实行"登记管理机关"和"业务主管单位"双重审核和双重监管的原则，用以规范、监督和管理非营利组织。大量的草根组织找不到主管单位，获得不了合法身份。对没有登记注册的社会组织的监管不力也成为政府难题。此外，政府几乎把社会组织所有日常活动纳入政府管理体制之内，严重削弱社会组织在突发事件中的自主决策权和行动能力。三是设置限制性竞争的条款。根据《社会团体登记管理条例》规定，在同一行政区内对于业务范围相同或相似的社会团体，没必要成立的，不予批准。这种排他性的竞争条款很难保证社会组织在应对本地自然灾害中提供服务的质量。此外，禁止设立分支机构限制了社会组织的活动范围，隔断了社会组织与注册地点之外的政府、公众的沟通和合作，降低了社会组织在突发事件的发生地迅速开展工作，以及协助政府救灾的能力。

通过以上分析可以看出，政府的严格控制与管理挫伤了草根组织与政府合作救灾的积极性和热情，束缚了社会组织在突发事件中具有的灵活性和高效性，阻碍了社会组织救灾能力的提高。

（三）缺乏合作的渠道和经验

政府与社会组织缺乏合作的渠道和经验也是自然灾害应对中出现协调困难的重要原因。政府与社会组织的协调是在不断地互动合作中增加了解和信任，通过成功合作的经验，强化和扩大合作协调的领域。而我国政府却没有给社会组织这种参与合作的渠道，或者二者在救灾中功能重叠程度过高，以至于在灾害应对时二者合作和互补困难。首先，政府在预防、预警阶段并没有把社会组织纳入体系中来。从《突发事件应对法》第二十九条中可以看到，应急知识宣传和普及、应急管理培训等行政力量仍是主导，没有规定社会组织参与的渠道和方法。在应急演练方面，政府及有关部门、基层组织、企事业单位、学校和新闻媒体是开展联合培训与演练的主体，唯独缺少社会组织的参与。由此造成的问题已经在汶川地震中凸显出来：公民的危机意识不强，自救和互救能力不足，政府与社会组织缺乏协调性，等等。其次，在应急救援阶段，社会组织进入事发地开展工作并不顺利。灾害发生后，中国政府在第一时间对全国的人力、物力、财力进行大规模动员，并成功开展了救援工作，表现出中国政府强大的动员能力。但是，从进入到开展工作，社会组织被政府纳入制度中，缺乏合法性，处处受阻，造成了大灾中政府过于强势压制社会组织，小灾中政府不够重视、社会组织缺乏资源也很难实施救助。再次，无论是政府还是社会组织，在紧急救援表现上，都更强调物资发放，以满足群众的基本生存需求，未形成有效的专业领域细分。这种同质化的救灾方式，不能很好地将政府和社会组织的优势分别发挥并有效结合。

在汶川地震中，有的地方政府在进入灾区的要道设置路卡，阻止志愿者和社会组织进入救援，只有动用各种关系说服当地政府、指挥部或红十字会等才能进入救援。在灾后重建阶段，社会组织可以在引进资源、住房重建、医疗卫生、心理咨询等方面大有可为。但是，由于缺乏资源补给，大量的社会组织陆续离开灾区，重建任务由当地政府和对口支援省份承担，政府负担繁重，然而依旧有极少数乡镇不允许社会组织进入本地开展灾后重建项目。依据国外的经验，社区重建过程中的评估、规划、实施、监督必须引入社会组织的广泛参与，以真正满足公民的需求。

（四）社会组织能力不足

专业能力不足是制约社会组织行动的重要因素。从总体上来看，虽然我国社会组织的数量在不断增加，但组织化程度和专业能力都普遍不足。目前，专业的社会组织主要的活动范围集中在环保、扶贫、助残等领域，以救灾为宗旨且具有救灾专业能力的社会组织很少，无法充分发挥社会组织的救灾功能。与国际非政府组织的专业化程度比较，中国社会组织还有很大的差距，缺乏专业救援设备和训练有素的专业救援队伍。

社会组织的能力不足主要体现在以下两个方面。

社会组织人才资源缺乏。人是组织中最核心的组成要素，人员的专业水平直接决定了组织能力，但是在社会组织中，优秀的专业技术人员和人才储备状况并不乐观。参与灾害性突发事件的治理，社会组织人员除了要具有志愿精神外，更要具有专业技术和知识。目前社会组织人才匮乏是一个普遍的现象，不仅表现在人力不足，更主要的是表现在缺乏具有创新观念和能力的专业人员。一是具有官方背景或政府资金支持的社会组织，由于具有官方色彩，其工作能力和理念并不完全适应社会组织的需要，去行政化是社会组织改革的必经之路。二是因为社会组织的薪酬、福利、社会保障等方面很不完善，很难吸引和留住优秀人才。

资金短缺是制约社会组织参与灾害性突发事件治理的另一因素。一般来说，社会组织的资金主要来源于三个方面，一是政府财政拨款，二是社会捐赠，三是社会组织的会费和自我经营收入。各国非营利组织都面临着资金不足的问题，对于我国的情况来说更加突出。一方面，我国的社会组织正面临着从官办社团向民间组织的转变，政府财政的拨款数量在逐渐减少。另一方面，大多数的草根社会组织没有获得合法的募捐资格，由于社会公信力较低很难获得社会捐赠，自我经营收入也相当有限。在灾害性突发事件发生的时候，社会组织难以划拨出专项资金投入救灾工作中。此外，即使参与救灾的项目也会因为资金难以为继而不得不退出。中国的社会组织由于能力不足，对政府产生不了实质上的影响，获得不了平等对话的地位，在合作协调中只能听凭政府指挥。

（五）社会组织公信力缺失

公信力是指获得公众（或利益相关者）信任的能力，即一个组织在社会中的影响力、形象、号召力及其权威性。社会组织的公信力是其实现可持续发展的关键因素，是获得政府支持和公众捐赠的前提。在重大的自然灾害发生时，社会各界捐资捐物，在短时间内就能筹集到大量的资源给灾区。而此时社会组织的公信力缺失是致命的，诸如关于"万元帐篷""虚开发票""管理费"等的质疑，接连通过网络和媒体出现在大众视野，中国社会组织公信力遭遇寒冬，其公信力缺失主要表现在以下两个方面。

社会组织缺乏独立性。当前社会组织的一个典型的特征是"官民二重性"。我国大量的社团、协会和公募基金会等都是脱胎于政府机构或与其有亲近的血缘关系，具有明显的官方色彩。政府对于社会组织的支持过于行政化，即采取财政拨款等方式对社会组织予以支持，也容易导致社会组织对政府过于依赖，而影响其自身的独立性和社会基础。

社会组织的"志愿失灵"。社会组织是应该不以获取利润为目的，为社会公益或公益服务提供准公共产品的机构，这类组织可以有效地弥补市场失灵和政府失灵。然而社会组织也存在贪污腐败、谋取私利的现象。由于监督困难，社会组织不公开财务，进行暗箱操作，滥用救灾款的现象时有发生。在汶川地震中，庞大的社会捐赠款物成了悬在红十字会和慈善总会头上的"堰塞湖"，由于管理水平跟不上，出现了"天价帐篷"的事件，引发了公众的怀疑与不信任。

我国的社会组织缺乏广泛的、深层次的社会认同。中国对社会组织采取严格的管控制度，导致中国的社会组织不发达，公众对此类组织还很陌生，尤其是在基层或较不发达地区的公信力较低。通过近年来几次大型自然灾害可以发现，很多地区的民众根本不了解社会组织的性质和功能，对其排斥和不信任，当地政府官员也认为社会组织可有可无。因此，政府首先要改变思想观念，让渡空间和转移部分救灾职能给社会组织。同时，社会组织要提高自身的专业能力，赢得公众和政府的信任，提高公信力，才能真正发挥其应有的作用。

第四节　真正的合作？——典型案例分析

随着深化政治体制改革的步伐不断加快，政府逐渐从"划桨者"向"掌舵者"身份转变，为其他利益主体释放出更大的参与公共服务的空间，社会组织作为其中一股重要力量发挥出了不可忽视的作用，特别是在救灾这一特殊领域，利用其反应速度快、灵活度高的特点赢得了灾区群众和捐赠者的一致赞誉。通过第一章政策层面的梳理，可以看出社会组织在国家应急管理体系中的地位提升，政府与社会组织的关系呈现出"对立"—"补充"—"合作"的发展趋势。在政策的支持下，中央和地方政府也在不断探索适合中国国情的合作模式，从而为社会组织开辟出一条不被政府"绑架"，充分发挥其优势的发展道路。

一　群团组织能否协调多元利益主体？

雅安地震发生后，政府和社会组织迅速反应，各路救援力量和物资大量涌入，致使通往灾区的"生命通道"出现拥堵，各界纷纷呼吁要"理性"进入。2013年4月22日，民政部下发的《关于高效有序做好支援四川芦山地震灾区抗震救灾工作的通知》指出：根据救灾工作实际情况，可公告非专业救援人员、志愿者等社会公众在现阶段不要自行前往灾区；对社会各界有捐赠意愿的，提倡以资金为主，适应灾区重建和受灾群众长期安置需要；对于捐赠物资和装备的，要提前做好与灾区民政部门的协调工作，有组织地运往灾区。4月25日，四川省抗震指挥部正式设立社会管理服务组，引导和组织社会组织和志愿者等社会力量依法有序参与抗震救灾和灾后恢复重建。4月28日，四川省抗震救灾指挥部社会管理服务组按照党委领导、政府负责、社会协同、公众参与、法治保障的总体要求，遵循"以市为主，省市县联动"的工作思路，建立抗震救灾社会组织和志愿者服务中心，以搭建社会管理综合服务平台，协同社会组织和志愿者有效参与抗震救灾和灾后重建，主要负责对参与抗震救灾的社会组织和志愿者进行登记、备案，发布灾区需求。随着工作不断推进和深化，雅安7个受灾区县相继建立了县级抗震救灾社会组织和志愿者服务中心，极重受灾乡镇设立了社会组织和志愿者服务站（见图6-3），省、市两级抗震救灾指挥部社会管理服务组在雅安雨城区共建的社会组织和志愿者服务中心正式挂牌。服务中心下设接待部、服务部、项目部、综合部，负责指导各县区服务中心工作，收集、汇总和发布信息，招募、培训、派遣人力资源，整合社会资源，对接重建项目，加强统筹协调，为非营利组织和志愿者提供相应的信息服务。县区服务中心负责及时、准确地收集、上报与灾区群众有关的需求信息，执行市服务中心派遣的相关项目，确保项目落地，指导服务站点开展日常工作。乡镇服务站点负责与灾区群众有关的需求信息的收集、上报和相关项目的实施。

至此，省市县乡四级服务中心（服务站）全部投入运行，构建了雅安抗震救灾社会组织和志愿者服务体系，实现了社会组织和志愿者参与的平台化、窗口化、集成化和有形化。前往灾区参与抗震救灾和灾后恢复重建的社会组织和广大志愿者有了一个"家"，大家在这里可以了解信息，对接项目。先后有中国扶贫基金会、壹基金、友成企业家扶贫基金会、中国青少年发展基金会、平安星防震减灾教育中心、成都市一天公益社会服务中心、成都心家园社会工作服务中心等多家机构进驻，雅安市团委免费为

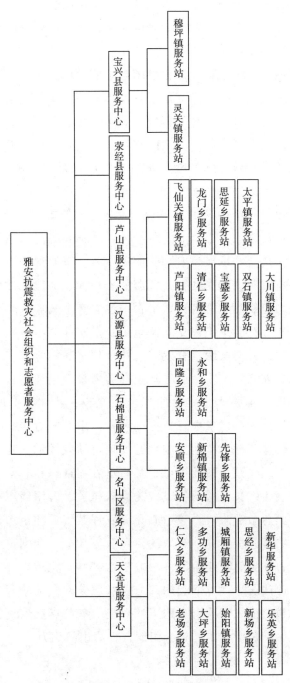

图 6 - 3　雅安服务中心体系

社会组织提供办公室场地，安排志愿者在中心协助非营利组织开展工作。①
截至 2013 年 11 月 5 日，已有 46 家社会组织入驻中心，对接公益项目 493
个，合计资金 11.46 亿元。②

值得注意的是，抗震救灾社会组织与志愿者服务中心是在非常态情况
下成立的组织，其基本架构是依托于雅安市群团组织社会服务中心，由雅
安市团委领导统筹负责，分层管理（见图 6-4），其指导思想是：为了充
分发挥群团组织在参与社会治理中的枢纽作用，有序引导社会组织服务群
众生产生活需求，有效协同社会力量服务灾后恢复重建和经济社会发展，
有力推动雅安社会治理水平全面提升，力求将服务中心打造成"大群团"
格局的工作阵地、社会协同的服务窗口、承接政府购买服务的重要平台、
服务群众的公益总部、爱心企业的公益伙伴。雅安群团组织社会服务中心
的职责是：负责整合和承接政府购买服务资源、群团部门自身资源、社会
组织和企业公益资源，建立社会公共服务资源库；搭建党委政府、群团部
门、企业、社会组织和志愿者沟通平台，建立健全服务社会组织和志愿者
的规章制度，指导社会组织建立党群组织，搭建社会组织有序参与突发事
件应急平台；制订社会组织培育发展总体规划和实施方案，联系引进专业
化社会组织到雅安开展工作，引导本土社会力量登记注册，为社会组织成
立发展提供保障，加强本土社会组织能力建设；建立社会服务项目需求
库，定期发布社会服务需求项目，推动项目需求有效对接；推动购买社会
服务，协同社会服务项目落地实施；开展项目绩效评估，建立以群团组织
为枢纽的社会组织体系。由此可见，其肩负着在常态和非常态两种状态中
协调政府与社会组织关系的职责，成为党政机关、群团组织、社会组织的
枢纽。在灾害紧急救援阶段，该中心充分发挥其资源和组织优势，为社会
组织有序参与灾害救援发挥强有力的协调服务功能，开创政府和社会组织
合作的新模式；在灾后重建阶段，中心考虑到本土化组织存在数量少、规
模小、水平低等问题，一方面利用政府购买服务的资金培育本地组织，另
一方面协同基金会投入专项资金购买社会组织参与灾后恢复重建的社会服
务、组织培训，积极孵化本地社会组织，提高组织能力。

---

① 根据 2015 年 1 月 14 日上午对雅安抗震救灾社会组织和志愿者服务中心领导的访谈。
② 新华网：《抗震救灾四川找到"雅安模式"：协调社会组织和志愿者有序参与》，2013 年
11 月 6 日，http://www.sc.xinhuanet.com/content/2013-11/06/c_118024485.htm。

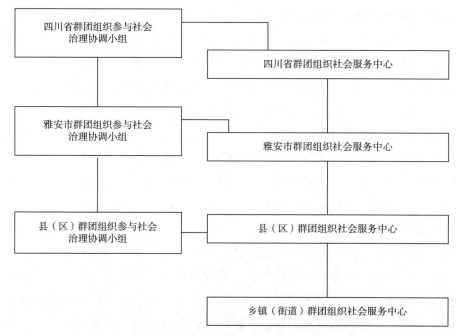

图 6 - 4　雅安市群团组织社会服务中心体系

在中心的积极引导下，地震灾区一个个农村产业合作社、本土社会组织如同雨后春笋般逐步成长起来。其中典型案例如下。（1）养猪合作社。芦山地震发生后，怀着为家乡干点什么的想法，雅安天全县老场乡的村民李兵，震后第三天就从广州打工的地方，徒步回到老场乡。但很快他发现，自己在外打工时间长了，一没资金，二缺手艺，不知道自己究竟能干什么。之后，来自成都的"益众社区发展中心"，在天全县社会组织和志愿者服务中心的推荐下来到老场乡。在帮助当地村民寻找农业产业发展项目时，该组织负责人发现，老场乡的村民们世代喂养着一种罕见的黑毛土猪，猪肉味道十分鲜美而且有营养。如果发展当地的土猪喂养，形成打得响的本土品牌，像李兵这样的村民就有了新的致富途径。有了这个想法，该组织忙碌近一个月后，老场乡的第一个合作社——"益坤"农村养殖合作社，于 2013 年 11 月中旬正式挂牌成立。① （2）地震灾区办"义集"。"义集"是由"成都锦江区爱有戏社区文化发展中心"（以下简称"爱有

---

① 《"雅安模式"推动灾区本土社会组织孵化》，《华西都市报》2013 年 11 月 7 日，http：// www.wccdaily.com.cn/shtml/hxdsb/20131107/162353.shtml。

戏") 发起的活动，当地村民将自己种植或饲养的蔬菜、肉类等各种鲜活农产品定期在指定地点售卖，本地或者外地的居民来到这里购买，在为灾区村民增加收入的同时推动当地村民互助自治，这项活动是爱有戏将在成都开展的成熟项目复制到农村社区中，效果显著。值得注意的是，爱有戏也是"4·20"芦山地震联合救援行动的发起方之一。地震发生当天，爱有戏临时改变在成都开展的"义集"活动的主题，为灾区居民募捐，同时会同八家机构组成联合救援队，当天便进入灾区进行紧急救援，倡导形成民间联合救援网络。① 在灾后重建阶段，爱有戏继续扎根社区开展项目，同时培育当地村民形成自助互助组织，收到了较好效果。

总体而言，雅安抗震救灾社会组织与志愿者服务中心改变了以往政府与社会组织平行作战的情况，二者之间缺少沟通协调，导致资源浪费、效率低下。该中心的建立是创新之举。通过定期交流、多元化协同、开放式服务、项目化运作的工作机制，运用项目通气会、洽谈会、对接会等形式，吸引了社会组织通过中心推进各自开展公益项目。通过中心的有效协同，社会组织和志愿者们根据自身服务领域和特长，"因需"提供各类专业服务，在探索中孕育出"雅安模式"，在深度合作中建立起了社会组织和政府间的高度信任，为以后非应急状态下的社会组织管理和服务提供了许多宝贵经验。

但值得关注的是，虽然较以往而言，在雅安地震救灾中政府和社会组织的合作的确上了一个大的台阶，但也存在一些值得改进之处。比如，有组织反映：雅安地震期间，尽管志愿者和公益机构可以进入灾区，但在具体物资发放时，遭遇了前所未有的困难。基于社会稳定的原因，当地政府采取了异常严格的物资管控措施，在地震发生后的一周内，所有物资一律由乡镇、县级抗震救灾指挥部门统一接收和发放，任何个人和团体都不能组织物资发放，即便是事先联系好的、确认有紧急需求的村庄。这样的导向极大地限制了社会组织的灵活性，延误了紧急救援的工作进度。因此，对于救灾中的政社协同，雅安地震是一个进步，但不是终点。

---

① 根据 2015 年 1 月 13 日上午对成都锦江区爱有戏社区文化发展中心的访谈。

二　民政部门能否畅通合作路径？

（一）云南社会组织救援服务平台的运行及特点

2014 年 8 月 3 日，云南省昭通市鲁甸县发生 6.5 级地震后，政府和社会组织纷纷采取行动积极参与灾后救援工作。云南省民政厅在省委、省政府的领导下，本着既充分体现社会组织参与救灾的公益理念，同时又能更好地引导社会组织依法、有序、高效地参与抗震救灾工作的原则，探索建立了云南社会组织救援服务平台。平台在两个月内两次启动响应，为"8·3"鲁甸地震和"10·7"景谷地震中社会组织参与救灾的社会动员、协调配合、资源配置、信息整合、服务管理发挥了作用。

该平台遵循有效联动、专业化运行的原则，借鉴汶川、雅安社会组织参与灾后救援重建工作的经验，推动云南救灾工作社会化，经云南省民政厅办公室牵头，民管三处、省减灾中心相关负责人根据民政部救灾司和厅领导的要求，在云南省民政厅救灾应急指挥部下设"社会组织参与救灾协调服务组"，并建立"云南鲁甸地震社会组织救援服务平台"。平台由成都青羊三方调查评估中心及甘肃省社会组织促进会提供技术支持，云南三方社会组织评估服务中心统筹协调相关核心社会组织参与运作。云南省青少年发展基金会、云南连心社区照顾服务中心等 11 家社会组织作为发起机构，设立信息宣传组、服务保障组、协调服务组三个小组，发挥各社会组织的专业优势，建立起有效的联动机制，协助政府开展救援工作。

截至 2015 年 1 月 16 日，平台共发布信息 1048 条，其中专题网页发布 415 条，官方微博发布 437 条，公共媒体信息发布 56 条，通过微信公众订阅号发布信息总计 51 条，报备社会组织 172 家，省级平台共报备 1038 名工作人员和志愿者，接听捐赠协调类电话 489 通，成功进行信息协调对接 486 条，协助服务 125 个社会组织开展救援，协调 112 个社会组织向灾区捐款 204.792 万元，捐物折合价值 994.1706 万元。① 综观该平台在鲁甸抗震救灾中的工作，呈现出以下特点。

---

① 根据 2015 年 1 月 16 日对云南省民政厅相关负责人的访谈整理。

第一，民政部门担负起"一体多责"职能，畅通社会组织参与救灾机制。民政部门既是政府救灾的主要负责部门，又是社会组织登记管理部门；既掌握灾区一线物资需求调配、通行管理等情况，又熟悉参与灾害救援的社会组织情况。民政部门搭建的社会组织救援服务平台能够协同各级救灾主体和部门分门别类为参与救灾的社会组织（民间力量）提供服务，为高效、合理和无缝隙、无遗漏完成救灾工作提供了合力，提高了救灾中的沟通协调效率，有效解决政府有关部门"救灾最后一公里"的问题。这次尝试得到了社会组织的充分认可，云南协力公益支持中心执行主任邢陌打了一个形象的比喻："原来民间救灾是小山头林立，可能有上百个，互不买账，这次只有六七个大山头，基本把有经验的救援组织都囊括在内了，小山头还有，但不像以前那么零散。我们要为这些山头搭建一个桥梁，让大家有对话，因为目前大山头之间的沟通还很少。更重要的是还要有跟政府的交流和对话，让在地救援组织的信息和需求传达到政府部门，这个之前没有。""救援平台的建立，对信息的反馈帮助很大。之前的平台，做得更多的是向一线传递信息，但救援队在一线可能遇到种种困难或通信不便，反馈不及时。民政部门与当地村组有更直接的联系，可以更准确细致地核实、反馈信息，这样的互补非常好。"①

第二，建立省、市、县、乡四级联动的协调服务工作网络。鲁甸地震发生后，不仅在省级需要建立社会组织协调服务机构整合社会资源，更多的协调服务和信息工作主要集中在灾区一线。为使协调服务工作实现上下联动，云南省民政厅迅速印发了《云南省民政厅关于"8·3"地震灾区市县成立社会组织参与救灾协调服务机构的通知》，要求市县两级成立相应的社会组织参与救灾协调服务机构，乡镇明确联络员，形成省、市、县、乡四级呼应的协调服务机制，公布市、县、乡协调领导名单和联系方式，使协调服务网络运作得更加成熟、高效。

第三，建立信息资源共享平台。平台在运作中充分发挥政府主导的优势，一方面，在省级救灾部门和社会组织之间搭建起协调沟通的桥梁，另一方面，在灾区救灾部门和社会组织之间搭建起信息传输的桥梁，省救灾部门明确专人加入平台信息发布的工作中，为社会力量参与救灾提供必要

① 王会贤：《鲁甸地震中民间组织的救灾联合》，《公益时报》2014年8月13日。

的服务保障，最大限度地发挥社会力量在救灾应急、灾后重建等各个阶段的积极作用。同时，平台主动协调省民政厅社会工作处，在平台设立社工服务组，发布云南鲁甸灾区社工介入工作规划和方案，协调服务各地社工机构有效参与灾区恢复重建工作。平台主动协调民间自主形成的灾区社会组织服务机构鲁甸原点大本营，将其登记掌握的灾区社会组织纳入整体报备，同时授权其为平台的灾区工作站，承担具体服务工作，增强协调能力。卓明灾害信息服务中心和益云救灾地图主动加入平台发布和处理信息进行互动，其间，益云救灾地图与平台联系，希望能获取灾区过渡安置点名录进行标注，丰富益云救灾地图的信息，更好地为灾区恢复重建发挥作用，平台立即与省救灾中心协调，救灾中心连夜协调市县民政部门收集信息，第二天就将 243 个集中安置点名录的具体信息提供给益云地图标记。[①]这些都充分体现出政府牵头组建的救灾平台在与民间联合救灾平台以及社会组织的协调中发挥的作用。

（二）政府与政府的强强联合

在"8·03"鲁甸地震中，除了云南省民政部门搭台建立"云南社会组织救援服务平台"来畅通社会组织参与渠道之外，民政部创新性地让社会工作队伍参与灾害救援也是一大特色。根据民政部的统一部署，中国社工协会社会工作服务队会同北京、上海、广东和四川服务队共七十余人，于 2014 年 9 月 9 日在昆明集结，经过两天的集中培训，于 9 月 12 日进驻鲁甸县火德红镇安置区，之后，又应"鲁甸'8·3'地震社会工作服务中心"的紧急请求于 10 月 8 日抽调部分人马进驻鲁甸县小寨镇的甘家寨红旗社区，对两个安置区八个灾民安置点的丧亲家庭、老年人、青少年儿童、残疾人、因灾致贫人群提供心理抚慰、生命教育、关系修复、互助网络建设、社区建设和生计发展等方面的社工服务。

此次地震是新中国成立以来首次由中央政府向灾区派驻专业社会工作队伍参与灾后重建，社工队伍从心理抚慰、健康咨询、生产自救和孵化培训四个方面全面展开专业社会工作。其中，孵化培训项目可以称之为"社工精神"延续的项目，它改变了传统上介入快、撤出快、成效难以维持的

---

① 参见云南省民政厅《云南社会组织救援服务平台建设和运作情况报告》。

弊端。中国社工协会服务队秉承"双介入"的指导思想服务灾区，从 10 月 15 日开始，陆续接受了来自镇雄、水富、永善、盐津和彝良等地的持证社工师和热心学习的社会工作者跟队学习。当地民政局给予了大力支持。10 月 31 日下午，中国社工协会服务队与昭通市民政局精心策划的"鲁甸地震社会工作培训班"（第一期）如期在甘家寨红旗社区举行，并且为昭通持证社工及一线社会工作者"量身定做"《鲁甸地震灾难社会工作手册》作为培训教材，[①] 大大提升了当地社工的专业能力和职业素养。这种专业培训模式是此次抗震救灾行动的重要突破。通过 3 个月的在地服务，五支社工队伍不仅给灾区居民带去了抚慰心灵的良药，也为当地民政部门重视社工在灾区中的作用注入了强心剂。当地民政官员也表示，专业社工队伍的进入让他们意识到社工的重要性，将下大力气引入奖励机制提高本地社会工作者的服务水平，让社会工作的工作方法能够延续下去。[②]

五支社工队伍在灾区的进入及运行方式不同于民政部门与其他社会组织的合作方式。这是民政系统自上而下的直接介入方式。作为鲁甸地震中民政部门的大本营"云南社会组织救援服务平台"也在其中起到了上传下达、协调统筹的重要作用，使社工队伍的工作在基层得以顺利开展。

三 政府与社会组织的合作模式比较

经过上述分析，可以发现政府与社会组织从根本上是围绕优化提供公共物品这一主题进行互动。它们在公共利益指向上的契合性为合作关系的生成提供了现实基础。政府与社会组织应从对抗竞争走向合作伙伴关系已成为共识。但是，这条路仍然曲折。通过几次自然灾害的考验，政府和社会组织均有不同形式的尝试和创新，不断摸索出适合于中国国情的双向建构模式。

综观国内现状，政府与社会组织的合作形式，从形成方式上划分主要分为民政系统主导型、群团组织主导型、枢纽组织主导型三种（见表 6 - 1）。其中前两种是政府作为主体直接主导的，第三种则是政府作为间接的合作主体，在本书第四章已做详细论述。

---

① 根据《中国社工协会服务队鲁甸灾区专业社会工作总结》整理。
② 根据 2014 年 10 月 24 日下午对云南省鲁甸县民政部门官员的访谈。

表6-1　政府与社会组织合作方式

主导部门	特　点	典型案例
民政系统	掌握信息量大 权责一致 资源协调率高	云南鲁甸地震社会组织救援服务平台
	行动效率高 了解一线需求 缺乏延续性	鲁甸地震中五支社工服务队
群团组织	具有长期性和连续性 后续保障好 协调各部门能力不够	雅安市团委发起"雅安抗震救灾社会组织与志愿服务中心"
枢纽组织	沟通能力强 协调能力不够	甘肃社会组织促进会发起"甘肃社会组织联合救灾平台"

　　这三种方式牵头部门不同，所具有的行政强制力也不尽相同，民政系统＞群团组织＞枢纽组织。如果仔细剖析平台在实际工作中的运作过程，又呈现出不同的特点，从运作模式上划分，分为系统内合作、政府平台与民间平台合作、政府平台与社会组织直接合作三种（见表6-2）。

表6-2　三种运作模式

合作类型	特　点	典型案例
系统内合作	运作效率高 基本不参与政府临时搭建平台 依靠原有资源	中国扶贫基金会（扶贫办系统） 中国青少年发展基金会（团委系统） 中国妇女发展基金会（妇联系统）
政府平台与民间平台合作	有效整合资源 便于管理协调 在一定程度上限制民间非营利组织服务	鲁甸地震："云南鲁甸地震社会组织救援服务平台"与"鲁甸原点大本营"
政府平台与非营利组织直接合作	形式较为松散 为非营利组织直接提供服务	鲁甸地震："云南鲁甸地震社会组织救援服务平台"与益云救灾地图；善医行；等等

　　总体而言，政府与社会组织的合作尚处于起步阶段，开始意识到联合的重要性，但是二者之间还缺乏突发事件发生时的常态化机制，现有

合作模式的形成均有其特殊性和偶然性，还没有形成可复制性强、可操作性强的典型模式。究竟由哪个部门牵头更具可行性和执行力仍在争论之中。所以全国各省政府部门需要根据自身特点总结经验，转变观念，增强合作意识，创新合作机制，真正实现政府与社会组织的有效沟通与协作。

第五节　如何达成合作

一　确立功能互补合作伙伴关系

（一）发挥功能互补优势

政府与社会组织建立合作机制的根本在于功能互补。政府与社会组织作为在组织资源、运行规则、提供服务方式等方面都明显不同的两种组织，各自在一定范围内展现出不同的功能优势。与此同时，二者在其他方面也表现出某种功能劣势，所谓政府失灵与志愿失灵正是对这种功能劣势的描述。因此，二者具有深厚的合作基础。相对于政府与市场而言，社会组织在提供公共物品的过程中的效率、服务、动员以及社会参与方面都具有一定的优势。在自然灾害领域，社会组织的功能优势则主要体现在贴合社会、获得信任以及提供弹性化方面的优势，所以在保障受灾人群的基本权利、信息交流与协调、按实际提供援助、筹备资源以及志愿者参与、持久性服务、培训、提出政策倡议等方面发挥了重要的功能与作用。总体而言，可以将社会组织的功能分成公共服务功能与政策倡导功能。政府与社会组织合作机制中应以二者所具有的功能优势为依据，通过扬长避短、取长补短来实现政府与社会组织在合作机制中的功能互补，从而双方都能够在发挥各自功能优势的同时，弥补各自的功能不足。

（二）合作伙伴关系定位下的功能界定

合作伙伴关系定位下的功能界定是拾遗补阙关系定位下的功能延展，可以在政府不能或无力的职能领域展开合作。社会组织不应只在限定范围内发挥作用，还应该根据其功能优势来发挥作用。社会组织不仅可以发挥服务功能，还应发挥政策倡导功能；不仅执行政府所给予的功能任务，还应该参与公共政策的制定。实际上这暗含着转变政府职能。我国政府在回应自然灾害时，是一种"全过程的划桨者"和"全过程的行政化"的包揽型政府职能，所以很容易出现应接不暇与无力满足的现象。从国外的经验看，在全民危机意识的培养、专业志愿者队伍的培训与建设、危机知识与应对危机能力的培训、信息的收集与协调、应急物资的储备与使用、救援物资的发放与监督等很多具体方面，社会组织都发挥着重要的作用，并以各种具体方式与政府开展广泛的合作。因此，要建立这种合作伙伴关系的功能界定与合作，就必须转变政府的危机管理职能，减少"划桨"过程，增加"掌舵"职能。比如在赈灾资金方面，台湾在"9·21"地震中的经验值得借鉴。台湾在发生了"9·21"地震后就成立了"9·21"地震基金会，通过基金会的方式来对专款专用的资金进行管理，民间组织和相关部门共同参与协商与协调资金的使用，而政府的作用是宏观协调与监督。这种方式与政府直接的财政拨款运作方式不同，而是一种职能转变基础上的政府宏观协调，基金独立运作，社会组织直接参与。越是靠近基层，社会组织的作用就越突出。可以说，实际整体把握、宏观协调、统一行动等方面的事务，政府的运行机制更为适合，而社会组织在多样性选择、专业性、参与性、反应迅速、作用力持久等方面作用突出。合作伙伴关系定位下的政府与社会组织的合作范围应该以功能优势为依据来进行划分，同时政府与社会组织又是一个有机整体，在分工的基础上实现相互督促、相互监督、相互支持。

二　推进政府与社会组织的合作向更广泛、更深层次发展

（一）加快行政改革，将社会组织纳入公共服务体系

我国社会组织一直被忽视，少有机会参与到危机应对和处理中，已有的法律规范也不够详细规范，导致社会组织参与自然灾害等突发事件时没有行动依据。此外，社会组织缺乏独立性，很多时候往往被政府牵着鼻子走。所以，社会组织的发展空间及活动领域很大程度上取决于政府让渡的空间。在自然灾害频发、社会需求多样化的今天，我们有必要通过社会组织的有效参与减轻政府的压力，灵活迅速地满足危机条件下社会的不同需

求。这样，在提高公共服务水平与质量的同时，也增强了公众的满意度。首先，可以通过政府委托社会组织开展公益活动，推进社会组织的发展。政府安排专门的人力、财力推进合作，强化扶持措施，增进政府与社会组织的合作伙伴关系；其次，创新合作模式，搭建政府与社会组织的合作平台，将某些政府职能委托给社会组织。

（二）加强政府对社会组织发展的扶持力度

财力方面，可以建立资金扶持制度，包括无偿援助金和事业补助金，政府应对从事国际、国内灾害援助活动的具有法人资格的社会组织进行定期定额援助，避免因资金问题影响社会组织的效能；物力方面，政府应对自然灾害领域的社会组织的日常办公及活动设施提供基础性支援，如提供场地支持、信息支持、培训调研、咨询、活动中介、政策建议等。通过财力、物力等扶持提升社会组织的影响力的同时，进一步扩大政府与社会组织在灾害回应过程中的合作深度与广度。

（三）建立平等参与渠道，重视社会组织在合作中的主体地位

在回应自然灾害的整个过程中，要重视社会组织所反映的社会需求。通过建立合作推进会议或者定期协商会等方式搭建政府与社会组织平等参与、共同协商的制度性渠道，社会组织代表的公众愿望得以表达与实现，从而避免了与政府合作的盲目性与形式化。由此可见，要深化政府与社会组织的合作，需要发挥社会组织灾害救援时的政策倡导功能，从而形成互信基础上的合作伙伴关系。

三 建立正式的渠道保证合作的有序开展

总结以往回应重特大自然灾害的过程，我国政府与社会组织一直没有可参照的标准的合作规范与合作途径。合作中曾多次出现资源浪费现象，其主要原因在于社会组织在信息获取上的困难及行动自由上的限制。我国目前亟待解决的问题就是完善应急管理体制，制定政府与社会组织专门合作的途径，保证在灾害回应中双方有效开展合作。日本东京都新宿区专门设置了危机管理室负责有关民间合作机制的事务；澳大利亚新南威尔士州的救灾方案中，根据州紧急情况与救援管理法案成立的州灾害委员会，可

以协调政府与非政府机构的行动，同时将部分非营利组织列入其中并确定其分工职责①；在《南非灾害管理法案》对于全国性灾害管理框架、全国性灾害管理咨询论坛、全国性灾害管理中心以及省市两级灾害管理框架、省市两级灾害管理中心的相关规定中，明确将非营利组织纳入其中②；在《孟加拉国家救灾行动准则》的联合部委灾难管理协调委员会组成名单中，非政府组织事务局局长以及孟加拉红十字会会长名列其中，国家灾难管理顾问委员会委员中也包括非营利组织人员③，灾难管理局有责任与非营利组织等保持联系，确保其能在灾难管理中发挥作用。除了在政府内设置对外合作的专门机构以外，还可以充分重视那些具有较高知名度和认可度、曾在过去的危机应对中有过突出表现和丰富经验的非营利组织，赋予此类非营利组织以政府与非营利组织功能联结的纽带的作用。美国红十字会就是起到这样的纽带作用，其具体职责被给予明确规范后，被正式纳入联邦应对计划，发挥了重要的作用。除此之外，社区也已经成为政府与社会组织合作的另一个重要渠道。根据以往应对自然灾害的经验和各职能部门的职责，按照灾后三阶段的不同需求，可尝试性探索有中国特色的救灾合作路径（见表 6 - 3）。

表 6 - 3　三阶段的救灾合作路径

	牵头部门	配合部门	工作开展方式	非营利组织参与路径
紧急救援阶段	民政部	其他相关政府职能部门	由地方民政部门牵头成立救灾服务平台，内设专岗服务非营利组织，枢纽型社会组织提供协助	通过网络联盟的方式加入政府救灾服务平台，服从其统一调配和管理
过渡安置阶段	民政部	其他相关政府职能部门	由地方民政部门协调各灾区需求，保证灾区平稳过渡	非营利组织根据自身特点有序退出或加入，和政府形成互补

①《澳大利亚新南威尔士州救灾方案》，靳尔刚、王振耀主编《国外救灾救助法规汇编》，中国社会出版社，2004，第 167 页、187～202 页。

②《南非灾害管理法案》，靳尔刚、王振耀主编《国外救灾救助法规汇编》，中国社会出版社，2004，第 226～252 页。

③《孟加拉国家救灾行动准则》，靳尔刚、王振耀主编《国外救灾救助法规汇编》，中国社会出版社，2004，第 273～281 页。

续表

	牵头部门	配合部门	工作开展方式	非营利组织参与路径
灾后重建阶段	民政部	其他相关政府职能部门	硬件建设由民政部门统一管理；软性服务可转由其他相应政府部门管理	和民政部门沟通协调后根据本组织的特点开展在地服务，项目所属职能部门提供协助和监督

若想加强政府与社会组织在灾害应对中的合力，有必要理顺各部门的职责，畅通合作渠道，尽可能提供规范的组织合作平台，只有这样政府与社会组织的有序合作才能得以保证。

四　建立制度化的合作体系

（一）制定回应自然灾害的纲领性法律法规

健全法律法规是政府和社会组织之间在回应自然灾害时可持续性互动的基本保证。在该领域若无健全的法律，政府与社会组织之间在应对自然灾害过程中就没有可以作为指导的法律依据和规章制度，面对自然灾害就无法高效应对。当前我国回应自然灾害领域的法律体系还没有健全，主要原因是公共危机管理体系缺失。出台自然灾害领域的纲领性法律，可以为其他各类危机管理提供指南和依据。当处在公共危机状态时，可以用立法形式来明确社会组织作为参与主体的法律地位，同时划分清楚政府和社会组织各自的治理范围以及二者的权利和责任，有效地防止主体之间的矛盾，维护社会组织的合法性，特别是在公共危机状态下的合法性。回应自然灾害时的核心主导作用由政府体现，主导作用体现在政府宏观调控、政府统一领导、政府全方位地协同指挥。虽然社会组织是应对自然灾害的重要主体成员的一分子，但同时也是普通社会行为主体的一分子，脱离不了政府约束及管理，[1] 政府和社会组织之间的关系事实上相当于"委托—代理"之间的关系，[2] 社会组织基于公民的志愿性与对社会的责任感，参加

---

[1] 王德迅：《国外公共危机管理机制纵横谈》，《求是》2005年第20期。

[2] 中国现代国际关系研究所危机管理与对策研究中心：《国际危机管理概论》，时事出版社，2003，第94页。

灾害救援工作，但如果不同的社会组织独自参与同一类型的救助，无法保证发挥最大的能量和作用，相反地，可能会引发混乱局面。所以，社会组织有必要在政府指导下，有序地加入灾害救援工作中来。综上所述，可以清楚地认识到制定自然灾害领域纲领性法律的重要性。此纲领性法律是应对自然灾害时可参照、执行、约束的重要依据。结合西方发达国家的成功经验，再根据我国的国情，制定出适合我们国家灾害管理领域的纲领性法律，这样才是政府和社会组织在回应自然灾害时实现良性互动的根本保障。

（二）建立健全应对自然灾害的多方参与机制

我国在应对自然灾害时缺乏政府与社会组织合作的制度化的操作性指导与规范，缺乏全民参与、调动一切可调动因素的统一指挥体系，导致了政府与社会组织在危机来临时空有合作愿望，无合作秩序的尴尬局面。因此，建立健全应对自然灾害的多方参与机制势在必行。首先，建立组织体系保障多元主体的协调合作，设置专门的政府机构负责自然灾害领域，加强指挥权与综合协调权，打破地缘限制，按功能划分社会组织，成立不同性质的社会组织代表小组，负责上报其下属社会组织的实际发展情况，发挥应对自然灾害的功能优势，并根据自然灾害领域的专门政府机构安排，负责统筹下属社会组织在灾害发生时的功能发挥与协调。其次，强化管理体制，政府应注重建设全面的自然灾害应对网络，提高社会支撑系统在自然灾害应对中的作用与能力，以制度形式明确各类社会组织在应对自然灾害时的功能，在灾害应对的全过程中做到"牵一发而动全身"，使多元主体形成合力，发挥最大功效。最后，制订全面的自然灾害应对计划，根据已发生的自然灾害，分门别类制订应对计划，计划中要明确阐述灾害应对的政策、计划设计的前提、运作纲要、应对和恢复行动、机构设置与协同机制，目的在于实现多方主体之间的协作整合。

（三）完善应对自然灾害的协同式应急联动模式

自然灾害应对体系是由多元主体构成的，它们本来可能处于无规则运行状态，但是，当自然灾害发生时，它们通过互联网或其他信息技术手段自发组织起来，形成了具有共同目标和信念的有机体，要使其能够长期有效运行，有赖于规范的联动模式。目前，我国的自然灾害管理体系建立在职能分工的基础上，经过层层分割，在真正处理重特大自然灾害时往往会出现效率低下、相互推诿的现象，甚至有些领域会出现"真空状态"——在紧急情况下没有职能部门能够承担起某些工作，造成协调成本较高。所以，为了完善我国自然灾害应对体系，首先要做到的就是在清楚划分每个部门职责的基础上，要有一个部门进行决断和统筹，赋予其调动资源的能力，打破各自为战的局面，在不同部门间树立合作意识，充分调动社会组织和公民力量，相互协作，这样才能建立起高效、有序、和谐的应急联动机制。

五　形成长效机制加强合作动力

政府与社会组织的互动在灾害应对中应形成常态化的运作机制，而不能成为战时动员式的方式。二者要想实现长效合作，都应有所改变。就政府而言，政府应首先从思想观念上接受社会组织并认可社会组织在灾害应对中发挥的作用，然后从制度上改变以往的互动模式，尝试做出突破，给社会组织更大的施展空间；就社会组织而言，首先要加强自身的能力建设和组织化建设，从能力上取得和政府平等交流的话语权，其次要不断完善自己，保持组织持续稳定发展。除此之外，志愿意识增强、公民素质的提高也成为促进二者有机结合的外部推动力量。

根据笔者在灾区的调研发现，我国社会组织的发展存在着严重的不平衡问题，有些组织凭借人脉和社会资源能够获得大量的资金来运作组织，而有些新成立的草根组织则面临着经费不足、人才紧缺、能力低下等问题，随时面临着消失的危险，这一方面有组织自身的缺陷，但是另一方面政府和大的基金会也应给予他们更多的支持和帮助，给予其生存的合法性，综合看来，可以从政治资本、经济资本、人力资本、社会资本四个维度予以支持。第一，从制度上打破传统的等级制度，减少行政干预对于社会组织发展的影响，官方背景较强的基金会也应逐步实现市场化运作，激发社会组织的活力。第二，政府可以运用税收政策间接扶持社会组织的发展，在灾害救助、扶贫、养老等特殊领域运用政策优惠吸引社会组织参与进来。第三，政府建立人才储备库，使具有志愿服务精神且具有专业能力的志愿者和社会工作者参与到灾害应对中，另外还要积极引导规模较大、能力较强的公募基金会扶持草根社会组织，定期对它们进行能力培训，搭建人才沟通交流平台。第四，社会组织的发展有利于扩大社会资本的基础，使其充分流通起来，激发社会资本的活力。

综上所述，政府应该在自然灾害应对中为社会组织提供获得信息的渠道，健全和完善相关制度，从人力、资金、设施等多方面推动社会组织的发展，为政府与社会组织的合作提供更广阔的空间。

结　语

　　如导论所言，社会组织参与自然灾害在 20 世纪 80 年代已成为国际社会的共识。但 2008 年以来，中国才开启了崭新的大规模社会组织响应灾害的时代。之所以这样说，不仅因为国内救灾相关政策因应了国际环境的变化，更是因为这个时期社会组织对自然灾害的响应是中国民间社会力量崛起的深刻表征。这股强大的社会力量从 2008 年走向舞台中心，是偶然，更是历史的必然。

　　本书一直在回答三个问题：在 2008 年以来的重特大自然灾害中，社会组织取得了哪些宝贵经验；社会组织在专业性上有哪些欠缺；在上述基础上政府与社会组织在灾害回应中应如何建立以及建立怎样的合作机制，以实现政府主导、社会参与的理念。

　　虽然没有翔实的数据系统全面地反映社会组织在自然灾害回应中的贡献，但无论从历史上的自治组织，还是 2008 年以来社会组织在重特大自然灾害紧急救援、过渡安置以及灾后重建中的一系列出色表现，都足以说明其重要价值和存在的必要性。近年来，此类社会组织的数量不断增加、能力不断增强、介入灾害工作的领域不断细分、组织联合体发展迅速，也在很大程度上反映了政府以及社会的认可度。统计调查结果也显示了这一点。当然，由于灾害回应领域社会组织发展时间较短，在三个阶段的实践也存在不足。例如，灾后重建规划中与政府的高度同构性，扎根社区的组织数量仍偏少；组织合作中出现的摩擦，项目运作的专业性也有待提高；等等。为此，我们在比较社会组织行政化运作机制、市场化运作机制以及社会化运作机制的基础上，试图梳理出重特大自然灾害领域中社会组织转型的一般逻辑。在这三种运作机制背后，分别凸显出政府导向、资源导向和需求导向。不同的社会组织，在类型学意义上都是基于自身与政府的关系、外部制度环境、资源状况以及组织自身的发展动机进行选择的结果。社会组织需要考量组织自身与捐款人、救灾效果等的关联，并充分考虑到行政化运作以及市场化运作背后的风险。只有如此，社会组织才能采取更为自觉的社会行动，从而提升组织运作的专业化水平。

社会组织响应自然灾害尽管存在诸多不足，但在灾害预防领域的快速成长以及逐渐进入救灾组织格局之中是不争的事实。社会组织积累的大量宝贵经验亟待政策推动，并转化为顺畅的政府与社会组织合作的通道，才能形成合力，高效回应灾区更多的、不同类型的需求。

在民间自主性越来越强的现实背后，政府针对社会组织参与自然灾害的政策尽管有了进步，但在很大程度上仍然制约着此类组织最大限度地发挥作用。例如，在一系列相关政策中，减灾委等部门中除了中国红十字总会和中国科协等官办组织，民间意义上的社会组织的身影付之阙如；关于灾害发生时的募款主体资格将逐步放开，但依然摇摆不定，而且，募捐主体与接收主体严重错位。此外，政府与社会组织的关系界定存在亲疏远近之别，政府透过官办社会组织筹款的倾向依然明显；2012 年《民政部关于完善救灾捐赠导向机制的通知》正在从强调募款资格向规范善款使用转变，但缺乏可操作的稳定机制；等等。

合作，是这个时代的关键词。从近年来重特大自然灾害频发的川滇，到西北的甘肃，再到水灾频发的东部地区，合作已成为许多政府官员和社会组织从业者的共识。经过多年来的实践探索，政府与社会组织在自然灾害回应领域的合作机制俨然是海平面上可见的桅杆，是一个即将呱呱坠地的婴儿。为此，我们提出以下有助于推动政府与社会组织合作的具体措施。

首先，应当从宏观的国家减防灾规划、减灾委以及灾害发生时救灾指挥部的设置上，搭建政府与社会组织合作平台，将更多社会组织类型的优秀代表纳入协调委员会，并明确其在不同灾害响应级别中的具体分工和责任，从而将合作贯彻于顶层设计之中。省级及以下行政部门也可沿此做法，这样在实行自然灾害属地化管理的时候，就能突破对社会组织的偏狭认知，准确辨别社会组织在灾害响应中的位置，从而降低合作的不确定性，提高灾害回应的效率。这些平台不仅应当是资源链接平台和治理创新平台，还应当成为信息化建设及沟通平台和服务平台，即成为救灾捐赠需求发布、救灾捐赠接收机构评估、救灾捐赠信息公开和社会监督等综合服务平台，为社会组织发挥积极作用建规立制。

其次，建议民政部门会同其他相关部委解决社会组织回应自然灾害时的募款、进入灾区的身份、购买服务等难题，为社会组织参与灾害救援创造条件。

（1）在募款方面要加大落实 2012 年《民政部关于完善救灾捐赠导向机制的通知》的力度。政府要支持社会组织依其宗旨和业务范围，依法、依章程开展救灾募捐活动。通过建立本区域内依法可以进行救灾募捐的社会组织名录，推动社会选择。加强对社会组织开展救灾捐赠活动的第三方评估和救灾捐赠数据统计工作。

（2）确定并随时更新一批紧急救援阶段进入灾区的社会组织名录，为其进入灾区提供便利和保障。推动和完善此类组织在灾情发布、与后方社会组织衔接、回应灾区紧急救援需求向过渡安置以及灾后重建阶段需求转化等方面发挥积极作用。紧急救援阶段之后，应当通过统筹项目对接等多种方式吸引社会组织参与。尊重社会组织发展规律，鼓励创新，积极培育灾区本地化社会组织的成长与责任担当。

（3）在自然灾害领域贯彻落实《国务院办公厅关于政府向社会力量购买服务的指导意见》以及财政部、民政部、国家工商总局联合下发的《政府购买服务管理办法（暂行）》。在贫困灾区，视灾情严重程度，中央政府或省级财政应当拨款设专项基金，通过购买服务的方式引导社会组织积极参与。除了灾区，建议政府购买社会力量服务，在自然灾害高风险地区开展日常减防灾工作，做到未雨绸缪。

此外，政府应当鼓励自然灾害回应领域的社会组织在有效、有序竞争的基础上实现自我规范和管理；鼓励民间研究制定社会组织心理干预、房屋重建等行业标准；推广社会组织在灾害回应三阶段中的好方法、好模式。

参考文献

Alan Whaites, "NGOs, Disasters, and Advocary: Caught between the Prophet and the Shepherd Boy," *Development in Practice*, Vol. 10, No. 3/4, 10th Anniversary Issue. (Aug. , 2000), pp. 506 – 516.

Adams, P. S. , "Corporatism and Comparative Politics: Is There a New Century of Corporatism? ." In Wiarda and H. J. ed. , *New Directions in Comparative Politics.* Colorado: Westview Press, 2002.

David King, *Organizations in Disaster*, Nat Hazards (2007) 40, pp. 657 – 665.

Dickson, B. J. , "Cooperation and Corporatism in China: The Logic of Party Adaptation," *Political Science Quarterly*, 115 (4), 2000.

Emmanuel M. Luna, "Disaster Mitigation and Preparedness: The Case of NGOs in the Philippines," *Disasters*, 2001, 25 (3), pp. 220 – 223.

Eikenberry AM, "Refusing the market: a democratic discourse for voluntary and nonprofit organizations," *Nonprofit and Voluntary Sector Quarterly*, 2009.

Federica Ranghieri and Mikio Ishiwatari ed. , *Learning from Megadisasters*: *Lessons from the Great East Japan Earthquake*, The World Bank, 2014.

Gainer B, Padanyi P, "The relationship between market – oriented activities and market – oriented culture: implications for the development of market orientation in nonprofit service organizations," *Journal of Business Research* 58: 854 – 862, 2005.

Gonzalez LIA, Vijande MLS, Casielles RV, "The market orientation concept in the private nonprofit organisation domain," *International Journal of Nonprofit and Voluntary Sector Marketing* 7: 55 – 67, 2002.

Hansmann HB, "The role of nonprofit enterprise," *Yale law journal*: 835 – 901, 1980.

John Twigg &Diane Stenner, " Mainstreaming Disaster Mitigation: Challenges to Organizational Learning in NGOs," *Development in Practice*, Vol. 12, No. 3/4 (Aug., 2002), pp. 473 – 479.

Meyer, J. W. and Rowan, B., "Institutionalized Organizations: Formal Structure as Myth and Ceremony," *American Journal of Sociology*, 83 (2), 1977.

Pfeffer, J. and Salancik, G. R., *The External Control of Organizations: A Resource Dependence Perspective.* New York: Harper and Row. 1978.

Sarah Lister, "'Scaling – up' in Emergencies: British NGOs after Hurricane Mitch," *Disasters*, 2001, 25 (1), pp. 36 – 47.

Shue, V., *The Reach of the State.* Stanford, Calif.: Stanford University Press, 1988.

B

包丽敏:《谁来执掌 760 亿元地震捐赠?》,《中国青年报》2009 年 8 月 12 日, 第 1 版。

北京日本学研究中心、神户大学编《日本阪神大地震研究》,宋金文、邵建国监译, 北京大学出版社, 2009。

北京大学教育财科所:《台湾"9·21"灾后重建经验分享研讨会在京举行》,《北京大学教育评论》2008 年第 3 期。

C

蔡勤禹:《民间组织与灾荒救治——民国华洋义赈会研究》, 商务印书馆, 2005。

《国家、社会与弱势群体——民国时期的社会救济 (1927～1949)》, 天津人民出版社, 2003。

陈桦、刘宗志:《救灾与济贫: 中国封建时代的社会救助活动 (1750～1911)》, 中国人民大学出版社, 2005。

陈先才、王文谦:《两岸非政府组织参与公共危机管理的比较研究——以汶川地震和台湾"9·21"地震为例》,《福建行政学院学报》2013 年第 1 期。

陈浩:《美国的救灾应对程序与 NGO 的力量》,《中国减灾》2008 年第 8 期。

慈济基金会:《大爱洒人间——证严法师的慈济世界》, 2009。

D

邓云特 (邓拓):《中国救荒史》, 商务印书馆, 2011。

邓国胜：《响应汶川——中国救灾机制的分析》，北京大学出版社，2009。

《中国民间组织国际化的战略与路径》，社会科学文献出版社，2013。

邓奕：《灾后区域复兴的一种途径："社区营造"——访规划师小林郁雄》，《国际城市规划》2008 年第 4 期。

F

范宝俊主编《灾害管理文库第二卷：中国自然灾害史》，当代中国出版社，1999。

〔日〕夫马进：《中国善会善堂史研究》，伍跃、杨文信、张学峰译，商务印书馆，2005。

G

郭婷：《从汶川到玉树》，《中国发展简报》2010 年夏季刊。

H

韩俊魁：《NGO 参与汶川地震紧急救援研究》，北京大学出版社，2009。

《境外在华 NGO：与开放的中国同行》，社会科学文献出版社，2011。

《紧急救灾中的善款能零成本传递吗?》，《社团管理研究》2008 年第 10 期。

《面对灾难，政府要善用社会"毛细血管"》，《人民日报》2013 年 4 月 22 日。

《走向公民慈善》，《北大商业评论》，2011，总第 83 期。

韩俊魁、陶传进、张浩良：《中国扶贫基金会玉树地震灾后重建基线评估报告》，2010。

韩俊魁、纪颖：《"5·12"地震中公益行动的实证分析——以 NGO 为主线》，《中国非营利评论》2008 年第 2 期。

胡媛媛、李旭、符抒：《日本灾后心理援助的经验与启示》，《电子科技大学学报（社科版）》2012 年第 5 期。

呼唤：《新中国灾害管理思想演变研究》，中国地质大学博士论文，2013。

皇甫平丽、曹卫国、钱铮：《灾后重建的他山之石》，《瞭望》2008 年第 21 期。

J

贾西津：《民间组织与政府的关系》，载王名《中国民间组织 30 年——

走向公民社会》，中国社会科学出版社，2008。

蒋积伟：《1978 年以来中国救灾减灾工作研究》（博士论文），中共中央党校博士论文，2009。

靳尔刚、王振耀主编《国外救灾救助法规汇编》，中国社会出版社，2004。

景跃进：《比较视野中的多元主义、精英主义与法团主义》，《江苏行政学院学报》2003 年第 4 期。

L

梁漱溟：《中国文化要义》，香港集成图书公司，1963。

梁其姿：《施善与教化——明清的慈善组织》，河北教育出版社，2001。

《清代慈善机构与官僚层的关系》，《中央研究院民族学研究所集刊》1988 年第 66 期。

李学举：《中国民政 30 年（1978~2008）》，中国社会出版社，2008。

〔美〕莱斯特·萨拉蒙，赫尔穆特·安海尔：《公民社会部门》，何增科，《公民社会与第三部门》，社会科学文献出版社，2000，第 266 页。

刘选国：《从美国经验看救灾》，《公益时报》2013 年 10 月 29 日。

梁勇：《我国非政府组织参与自然灾害救助研究》，山西师范大学硕士学位论文，2013。

M

马敏：《官商之间——社会巨变中的近代绅商》，天津人民出版社，1995。

马伊里：《合作困境的组织社会学分析》，上海人民出版社，2008。

孟宪实：《敦煌民间结社研究》，北京大学出版社，2009。

Q

丘昌泰：《灾难管理学：地震篇》，元照出版公司，2000。

S

邵珮君：《台湾集集地震灾后农村小区重建之比较研究——涩水、桃米及龙安小区》，《国际城市规划》2008 年第 4 期。

孙立平、王汉生、王思斌等：《改革以来中国社会结构的变迁》，《中国社会科学》1994 年第 2 期。

孙绍骋：《中国救灾制度研究》，商务印书馆，2004。

孙沛东：《市民社会还是法团主义？——经济社团兴起与国家和社会关系转型研究述评》，《广东社会科学》2011 年第 5 期。

舒文明：《对 NGO 抗旱行动的反思——以云南本土 NGO 为例》，《中国发展简报》（2010 年夏季刊）。

史培军、张欢：《中国应对巨灾的机制——汶川地震的经验》，《清华大学学报》（哲学社会科学版）2013 年第 3 期。

T

田凯：《组织外形化：非协调约束下的组织运作——一个研究中国慈善组织与政府关系的理论框架》，《社会学研究》2004 年第 4 期。

陶传进等：《从政府公益到社会化公益：巨灾后看到的公民社会发育逻辑》，社会科学文献出版社，2011。

滕五晓：《阪神大地震启示录》，《中国国土资源报》2008 年 5 月 14 日，第 5 版。

W

王日根：《清代苏北水灾民间救助机制及其效果》，载李文海、夏明方：《天有凶年：清代灾荒与中国社会》，生活·读书·新知三联书店，2007。

王德迅：《国外公共危机管理机制纵横谈》，《求是》2005 年第 20 期。

王振耀、田小红：《中国自然灾害应急救助管理的基本体系》，《经济社会体制比较》2006 年第 5 期。

王名，贾西津：《中国 NGO 的发展分析》，《管理世界》2002 年。

王冬芳：《非政府组织与政府的合作机制——公共危机应对之道》，中国社会出版社，2009。

王会贤：《鲁甸地震中民间组织的救灾联合》，《公益时报》2014 年。

王强：《乐施会：救助与重建》，《商务周刊》2008 年第 11 期。

〔法〕魏丕信（Pierre-Etienne Will）：《略论中华帝国晚期的荒政指南》，载李文海、夏明方：《天有凶年：清代灾荒与中国社会》，生活·读书·新知三联书店，2007。

X

徐富海：《国外巨灾应急管理案例分析》，《中国减灾》2008 年第 10 期。

徐宇珊：《非对称依赖：基金会与政府关系的分析》，《公共管理学报》2008 年第 1 期。

徐莹：《国际非政府组织参与人道主义救援的基本路径》，《今日中国论坛》2007 年第 7 期。

谢毓寿、蔡美彪主编，中国地震历史资料编辑委员会总编室编《中国地震历史资料汇编》，科学出版社，第一卷（1983 年）、第二卷（1985 年）、第三卷（1987 年上下册）、第四卷（上册 1985 年、下册 1986 年）、第五卷（1983 年）。

谢来：《美风灾后百万志愿者参与重建》，《新京报》2008 年 6 月 1 日，第 3 版。

〔日〕小滨正子：《中国近代都市的"公"的领域》，载张仲礼主编《中国近代城市企业、社会、空间》，上海社会科学院出版社，1998。

萧公权：《中国政治思想史》，新星出版社，2005。

Y

杨团：《中国慈善事业的伟大复兴》，载杨团、葛道顺主编《中国慈善发展报告（2009）》，社会科学文献出版社，2009。

虞维华：《非政府组织与政府的关系——资源相互依赖理论的视角》，《公共管理学报》，2005 年第 2 期。

叶琳：《全国日本经济学会 2011 年年会暨灾后重建与经济社会发展研讨会综述》，《日本学刊》2011 年第 3 期。

喻尘：《地震带上的日本全设防经验：如何将地震损失降低到最小》，《南方都市报》2009 年 4 月 11 日，第 17 版。

Z

赵灵敏：《如不"解严"，恐是另一番景象——专访台湾"全国民间灾后重建联盟"执行长瞿海源》，《南风窗》2006 年第 14 期。

张建俅：《中国红十字会初期发展之研究》，中华书局，2007。

张洪由、李怀英：《1996 年 2 月 3 日云南丽江 7 级地震概况》，《国际地震动态》1996 年第 4 期。

张强等：《巨灾与非营利组织》，北京大学出版社，2009。

张强、陆奇斌、张欢：《巨灾与 NGO：全球视野下的挑战与应对》，北京大学出版社，2009。

郑琦：《美国社会组织如何参与救灾》，《中国党政干部论坛》2013 年第 8 期。

周秋光、曾桂林：《中国慈善简史》，人民出版社，2006。

周晓丽：《灾害性公共危机治理》，社会科学文献出版社，2008。

朱浒：《地方谱系向国家场域的蔓延——1900～1901 年的陕西旱灾与义赈》，载李文海、夏明方：《天有凶年：清代灾荒与中国社会》，生活·读书·新知三联书店，2007。

朱凤岚：《日本的地震危机管理及灾后重建》，《求是》2008 年第 15 期。

中国现代国际关系研究所危机管理与对策研究中心：《国际危机管理概论》，时事出版社，2003。

"灾后重建思路与政策"课题组：《阪神大地震的灾后重建工作及其启示》，《决策咨询通讯》2008 年增刊。

中共中央文献研究室：《十六大以来重要文献选编》（下），中央文献出版社，2008。

国务院法制办公室：《中华人民共和国新法规汇编（2007）》第 9 辑，中国法制出版社，2007。

中华人民共和国民政部：《中华人民共和国民政法规汇编（1949.10～1993.12）》，华夏出版社，1993。

中华人民共和国民政部：《中国民政统计年鉴（2014）》，中国统计出版社，2014。

民政部救灾救济司、民政部国家减灾中心：《1949～2004 重大自然灾害案例》（内部刊物），2005。

民政部政策研究室：《民政工作文件汇编（一）》（内部文件），1984。

民政部政策研究室：《民政工作文件汇编（二）》（内部文件），1984。

民政部政策研究室：《民政工作文件选编（1986）》，华夏出版社，1987。

民政部法制办公室编《民政工作文件选编（1996 年）》，中国社会出版社，1997。

民政部法规办公室编《民政工作文件选编（1997 年）》，中国社会出版社，1998。

民政部法规办公室编《民政工作文件选编（1998 年）》，中国社会出版社，1999。

民政部法规办公室编《民政工作文件选编（2000）》，中国社会出版社，2001 年。

民政部法规办公室：《中华人民共和国民政工作文件汇编（1949 ~ 1999)》（中)，中国法制出版社，2001。

国家民间组织管理局编《一支不可忽视的社会力量——中国社会组织汶川赈灾行动》，中国社会出版社，2008。

中国抗灾救灾协会：《中国抗灾救灾协会活动简介》,《中国减灾》1993 年第 1 期。

《中国国际减灾十年委员会简介》,《中国减灾》1991 年第 1 期。

《中国扶贫基金会四川"4·20"芦山地震灾后重建需求评估报告》2013 年 5 月 12 日。

《民政工作应积极为国家总路线服务》,《人民日报》1953 年 12 月 24 日，第 1 版。

《深入批邓是战胜震灾的强大动力》,《人民日报》1976 年 8 月 28 日，第 1 版。

《四川省人民政府办公厅关于对"4·20"芦山 7.0 级地震灾区受灾群众过渡安置期实施生活救助有关问题的通知》2013 年 4 月 27 日。

《兵库宣言》。

《周礼·地官》。

《国语·周语》。

《中国红十字会征求会员大会特刊》。

《中国红十字会癸丑成绩撮要》。

《中国红十字会历史资料选编（1904 ~ 1949)》。

《甘肃省社会组织促进会简报》（社会组织参与定西抗震救灾专刊，第 1 期），2013 年 7 月 24 日。

《"4·20"雅安地震华夏救灾简报》（第六期）。

《4.20 芦山地震壹家人赈灾一周年报告》，2014。

《4.20 芦山地震——壹基金联合救灾地震救援情况介绍》。

图书在版编目(CIP)数据

中国社会组织响应自然灾害研究:以2008年以来重特大地震
灾害为主线/韩俊魁等著. —北京:社会科学文献出版社,2016.2
ISBN 978 - 7 - 5097 - 8551 - 5

Ⅰ. ①中… Ⅱ. ①韩… Ⅲ. ①社会团体 - 抗震 - 救灾 - 研究 -
中国 - 现代 Ⅳ. ①D632.5

中国版本图书馆 CIP 数据核字(2015)第 302642 号

中国社会组织响应自然灾害研究
———以 2008 年以来重特大地震灾害为主线

著　　者/韩俊魁　赵小平　等

出 版 人/谢寿光
项目统筹/刘骁军
责任编辑/刘晶晶　赵瑞红　关晶焱

出　　　版/社会科学文献出版社·学术资源建设办公室(010)59367161
　　　　　　地址:北京市北三环中路甲 29 号院华龙大厦　邮编:100029
　　　　　　网址:www.ssap.com.cn
发　　　行/市场营销中心(010)59367081　59367018
印　　　装/三河市东方印刷有限公司

规　　　格/开　本:787mm×1092mm　1/16
　　　　　　印　张:15.5　字　数:254 千字
版　　　次/2016 年 2 月第 1 版　2016 年 2 月第 1 次印刷
书　　　号/ISBN 978 - 7 - 5097 - 8551 - 5
定　　　价/58.00 元

本书如有印装质量问题,请与读者服务中心(010 - 59367028)联系